生活·讀書·新知 三联书店

孔在齐 著

顾曲集

京剧名伶艺术谭

图书在版编目（CIP）数据

顾曲集：京剧名伶艺术谭／孔在齐著．—北京：生活·
读书·新知三联书店，2018.8
ISBN 978 – 7 – 108 – 06067 – 9

Ⅰ．①顾…　Ⅱ．①孔…　Ⅲ．①京剧－艺术家－生平事迹－中国
Ⅳ．① K825.78

中国版本图书馆 CIP 数据核字（2017）第 195468 号

责任编辑　唐明星　　胡群英
装帧设计　康　　健
责任校对　龚黔兰
责任印制　宋　　家
出版发行　**生活·讀書·新知** 三联书店
　　　　　（北京市东城区美术馆东街 22 号　100010）
网　　址　www.sdxjpc.com
经　　销　新华书店
印　　刷　北京隆昌伟业印刷有限公司
版　　次　2018 年 8 月北京第 1 版
　　　　　2018 年 8 月北京第 1 次印刷
开　　本　635 毫米 × 965 毫米　1/16　印张 21.5
字　　数　240 千字　图 103 幅
印　　数　00,001 – 10,000 册
定　　价　49.00 元
（印装查询：01064002715；邮购查询：01084010542）

目录

序

2007 年至 2009 年间，我在香港《信报财经新闻》以孔在齐的笔名撰写一个名为《顾曲集》的专栏，内容主要忆述个人于 20 世纪 30 年代至 40 年代看京剧的所见所闻。每周一篇，共 84 篇，虽然意犹未尽，但因俗务羁身而搁笔。后承香港牛津大学出版社汇集成书，题名《京剧名伶艺术谭》，2010 年出版。初以为当时的社会风尚，与书中所记述的时代已变迁甚多，京剧已经观众稀少而乏人问津，孰料出版以来，居然颇获包括海峡两岸爱好京剧的读者们的青睐，我想，这应该归功于社会多年来对京剧的努力推广，从而使年青的一代也对这项传统的文化遗产发生了兴趣。于是就决定面向读者刊行简体字版。

在撰写《顾曲集》的过程中，有时要配合内地京剧团到香港的演出，因而未能按原定计划，把京剧生、旦、净、丑各个行当的各位名伶分门别类循序忆述；此外，当时也未遑提及某些颇负时誉的名伶。于是，我在准备此书的简体字版时，做了如下的工作：

（一）将内容根据行当略作调整；

（二）补写了几篇关于著名的旦角、小生、老旦等的文章；

（三）因应重新编排以及补充的内容，将某些文字做了必要的修改。

当年写《顾曲集》的缘起，已经在第一篇《培养兴趣　欣赏戏曲》中说过了，这里不再重复。近年来京剧虽然受到一部分人的喜爱，但是比较年轻的观众们或许对如何欣赏京剧表演艺术存有隔阂。坊间介绍京剧的媒体不少，它们对读者提供的京剧沿革、历史、剧目甚至流派方面的知识，无疑极具价值，然而具有一定程度的知识可能还不足以领会京剧在表演方面的精粹和奥妙。如果这本书能够在这一方面起到一些小小的作用，我就于愿已足了！

不过，京剧名伶们的艺术，绝非拙笔所能充分描绘，何况本人记忆难免错失，内容疏漏自在意中，尚祈海内外方家正之。

沈鉴治
2017 年于美国加州

培养兴趣
欣赏戏曲

　　我曾在这里通过《乐乐集》和《乐乐新集》漫谈音乐，接着写了些有关曾经看过的书的《乐文集》，现在开始写的《顾曲集》主要谈戏曲。这个栏名出自陈寿《三国志》中"曲有误，周郎顾"及孔尚任《桃花扇》中"一片红毹铺地，此乃顾曲之所"，希望通过我个人的见闻和经历，引起大家对戏曲的兴趣，从而踏上成为"顾曲周郎"的道路。

　　这里所谈的戏曲主要是京剧和昆剧，可能旁及不同地方的戏剧和曲艺。对于传统的京剧和昆剧来说，它们的黄金时代已经过去，以致大多数人可能有"太难懂了"的感觉。但是，当今年青一代中对这些传统艺术发生兴趣的却颇不乏人，使这些几乎濒于绝响的艺术呈现出复苏的现象，同时社会也出现了对有关常识和知识的需求。我不自量力，觉得还可以为这项需求提供一些数据。但是我先得声明一下，戏曲看似简单，其实却博大精深，要懂得欣赏和领略个中奥妙，先得跨过一道门槛，以求至少能了解演出者的造诣，还要辨别什么是真艺术，哪些是野狐禅。我自己是否已经跨过了这道门槛还是一个大问号，只能算是略窥门径，但鉴于目前戏曲界老成凋谢，在"蜀中无大将，廖化充先锋"的情况下，才敢斗胆在这里和大家分享我的一得之愚。

我还未开始写，马上就遇到一个难题，就是欣赏音乐可以在文字之外借助录音，喜欢某些文学作品可以从坊间买书来阅读，而且音乐和书籍都可从网站下载，但是谈戏曲，即使在文字之外借助录音、录像和书本，仍难免有隔靴搔痒之嫌。这是因为戏曲的特色（也是它容易失传的原因）是必须通过口传心授才可以心领神会，而且还要加上不断实践。所以，想涉猎一下戏曲的读者在看了本栏目之后，是否能够鉴赏某一出戏要如何演才算够水平，某一句戏词要怎样唱才算有韵味，某一个动作要如此这般才称得上一个"好"字，恐怕只能存疑了。不过，目前京剧和昆剧面对的问题，不一定是没有专业人才，而是缺乏具有水平的观众。因此，我准备就我所知，不仅为戏曲观众服务，也希望能为对京剧或昆剧望而却步的未来观众服务。

先说一些大家可能已经知道的，就是在红毹铺地的舞台上表演戏曲的角色，分为生、旦、净、丑四大行当，还有就是他们的表演方式包括唱、做、念、打四方面。真实生活中的人有男女老幼之别以及忠奸之分，所以舞台上分为四大行当十分合理，也很容易了解。至于唱、做、念、打四者并重的表演方式却是其他国家的表演艺术中所罕有的：舞台剧中的唱、做、念是世界性的，但是"打"却是中国戏曲所独有的。"打"就是武功，英语称之为 acrobatic，其实是不对的，因为武功不是杂技，而是一种需要从小训练的熔舞蹈与武术于一炉的表现人物性格、身份和感情的艺术，也就是任何演员所必具的所谓基本功。专业演员们一出场就"边式"（这是舞台术语，意思是举手投足、身段步法看来都令人舒服），就是因为他们即使扮演文质彬彬的书生或者弱不禁风的少女，却个个都受过跑圆场、踢腿、翻跟斗等基本训练的缘故。由此可见，要成为一个戏曲演员，实在不简单！

以上算是开场白，以后我将从四个行当和四者并重的表演方式开始，把欣赏戏曲之道一一细表。

艺术大师 马连良

生、旦、净、丑这京剧的四个主要行当，每一个都包括许多不同的角色。例如生行有老生（也称须生）、小生、武生等，旦行有青衣、花旦、武旦、老旦等，净行有铜锤、架子花脸等，丑行有文丑、武丑等。它们还有更精细的分工，以后会陆续谈到。现在先从最主要的老生谈起。

我说老生最主要，是因为以前的戏班子，都以老生演员为首席，他的名字不论在戏院门外、在演出时派给观众的戏单上或在报纸上的广告中，都是最大的，而且不是居于正中，就是居于上首（即右面），一般称为"挂头牌"，而排名居次的旦角则在下首（即左面）。直到梅兰芳脱颖而出后，才开了旦角挂头牌的先河。自从1927年经选举产生了四大名旦之后，旦角的地位又进一步，挂头牌的愈来愈多，几乎压倒了老生。不过，以老生为主角的传统剧目比较多，因此老生在京剧中仍旧居于主要地位却是不容抹杀的事实。

提到老生，我小时候见到的老长辈们提起谭鑫培（1847—1917）就肃然起敬，我的父执辈当然认为余叔岩（1890—1943）最了不起，可惜生活在现代的人只能从有限的录音中略窥他们唱的艺术。谭鑫培是谭派鼻祖，他的唱片不多，据说还有假的，即使真是他唱的，也有故意唱得和台上不同，以免让别人偷学的。他曾经拍摄一段无声电影，记录了他的拿手杰作《定军山》中极短的片段，但是只有极少人看到。余叔岩是学谭鑫培的，是否全学到了，还是青出于蓝，我们无从得知。他有不少唱片，学老生的人看待这些录音比基督教徒看待《圣经》还神圣，有人把余叔岩的艺术形容得深不可测，说许多著名的演员学了几十年也未必学到他的神韵。他艺术生命的黄金时代只有十年左右，由于没有录像，究竟好到什么程度，没有看过他演出的人只能从文字记载中去揣摩了。关于这位余派宗师，容后再谈。

近代老生演员中，马连良（1901—1966）、谭富英（1905—1977）、杨宝森（1909—1958）和奚啸伯（1910—1977）被称为"四大须生"，其中以马连良的名气最大。他早年是谭派须生，由于嗓音甜润，加之身段边式、基本功扎实而声名鹊起；1927年开始组织自己的剧团，挂头牌，在唱和念方面创造了新的风格，做功尤其细腻，武戏也拿得起，形成了马派。据他自己说，他通过观摩学习余叔岩《打棍出箱》中的身段，虽只学到了六成，但是在观众的眼中已经精彩绝伦。20世纪30年代马连良曾多次到上海，先父必然带我去捧场，因此我不但看到他后来不再演出的戏码如《九更天》（又名《马义救主》，最后一场要赤膊滚钉板）、《奇冤报》等，还亲眼看到他在扮相和服装方面愈来愈讲究，例如髯口（即老生戴的胡须）渐渐薄了，服装的料子开始用丝绒，也目睹了他在舞台方面的改进，例如把处于舞台右侧的胡琴和锣鼓等乐器的演奏者们（行话叫场面或文武场）以纱幕遮掩等。至于他婉转动听的唱腔、抑扬顿挫的念白、潇洒的台步、精湛的做功等更是使我迄今难忘。20世纪40年代中我在上海，又适逢他南来演出，我那时已经比较懂戏，于是排夕往观，深为他的艺术所折服。1949年后他在香港每周演出一次，票价十八元，对我这个月薪一百五十元的小职员来说是一个颇大的负担，但我还是每场必到，后来 20 世纪 60 年代初他又曾来香港演出《赵氏孤儿》等，其表演之炉火纯青有目共睹。至于马派艺术究竟好在哪里，就要慢慢细说了。

『三大贤』和『四大须生』
——再谈马连良

京剧早期统领剧团的都是老生或须生演员，演出的大都是围绕着以老生角色为主的剧本，从而奠定了这个行当的重要性。远的不说，在清朝时期就被尊为"三鼎甲"的谭鑫培、孙菊仙（1841—1931）和汪桂芬（1860—1906）都是以演老生为主的；20世纪二三十年代出了"三大贤"余叔岩、马连良、高庆奎（1890—1942），同时余叔岩、言菊朋（1890—1942）、高庆奎、马连良四位又被誉为"四大须生"，稍后因为高庆奎败嗓，谭富英崛起，而改为余叔岩、马连良、言菊朋和谭富英；及余、言二人相继谢世，于是在1942年以后，戏迷们便把马连良、谭富英、杨宝森、奚啸伯称为"四大须生"。今天这些名角们都早已不在人世了，后继者是谁？戏迷们各有爱好，似乎尚无定论。

值得注意的是，自20世纪20年代起，马连良就一直是老生中的佼佼者，享誉之久，为"三大贤"和"四大须生"的同侪所不及，这绝非偶然，凭的当然是一流的艺术和观众的支持。不幸"文化大革命"夺去了他的生命，使一代艺人含恨而终！

当然，老生以谭派为正宗，而他的传人是余叔岩，所以不论是学习老生的演员或者喜爱老生的京剧爱好者（戏迷和票友）都唯余是崇，这本来是好事，因为他的艺术的确出众。但是，艺术界自古就有门户之见，京剧何能例外，于是有些人难免把凡是不同于余叔岩唱腔的视为旁门左道，而首当其冲的就是马连良。我的父执辈们就都是余叔岩的崇拜者，当然从来都不可以推崇马派连良。我虽然因此而不敢学任何与马派有关的东西，但是在看了他的戏之后，却不得不对他产生由衷的钦佩和仰慕。大约二十年前，一位前辈听到我佩服马连良，却一点儿马派都不会，曾经鼓励我学一出马派的《清风亭》，岂知第一句就把我难倒，怎么都学不像，只好知难而退！

马连良的唱其实吸收了许多老前辈们的精髓，在承袭传统之余又勇于创新，因而能自成一派。他从小贫困，在科班只是学戏而没有学到什么文化，但是他不仅天资聪慧，而且努力不懈，成名后整理旧剧目、从其他剧种发掘和移植剧目，以丰富他演出的戏码，还不断革新和创新，获得了广大观众的拥戴，同时也招来了不少批判和攻击。但是，学余叔岩到家的人们如果研究一下马连良的唱和念，尽管表面上说他有大舌头的毛病，私底下却不能不折服。有人说他嗓音不高，但是早年他能唱《龙虎斗》的唢呐腔（有1930年胜利公司唱片为证），也能唱《辕门斩子》（有1931年蓓开公司唱片为证），都非有顶级的好嗓子不可；即使到了中年，在《春秋笔》中的西皮原板"见公文把我的三魂骇掉"末二字响遏行云（有1938年国乐唱片为证），把他和有一副谭门祖传好嗓子的谭富英相比，也不遑多让。而且，在没有扩音器的时代，他在数千个座位的旧式戏院中演唱，不论唱念，都可以使每一个付出最低票价坐在三楼的普罗观众听得清清楚楚，时下依赖"小蜜蜂"扩音的演员们，谁人可及啊！

有人也曾经以马连良的武功平常为诟病，他在中年以后虽然极少演出

马连良《临潼山》

如《珠帘寨》《定军山》等唱做并重的靠把戏，但是他如果武功不济，怎么会在四十岁时发掘出《临潼山》这样的老戏？这出戏是说唐朝的创始人李渊在隋朝为官时，得罪了当时仍是太子的隋炀帝杨广而率领家眷逃出京城，逃到临潼山时被杨广派兵截杀，幸遇秦琼救援才得脱逃的事迹。马连良在剧中扮演李渊，有唱有做，中场开始既要扎大靠，又要开打，不是功力深厚，焉能胜任？在《临潼山》中他又大胆革新，据说经过考证，把李渊背上的四面靠旗由三角形改为四方形（见上图），于是被反对马派的人视为离经叛道、十恶不赦而大骂一通。可能由于这个原因，这出戏他后来很少演出，但是他的武功是年幼时打下的根基，却是不可否认的事实。

马连良武功扎实还可以从他反串《蚍蜉庙》中的费德恭得到证明。以前的演员常常在为同行筹款的义务演出或戏班演期届满时来一个"全体反串"以收卖座之效，在演毕本行的拿手戏之后，加一出像《蚍蜉庙》那样的群戏。《蚨蜡庙》的剧情是讲恶霸费德恭强抢民女，由黄天霸等一众英雄把他捉拿法办。费德恭是武净应功，勾脸挂髯口，穿厚底靴，不但功架要完美，武打也要狠而准。马连良演这个角色是出了名的，每次演出，内外行都来观摩。我有幸看过，真不能相信前面一出戏中扮演温文尔雅的诸葛亮的马连良，居然摇身一变而成为一个手舞大刀的恶霸！

南麒北马关外唐

马连良一时说不完，他是老生行当中享誉最久、真正红遍大江南北的顶尖角色。不过，在他名气极大的时候，仍有人和他分庭抗礼而有"南麒北马关外唐"的说法，其中"北马"是马连良，"南麒"是麒麟童（1895—1975），"关外唐"是唐韵笙（1903—1971）。本文就谈谈这三位老生演员的种种。

马连良在谭派的基础上发展自己的特长而创造出新的风格，形成了马派，使京剧界为之震动。欣赏他的人捧他，称赞他唱腔铿锵有致、念白掷地有声、做功丝丝入扣、身段漂亮边式；不喜欢他的人骂他标新立异、乖离祖规，甚至叫他"马恶"。但是，他红遍大江南北和关外约五十年，事实证明很少人能及得上他对京剧艺术的贡献。

长期在上海演出的麒麟童（原名周信芳，小时候艺名七龄童，长大后改为同音的麒麟童，成为麒派鼻祖，所以提到他必须用艺名，不然姓周的人怎么不是周派而是麒派鼻祖呢？），在艺术上也有创造性的突破，于是人们把他和马连良相提并论而有"南麒北马"之称。这个称谓的来由，据说是因为他们二人 1931 年曾在天津同台演出，艺技相当而博得美誉，其实主要是二人对某些剧目都极为拿手，尤其是注重做功的《四进士》《清风亭》《九更天》《打严嵩》《群英会》等，从而在京剧界南北辉映的缘故。

至于马、麒二人历史性的同台演出是在 1921 年，那年马连良二十岁，第一次到上海，在丹桂第一台挂头牌。此时麒麟童已经享誉春申，为了捧他的同学（马连良出身北京富连成科班，麒麟童少年时曾带艺坐科，有关这个科班，以后会常常提及），在马连良演出谭派名剧《珠帘寨》（他饰演主角李克用，是唱做并重的角色，后半部要扎靠开打）时，为他配演程敬思（其实《珠帘寨》中的李克用一角也是麒麟童的拿手戏，因为他从小就有谭派底子，我在 20 世纪 40 年代看过他演的这出戏），于是马连良在上海大红大紫。后来马演此剧，要加票价，行内的前辈就对他说，你的《珠帘寨》卖座，是因为麒麟童的缘故，没有他演程敬思，怎能加价呢？马听了连忙虚心接受。由于那一次的友谊，两人才有天津同台演出、相得益彰的佳话。

此后，马、麒二人著名的再一次同台演出是在 1947 年，那是上海闻人杜月笙六十寿辰，全国名角差不多全部应邀参与。他们合作的剧目是《群英会》。马演诸葛亮，麒演鲁肃，马还连演《借东风》。（《群英会·借东风》是马的拿手，他总是一人演两个角色，即先在《群英会》中演鲁肃，再在《借东风》中演孔明，而麒则以演《群英会》中的鲁肃驰名江南，所以这次马连良只演孔明，等于在《群英会》居于次要地位，所以十分难得。他们还在《四郎探母》中分饰杨四郎，但没有一起演对手戏。）后来在晚年，马连良和师弟谭富英连同许多富连成出身的名角们拍摄了京剧电影《群英会·借东风》，因为谭富英演鲁肃也是出了名的，所以马连良便从头到尾饰演孔明，不过他另有一段该剧的舞台实况录音，后来摄制了"音配像"的录像，则是前演鲁肃后扮孔明，这才是真正的马派本色，可惜我们只能听到他的唱和念，看不到他的做了。

至于唐韵笙，他倒不像马、麒二位那样自成一派，而是文武全才，老生、武生、红生等件件皆能。我在读大学以前早已对京剧入了迷，但是从来不知道有一位"关外唐"，直到1947年唐韵笙到上海演出，才知道有这么一位样样都会的名伶而得以一睹他的风采。当时他虽已届中年，然而不但扮相极佳（因为他个子魁梧），文武全能，而且嗓音之洪亮，简直惊人（那个年代根本没有用以扩音的"小蜜蜂"，演员的唱和念全靠真本事）。他不是谭派出身，对京剧的各种角色和流派几乎件件精通。我看了他的《群英会·借东风·华容道》，前饰注重做功的鲁肃，中饰唱功吃重的孔明，后饰开脸（即化装上画了脸谱的）而唱做并重又要有武功底子的关羽，除了林树森也是在同样的戏码中连演三角之外，据我所知当时只有他一人而已（后来的李和曾亦能此）。听说他那年还在上海演过《铁笼山》（那是武生宗师杨小楼的名剧，本来是武净戏，被他"拿过来"而成为武生戏），十分轰动，可惜我不记得有这么一回事了。目今马派和麒派都算有了不少后学者，但是大概没有人能够继承唐韵笙的全部衣钵，因为他在"文革"中历经苦难而死，戏服及珍藏的剧本尽毁，于是他的艺术就成了绝响。想来是要好几个人分头努力，才能学到他一部分本事吧！

鑫培嫡孙谭富英
嗓音武功傲群伦

马连良的艺术不是几篇短文所能概括的，他的戏虽然不以武功取胜，但唱、做、念无一不具特色，看来轻松潇洒，学之才知极难神似。至于马派的过人之处，容后有机会再谈。他有不少入门弟子，也有私淑而颇有成就的，但是这些马派的第二代不是墓木已拱，便是垂垂老矣，于是在目前许多新一代的京剧观众并不十分了解何谓韵味、何谓火候的情况下，不少京剧演员唯有以拉长腔和拼命大叫来博取掌声，以致马派艺术的真面目已经不易在舞台上看到了。幸而受过马连良亲灸的演员中还有在为培养下一代而努力的，真希望他们能排除歪风，好好地把马派艺术传承下去。

"四大须生"中堪与马连良匹敌的是谭富英，尤其他的嗓子和武功在同侪中可说无人能出其右。这位正宗谭派须生成名极早，从富连成科班出科之后就红遍大江南北，那时他演出时挂二牌的旦角演员包括白牡丹（后来改名荀慧生，1927 年成为"四大名旦"之一）。不过，许多捧余叔岩的人中却不乏喜欢贬低谭富英者，说余氏很想回馈谭鑫培而主动向谭富英传授谭派艺术，但是年轻的小谭却学不会，等等。然而，谭富英的艺术生涯历久不衰，拥有的观众又较余叔岩为多，却是不争的事实，所以我认为评说艺人的造诣，不必扬此抑彼，像谭富英这样的人才，虽然未必前无古人，却可能是后无来者了。

别的不说，谭的嗓子洪亮清脆，不但远远超过上一代的余叔岩和言菊朋，连同时代的同侪也鲜有能及者，而且唱了四十多年仍旧响遏行云。以全部《四郎探母》为例，他从青年时代就以之出名，从开始的《坐宫》到《出关》《弟兄会》《见娘》《哭堂》《别母》一直到最后的《回令》，嗓子越唱越亮，每句导板必然石破天惊，许多快板都铿锵爽快，大段散板则声振屋宇，难怪每演必定满座。不过，他的《坐宫》最后一段唱到"叫小番"时，因为观众都在等他的"嘎调"（即把"番"字特别拔高），年轻时居然常常由于过度紧张而"唱炸了"，因而成为满城市民次日议论的话题。就我的亲身经历，上海戏院外面的洋车夫们（洋车是北京话，上海话是黄包车，粤语是手车）届时都会在后台外面的马路上静听，谭富英唱炸了便摇头叹息，唱好了便奔走相告，群情激奋，万众欢腾。谭富英在当时社会上的影响力，可见一斑！

嗓子好还不算，主要是谭富英唱快板字字清楚、斩钉截铁，为他人所不及。最了不起的是，他在《定军山》中扮演老将黄忠，唱大段快板时，身扎大靠，戴髯口，手持马鞭和大刀，脚穿厚底靴，边唱边做地满台飞奔跑圆场，口中的唱词和脚底下的台步，完全和快板的节奏吻合。这种功夫，他一死就带进了棺材，从此成为绝响！我看过许多演员（包括已经去世的和年富力强的，以及被某些人认为胜过谭富英的）演出的《定军山》，没有一个能望其项背！

谭富英的《定军山》之所以傲视群伦，是因为他的武功卓越，为"四大须生"之首。我曾看过他在演《定军山》之后接演《阳平关》，其中的黄忠又是唱做并重，而且开打还比《定军山》更加吃重，简直令所有的观众都为之疯狂。此外，他在《问樵闹府·打棍出箱》中的表演又是精彩绝伦。不说别的，《问樵》中范仲禹和樵夫二人一问一答的身段、眼神、水袖、步法，每次必定看得我神魂颠倒。这出戏也是马连良和杨宝森的拿手，可说各有千秋，但是看谭的演出最为令人亢奋，原因之一可能是他在《问樵》过后那一个"吊毛"（向前提身翻一个空心跟斗，以背脊着地，一滚而起）总是那么干净利落，而且据说一直到晚年还是始终如一！

唱功淋漓尽致
武功干净利落

　　谭富英是须生演员中非常突出的一位，他的拿手杰作当然不止上文提及的《定军山·阳平关》《打棍出箱》《四郎探母》等，而是几乎无所不能，以唱功为重的《奇冤报》（又名《乌盆记》）为例，在主角刘世昌发现自己被赵大毒害时唱的西皮导板及散板，意境悲怆而声如裂帛；后来他在刘的鬼魂向张别古诉说冤情时的反二黄中唱到"劈头盖脸洒下来，奇臭难闻口难开"时的响遏行云，又有何人能及？还有《失街亭·空城计·斩马谡》《洪洋洞》《李陵碑》《捉放曹》《桑园寄子》等，在他当红的年代，戏院总是场场客满，观众如醉如痴。另一位名须生杨宝森也擅演这些剧目，我曾无数次观看和比较二人的演出，可谓各有千秋，如果说杨宝森是唱念讲究、表情有内涵的话，那么谭富英是淋漓尽致、让人过足戏瘾！

　　至于靠把戏，除了《定军山·阳平关》之外，其他如《战太平》《南阳关》等也极为脍炙人口。前者是谭鑫培和余叔岩的名剧，唱做都非常吃重，唱的方面，不但要嗓子冲（第一句二黄导板就要翻高腔），后面的西皮快板更要有排山倒海之势，且全剧要表达出主角华云的尽忠报国、死而无惧的精神。在武功方面，华云被敌方擒住时，为了表示他跌下马来，谭富英以翻虎跳来表演（华云身穿大靠，背上有四面靠旗，头上还有很重的头盔，所以难度颇高），这已经成为谭派须生表演的规范。我最后一次看他这出戏是1949年，那时他已四十三岁，这个虎跳翻得非常漂亮，带我去看的一位长辈对我说："真难为小谭了，都四十出头的人了，还是那么干净利落！"（《战太平》的华云在被擒时应翻一个武生和武净用的"拨浪鼓子"，它类似"抢背"，摔下时四面靠旗在空中一卷，以背脊落地，据我所知，北方仅贯大元能如此，余叔岩是不是这样翻，我不知道。余的弟子李少春是武生出身，所以他就表演这个难度较高的动作；谭富英的儿子谭元寿也是武生出身，但他按照父亲的路子做翻虎跳。）

《南阳关》也是唱、做、念、打并重的戏，余叔岩当年到上海演出就以此戏"打泡"（即登台第一晚的演出，通常是演员最拿手的剧目）。这出戏演来非常吃力，所以唱的人越来越少，但在20世纪50—60年代马连良、谭富英、裘盛戎、张君秋在同一剧团以四大头牌为号召时，谭富英还曾演出《南阳关》，届时即使马连良也要让位，由师弟唱大轴（最后一出），而他和裘、张等的戏码则排在前面。

在四大头牌时期，谭富英因为有张君秋、裘盛戎合作，因此生、旦、净并重的《大保国·探皇陵·二进宫》（简称《大探二》）每次演出都十分轰动。这出戏以唱功为主，对演员的要求是"铁嗓钢喉"，早一辈和同辈的老生虽然有擅长此剧的，但嗓子大都不及谭富英（他的父亲谭小培也有副好嗓子，唱此剧也极佳，但是自从儿子成名后就极少登台了）；旦角中以此剧享誉的，当然以尚小云为第一，此外无人能望其项背；裘盛戎的父亲名净裘桂仙也以此剧著名，并且韵味十足，但是金少山的名气比他大，嗓音更是旷古绝今。不过，老一代的声容不再，谭富英、张君秋、裘盛戎这个阵容不但在当时确实无出其右，在今天也还没有人能够超逾他们！

谭小培《李陵碑》

　　马连良成名之后，曾受到很多恶意批评，却无损于他的艺术成就；谭富英也有同样遭遇，不但被某些行家认为念白不清楚，还有人说他是靠了祖父的名气，但是距乃祖远甚。其实凭良心说，他如果没有真材实料，焉能享誉数十年而不衰？马连良和谭富英都出身著名的富连成科班，这所戏校在他们之后虽然人才辈出，但是其后的老生演员却没有一个及得上这两位前辈的成就，今天壮年及青年的后学者们是否能使老生艺术再度发出像马、谭那样的光辉，且让我们拭目以待吧！

父子同台
七代梨园

马连良和谭富英都有电影流传后世，其中最为人所熟知的是1956年摄制的《群英会》，由马饰诸葛亮、谭饰鲁肃。在此之前，马连良于1949年在香港时曾拍摄了《借东风》《打渔杀家》《游龙戏凤》三部彩色电影，但是谭富英拍电影却较马连良为早，他于二十七岁时（1933年）就拍摄了《四郎探母》，合演的旦角是有"美艳亲王"之称的"四大坤旦"之首雪艳琴（1906—1986）。这部电影在北京的电影院中每天放映五场，场场客满，在上海公映时也极获好评，可惜我当时年纪尚幼，虽然常常被带去看京剧，却还没有进过电影院，因此不知道电影是全部《四郎探母》还是其中的《坐宫》，只记得听父亲提到他的观后感，说谭、雪二人都唱得非常好，唯一的缺点是电影用了真实的布景，让二位主角在皇宫的花园中走台步，雪艳琴还抱了一个真的婴儿，使京剧戏迷们感到有些不伦不类。这已经是七十多年前的事了，这部电影是否被保存下来，就非我所知了。

相信喜爱京剧的人都看过电影《群英会》，谭富英晚年的电影可能只此一部，所以弥足珍贵。不过，他的鲁肃在舞台上虽然有名，我还是比较喜欢马连良和麒麟童的表演。谭富英演《群英会》的一个"卖点"，是常常请出父亲谭小培（1883—1953）来"助阵"饰演诸葛亮，戏迷们为了看父子同台，所以总是能卖满堂。他们父子演这出戏以《草船借箭》为高潮，我在 20 世纪 40 年代初期还数度看到他们的演出，捧场的观众情绪非常热烈，不论唱和做，总是博得许多喝彩声。

谭小培往往被批评为既不及父亲谭鑫培，又不及儿子谭富英，其实他的嗓音醇厚，极有韵味（有许多老唱片为证），而且在儿子未成名之时和初成名之际，也享有相当声誉，不过他中年以后就专心辅助儿子，极少登台了。他们父子二人合灌了不少唱片，包括《草船借箭》《珠帘寨》《捉放曹》《搜孤救孤》《阳平关》以及《四郎探母》中的《弟兄会》等，都十分风行，也是我年轻时耳熟能详的。谭小培晚年有一个在京剧界流传的事迹，便是在 1949 年后的一次内部演出中，谭富英在台上演戏，毛泽东和他在台下观剧，当谭小培取出一支香烟时，毛泽东便伸手替他点了火，使他吸了一支"毛点烟"。据说在京剧艺人中，只有他一人享有如此殊荣。

谭富英因为成名甚早，而且又有天赋的嗓音，所以当人们把他和余叔岩相比较时，便批评说他对唱和念不甚讲究。但是他在中年之后，却对自己的要求日高，在唱腔方面努力琢磨而大有进步。以《奇冤报》为例，同样一段西皮原板"好一个赵大哥人慷慨，霎时间酒饭摆上来，行至在中途把雨盖，借宿一宵理不该"，他早年在台上的唱和晚年的录音就有所不同，晚年时不但唱词改为"好一个赵大哥人慷慨，顷刻间酒饭有安排，行至在中途把雨盖，萍水相逢理不该"，连运腔、咬字等都较早年有所改进（据说是余叔岩晚年的琴师王瑞芝为他加的工），可见他是如何的孜孜不倦、忠于艺术。

"文化大革命"时期，谭富英被认为是艺术权威而被关进牛棚，几乎永世不得翻身。据说有一天爱看京剧的毛泽东忽然问起："谭富英怎样了？"

因为这一问，谭富英被从牛棚中释放回家，总算免于成为"牛鬼蛇神"而得了一个善终，1977 年以七十二岁超越古稀之年逝世。由于从谭鑫培到谭富英的孙子一共七代都从事京剧表演，因此谭富英死后还得到了如下一副嵌入"富英"二字、称颂他的挽联：

富甲梨园，七代继盛，两代流派，艺高称首富；
英冠菊圃，四海驰名，五洲仰慕，德劭领群英！

在"四大须生"中，谭富英可算是最幸运的一个了！

万人称颂艺术精
实至名归杨宝森

在"四大须生"中，杨宝森虽然在童伶时代就崭露头角，但是由于少年时期变声后嗓音长期未能恢复，所以成名比马连良和谭富英晚得多；即使成名之后，他的经济状况也一直不佳，更可怜的是不到五十岁就死了，而且身后萧条。但是，他的影响却可能超过了同期的须生们，这从目前凡是唱须生的大部分是杨派，连票友们也唯杨是尚可以得到证明。

杨宝森被称为杨派创始者，但是他一直谦虚地说，他只是一个没有缘分获得余叔岩亲自指点的余派老生而已。不过，在余叔岩的入室弟子中，被誉为能够得其真传的孟小冬早就息影，另一个弟子李少春则以文武全才享誉，演孙悟空和林冲比演余派戏更受欢迎。于是，在京剧行家和观众心目中，要欣赏余派艺术，就唯有求诸杨宝森了，而他也不负众望，终生孜孜不倦、努力钻研，把须生艺术推上了另一个高峰，使绝大部分下一代的须生演员在演出马派以外的剧目时都基本上按照他的方式演唱。

杨宝森好在哪里？主要是咬字准确、吐字清晰，唱腔从平实中见功夫，而且无论唱和念都一丝不苟，再加上他对如何运气、如何换气（京剧行话称为"气口"，声乐名词是 phrasing）、如何收放自如等都十分讲究，所以他每一句唱、每一句念，总是能让观众把个中的奥妙听得一清二楚而击节赞赏。此外，我觉得他最大的长处是发声方法，不像余叔岩那样多用"立音"（我的理解是共鸣部位较高，唱起来很吃力），而是把发音位置推前，利用口腔和胸腔共鸣，所以不但声音可以送得较远，音量也变得较大而宽，而且即使嗓音不那么好的时候还是韵味醇厚，令人陶醉。他的这个发声方法不但对专业演员十分有用，非专业的票友更是受惠匪浅，因为票友们一般调门都比较低而高音较差，学余叔岩事倍功半，学杨宝森不但可以藏拙，甚至还可以似模似样，难怪即使杨宝森已经过世了半个来世纪，杨派不但风行不衰，而且几乎成为须生的主流了！

杨宝森如何苦学余叔岩呢？他想拜余叔岩为师而不果，便只好经常去观摩余叔岩的演出。那个时代既没有录音机，更没有录像机，而职业演员在台下观摩，会被认为是偷师，这是行家的大忌。于是他只好躲在楼上的后面以免受到注意。和他一起合作偷师的是另一个对余派艺术入迷的演员刘天红（1907—1975）。他们分工合作，由杨记唱腔、刘记做功，回家后对照笔记，一同反复练习，果然逐渐悟到了个中三昧。此外，他的堂兄杨宝忠（1898—1967）是余叔岩的大弟子，后来因为倒嗓改为拉胡琴而成为一代名家，他把自己从老师那里学到的对堂弟倾囊相授，并且为他伴奏。再有，杨宝森毕生都虚心向前辈们请教，在成名之后还经常向著名教师陈秀华（1888—1966）请益，例如他逝世的那一年和程砚秋合作，留下《武家坡》的录音，在录音之前，他曾再度向陈秀华请教，务必使每一个字、每一句唱腔都尽善尽美。

马连良和谭富英都得益于余叔岩，他们一个自成一家，一个振兴谭派；唯有杨宝森专心学余，结合了本身的条件加上不断的努力，终于对余氏的艺术融会贯通，从而把以余叔岩为基础的须生艺术发扬光大，并且起了承前启后的历史作用，受到万人称颂，真是实至名归！

名琴名鼓相辅
声誉蒸蒸日上

　　据我的父执辈对我说，杨宝森在童伶时代因为唱做俱佳，而且文武全才，受观众赞赏而获得"小余叔岩"的称号，可惜他发育期间嗓子出了问题，所以很久没有演出，这令拥护他的戏迷们为之叹息，我的父亲就是这些戏迷之一。因此大约在 1934 年或 1935 年他到上海演出时，以前看过他演出的戏迷都去捧场，那时我还是小孩子，也跟随父亲去了，记得那是日场，他演的是《珠帘寨》。

　　为什么隔了那么多年，我还记得这么清楚呢？因为那一年上海京剧界出了一件大事，就是名武生盖叫天（1888—1971）在大舞台演出《武松》时，于《狮子楼》一场中从高台上翻下来时跌断了腿，无法继续登台。当时挂二牌的正是杨宝森，戏院和他大概是有合约的，所以就由他独力支撑唱下去。这是杨宝森第一次独当一面，自然把他的拿手好戏一一演出，而《珠帘寨》就是其中之一。这出戏的前半部唱功非常吃重，在著名的"昔日有个三大贤"的唱段中，有一次比一次高的三个"哗啦啦"，对须生演员是很大的考验；在后半部要扎大靠，又要唱，又要开打，非有扎实的基本功不能演好。这出戏是每一个须生都力求要演好的，也是杨宝森的拿手。我当时年纪虽然很小，对《珠帘寨》的剧情和其中几个主要的唱段却并不陌生。不过，我看了之后觉得杨宝森的嗓音很轻，不大能够领略他好在哪里，只记得他唱了许多，得了不少喝彩声，而且还要了大刀。

那时我太小，只被准许看日场，所以只看了一次杨宝森，不久他就回北平去了。此后日寇发动侵略战争，我们顾着逃难，多年没有看戏，只听说杨宝森后来自己组织了班子，堂兄杨宝忠为他操琴，并且把以前从余叔岩那里学到的玩意儿倾囊相授，果然使他从此走红了。这个时期他又和程派名票高华在百代公司灌了《桑园会》的唱片，一共三张，风行一时，几乎每一个京剧爱好者家中都有这套唱片，我也对这套唱片百听不厌。杨宝森此时嗓音又宽又有韵味，虽然应当翻高的地方都改成平唱，但是听来却令人荡气回肠，使我也成了他的"留学生"（即从"留"声机中"学"戏的人）。杨宝森的唱使戏迷们大为倾倒而对他刮目相看，而他也从此跻身"四大须生"之列。

《桑园会》的唱片使许多人迷上了杨宝森，所以当他再度到上海演出时，就和以前的情况大不相同了。当时他班子中的阵容非常强大，计有杨宝忠的胡琴、杭子和的鼓、王泉奎的花脸、哈宝山的里子老生，都是一时之选。且不说杨宝忠，那位杭子和的来头可大了。他曾为余叔岩司鼓，是当时全国第一流的鼓师，一直到杨宝森逝世都是他不可或缺的好搭档。杭子和的鼓好在哪里？那就非得对京剧有比较深入了解的戏迷才能够领会了。打一个譬喻，京剧中的鼓师就如西洋音乐中交响乐队的指挥，整个演出的"尺寸"（就是节奏）都掌握在他的手里，而剧情的进展也由他控制，什么时候该轻松抒情，什么时候该紧张热闹，谁是宾，谁是主，都在他手里；更重要的是，他可以让演员唱得舒服，在节骨眼上给你下几个鼓点子，演员既有换气的机会，而观众听来则是有画龙点睛之妙。

　　在这样的琴、鼓和良好的绿叶扶持之下，杨宝森真是如鱼得水，声誉蒸蒸日上，除了须生的看家戏《失街亭·空城计·斩马谡》之外，他最受欢迎的剧目是全部《伍子胥》，分两晚演出，第一晚是《战樊城·长亭会·文昭关》，第二晚接演《渔丈人·浣纱记·渔藏剑》，一直到《刺王僚》为止，几乎是每演必满，成为他独有的招牌戏。后来他到了晚年，为了争取观众，居然把全部《伍子胥》一次演全。那可乐坏了戏迷，也累坏了演员！

摇散板抑扬顿挫
《夜深沉》珠联璧合

　　杨宝森成名后在北京（当时称为北平）演出的日期多数是逢星期三、六，地点多数在东城东安市场内的吉祥戏院。这家历史悠久的戏院建于清末民初，梅兰芳、杨小楼、余叔岩等都经常在此登台。那个时期和杨宝森合作的旦角是他的太太谢虹雯，她曾拜梅兰芳为师，花旦、青衣都能演，他们合演的有《法门寺》和《桑园寄子》等，不过杨宝森主要是演他的须生戏如《失街亭·空城计·斩马谡》《问樵闹府·打棍出箱》《击鼓骂曹》等。到了农历新年，名角们大都在一家戏院连演十天，而且每天要演日夜两场，他们辛苦，戏迷们却可以过足戏瘾。杨宝森在新春期间常常演双出，让我看到了他平时不大演的《桑园会》《游龙戏凤》《三娘教子》《宝莲灯》《法场换子》等戏。那个年代北平名角如林，到了节日个个分外卖力，使戏迷们为了看戏而疲于奔命。这些虽然是七十来年前的事了，但仍能勾起我甜蜜的回忆。

　　观众爱看杨宝森，原因之一是他对配角非常重视，例如《失街亭·空城计·斩马谡》的马谡必用刘砚亭，王平必用哈宝山；同台演出的铜锤花脸如果不是王泉奎，便是娄振奎，后来是金少臣，有了他们，他便会贴出

《大保国·叹皇陵·二进宫》。他的这出戏与众不同，首先是把杨波在《大保国》中第一段"臣不奏前三皇后代五帝，奏的是我大明一统华夷"的二黄慢板改为二黄快三眼，一来可让杨宝忠的胡琴尽量发挥，二来避免和后面《二进宫》中的慢板重复。经过他们堂兄弟这么一改，目前许多老生唱《大保国》都改唱快三眼了。其次是剧中的杨波是兵部侍郎（好比现代的国防部副部长），是武职，所以应该穿绿色的蟒袍，但是杨宝森初期很穷，自己没有绿蟒，只能穿了白色的蟒袍上场，这其实是不对的，因为戏班的规矩是"宁穿破，不穿错"，不料经他这么一错，后来许多演员都在演杨波时穿白蟒了。只此二端，足见杨宝森的影响。

　　和马连良、谭富英分庭抗礼的杨宝森在嗓音、武功方面或有所不及，但是他以韵味取胜，尤其是唱摇板和散板，更是一波三折，极尽抑扬顿挫，所以有"摇、散板之王"的称号。譬如他的《洪洋洞》，由于散板极多，听来感情特别浓厚；又如《桑园寄子》最后一场全部是散板，每一句都能抓住观众的情绪。他的《珠帘寨》为什么如此出名，就因为那一大段"如今的事儿大变更……"的摇板让人听得过瘾。至于《空城计》中的摇板，《四郎探母》的《哭堂·别母》中的散板，早已成为后辈学习的楷模了。

　　我最后一次看杨宝森是他1950年来香港演出，配角有汪正华、芙蓉草、姜妙香等，他们合作的《珠帘寨》真是精彩绝伦，而《洪洋洞》《李陵碑》与连演《清官册》等余派戏都使观众如醉如痴。最难得的是，当时在香港的马连良和他合作演出《问樵闹府·打棍出箱》，杨演前半部，马演后半部，成为菊坛佳话。八年后杨宝森在北京英年早逝，马连良为之痛哭，真是惺惺相惜！

　　谈杨宝森不得不提他在《击鼓骂曹》中的鼓。《三国演义》中祢衡击鼓骂曹的故事是每一个京剧观众都熟悉的，须生演员要演好这出戏，必须下苦功练好剧中的鼓套子，包括三通鼓和曲牌《夜深沉》。三通鼓是"独奏"，如果你手底下的功夫不够，那就无所遁形；《夜深沉》是与胡琴合奏的曲牌，二人的合作要严丝合缝，且它和三通鼓一样，前辈名伶都有独自的心得和打法。杨宝忠的鼓套子在余叔岩亲授的基础上做了加工，且他和杨宝森经过钻研又有所创造，使这出《击鼓骂曹》中的鼓套子特别精彩。他们留下的这出戏的录音，是目前京剧艺术中最宝贵的遗产之一。

杨宝森的鼓和杨宝忠的胡琴合奏《夜深沉》固然精彩，但是杨宝忠的鼓和杨宝森的胡琴合奏这个曲牌却更加令戏迷疯狂。我看过杨宝森的《盗魂铃》，杨宝森扮演猪八戒，不但模仿各派的唱腔，而且当场操琴，由杨宝忠在伴奏座上站起来，当场击鼓，合奏《夜深沉》，堪称珠联璧合。自从二人作古，此已成绝响矣！

杨宝森晚年在天津京剧团和厉慧良分任正副团长，此时杨派艺术几乎风靡全国，在上海演出《搜孤救孤》时，麒麟童破例拔刀相助，为杨配演公孙杵臼，可见其声誉之隆。但厉慧良是文武全才，又正在盛年，给杨的威胁颇大，所以杨唱得很辛苦。这个时期他留下了许多现场录音，他逝世后大部分都有了音配像的 VCD，由他的学生汪正华等配像，更使杨派唱念发扬光大。可惜的是，他并没有留下录像，后人无从看到这位一代艺人台上的风采。

另辟蹊径
奚啸伯

　　在"四大须生"中，奚啸伯我看得最少，因为他的唱和正宗的谭派或余派略有所异，不是学习的对象。这倒不是什么门户之见，而是自己没有学习各种不同流派的唱腔的能力。还有一个原因是大部分看戏的时间都被谭富英和杨宝森占去了，何况还有虽非学习对象但却看了令人身心舒畅的马连良！

　　但奚啸伯还是有他的特色。论嗓子，他比杨宝森高亢；论念白，他比谭富英清晰；论唱，他对运腔吐字都十分讲究；做功虽然不及马连良，但中规中矩。我没有看过他的靠把戏，所以不敢评论他的武功如何，只是听长辈们说，奚啸伯是"羊毛"出身（内行对票友一种带有贬义的称谓），所以基本功较差，但是我看他的台步身段都很顺眼，还有一些马连良的潇洒。换言之，奚啸伯的唱、做、念都有一定的优点，所以他的成名绝非偶然。

　　就我所知，奚啸伯的师父是言菊朋，我看过他的《上天台》，唱词唱腔基本上是言派，然而自成一家的奚派却并不完全宗法言派，而是在余派的基础上糅入了言菊朋对四声音韵的讲究，再加上一些从马派变化出来的纤巧，尤其念白更是学马多于学言，所以有人说他私淑马连良且也演出马

梅兰芳、奚啸伯《宝莲灯》

派的剧目。但是，他却不是全盘照搬。譬如他演《甘露寺》的乔玄，大致上宗的是马派，但是其中主要唱段"劝千岁杀字休出口……"，却和马连良并不雷同。他学余叔岩也颇为神似，但却并非墨守成规，例如《失街亭》中诸葛亮上场时的引子，老词是"羽扇纶巾，四轮车，快似风云；阴阳反掌，定乾坤，保汉家，两代贤臣"，他改为"掌握兵权，辅幼主，扫灭烟尘；胸藏韬略，定乾坤，保汉家，两代贤君"。老顽固戏迷会大不以为然，但是我认为他改得好。后面《空城计》中的唱腔基本上是余派，但唱词则略有改动，例如把"望空中求先帝大显威灵"改为"但愿得赵子龙及早归营"，或许是为了破除迷信，词是改得不错，可惜把原有的好腔也改掉了。所以我觉得奚啸伯努力的方向是另辟蹊径以求自成一派，有优点，也有瑕疵。总的来说，他是博采众人之长而将之融化，又肯刻苦钻研，再加上际遇，才获得了他应有的地位。

说到际遇，大家都知道奚啸伯之成名，和梅兰芳的提携分不开，1935

至 1937 年，梅兰芳剧团的老生就是奚啸伯。他除了和梅兰芳配演生旦戏如《四郎探母》《宝莲灯》和《王宝钏》中的《武家坡·大登殿》等，自己还演出了《失空斩》《李陵碑》《清官册》《击鼓骂曹》等戏，从而受到了内外行的重视。大家的心目中都觉得，梅大王的当家老生，玩意儿还错得了吗？于是他自己组班挂头牌也就顺理成章了。

记得我第一次看奚啸伯时，一位久居北方的世伯告诉我，1939 年时奚啸伯已经在北平和马连良、谭富英成鼎足之势，当时他们三位须生的演出总是能卖满座，人称"生行三杰"。奚啸伯以行腔跌宕有致、吐字苍劲有力取胜，即使嗓音并不圆润，却动听而有韵味，虽非科班出身但能戏极多，所以声誉鹊起。后来他聘请中华戏曲学校"四块玉"之一的青衣侯玉兰加盟，声势更盛。他经常演出的剧目包括《四进士》《苏武牧羊》（它们都是马连良的名剧）、《打渔杀家》（马和谭都擅长）等，并且常常一场戏演双出，例如《游龙戏凤》加《白蟒台》，《举鼎观画》加《朱痕记》，《击鼓骂曹》加《二进宫》，可说是为了争气而拼命。至于他的另一个双出是《李陵碑》接演《清官册》，前饰杨老令公，后饰寇准，十分叫座。此时杨宝森还在替旦角挂二牌，全部《杨家将》（就是《李陵碑》接演《清官册》）成为杨派名剧，还是以后的事呢。

为了顺应潮流，奚啸伯在 20 世纪 50 年代排演了新戏《范进中举》，故事取材于《儒林外史》。我没有看过他本人演出此剧，只看到音配像的DVD，其中的许多唱段新腔迭出，充分发挥了他在唱方面的特点。即使如此，他的厄运却接二连三而来，先在"反右运动"中被打成"右派"，又在"文化大革命"中背上反动艺术权威的罪名，晚年身心备受摧残，郁郁以终。如此一代艺人，没有留下录像，只有舞台实况录音（都由再传弟子张建国配像），后人总算得以听到他的声，却无从目睹他的容了。

麒派鼻祖周信芳
幼年成名七龄童

　　在老生行当中，除了"四大须生"，还有前文提到的"南麒北马关外唐"，其中年龄最大的麒麟童，在20世纪中国剧坛上数十年来名满江南，有不计其数的京剧艺人受到他的影响，因而被称为麒派鼻祖。

　　麒麟童原名周信芳，他似乎也喜欢在某种场合用原来的姓名，例如20世纪20年代的唱片，往往由演唱者本人在开始时报出自己的名字和演唱的剧目，他就会说"某某公司特请周信芳先生唱《萧何月下追韩信》"，而不提自己的艺名。但是麒麟童这个名字实在太响亮了，行内没有人称他"周老板"而人人称他为"麒老板"，所以他的演唱风格被称为"麒派"。不过，近数十年来许多提到他的文章都称他为周信芳先生，以致较年轻的一代居然弄不清楚这位周先生和麒派的关系！

　　闲话少说，周信芳为什么叫麒麟童呢？原来他七岁就登台演出，艺名七龄童，已经颇有名气，长大后便改为同音的麒麟童，让人们知道二者就是一个人，而不至于流失了观众。他年轻时曾在北京著名的科班喜连成（富连成前身）学艺，所以和马连良、谭富英等可说是同学。由于他是科班出身，所以基本功扎实，是一个文武全才，老生戏博采前辈艺人谭鑫培、汪桂芬、孙菊仙等人之所长，不论唱功戏如《法场换子》《文昭关》、做功戏如《九更天》《乌龙院》、衰派戏如《四进士》《南天门》、靠把戏如《战长沙》《珠帘寨》等演来都得心应手。此外，他还从红生戏的创始人三麻子（原名王鸿寿，1849—1925）学艺，所以不但学到了关公戏的神髓，还擅长《徐策跑城》《扫松下书》等徽调戏。什么是徽调呢？简单来说就是《徐策跑城》和《斩经堂》中的"高拨子"唱腔，以高亢动听为特色，后来50年代新编的京剧《杨门女将》中穆桂英在《探谷》一场中就用了这种唱腔。现在居然凡是唱旦角的都会唱了。在我还是小孩子的年代，就只在麒派戏中才可以听到！

麒麟童的武功十分了得，什么跟斗、吊毛、抢背和僵尸等，对他来说可说十分稀松平常。我曾看过他在一次义务戏中演《伐东吴》，他饰刘备，剧中黄忠（由他的徒弟高百岁饰演）被敌军射了一箭，带箭回营，刘备替他拔箭，但是箭被拔出时，黄忠顿时倒地身亡。此时高百岁特别卖力，立刻向后直挺挺摔了一个硬僵尸，麒麟童也不甘示弱，立即表示大为震惊，也向后直挺挺地摔了一个硬僵尸。这项表演大出台上台下人的意外，于是全场爆发出雷轰似的彩声！

由于他的武功一流，所以碰到南北名伶大会演《四郎探母》，各大须生分别饰演杨四郎，麒麟童必然担任《出关》的部分，因为杨四郎在闯进宋营、马匹被绊马索绊倒时要翻一个吊毛，此时他颈插令箭，腰悬宝剑，就这么一个凌空吊毛，干净利落，又必然是满堂彩。有些功夫较差的老生，演到这里，令箭和宝剑都早已交在小番的手上，以免翻跟斗时出错。试想杨四郎哪里会知道要从马上摔下来而预先把令箭和宝剑交给别人呢？当然，麒麟童连同令箭和宝剑翻吊毛是合情合理的，但是如果没有良好的武功基础，他能这样演吗？

由于麒麟童既能唱又能演，所以他有一出名剧《薛家将》是别人演不来的。此戏包括《法场换子》《举鼎观画》《徐策跑城》三折，前两折是谭鑫培、余叔岩等的拿手戏，有大段唱功，没有好嗓子和深厚的韵味是不能胜任的，后一折是徽调名剧，前辈的"三大贤"和后来的"四大须生"都不会唱。《徐策跑城》不但有极多的唱，还要边唱边走，而随着大段的唱词越来越快，脚步也越来越快。麒麟童当年演出的舞台，有大有小，在极大的舞台上，从左面到右面，至少有三十多米的距离，他从一端到另一端不停奔跑，连唱带做，少说来回也有二三十转；但是他穿了厚底靴、蟒袍、白髯口，只见前后四个袍角作波浪式整齐地飘然起伏，髯口波动，头上的珠饰微微振动，但是气不喘，水袖不乱，更绝不声嘶力竭，那份功力，是何等的深厚！

麒派有特色 韵味加台风

　　麒麟童戏路广阔，能戏不下一百数十出，大部分是传统老戏，例如《四进士》《清风亭》《乌龙院》《群英会》《连营寨》《打棍出箱》《战宛城》《战长沙》等许多须生戏，文武皆备、唱做俱全；但主要部分当然是"麒派"独有的名剧，包括《萧何月下追韩信》《明末遗恨》《路遥知马力》《投军别窑》等，还有他在中年时期新排的戏如《徽钦二帝》《文天祥》、连台本戏《文素臣》以及1949年以后的《义责王魁》、在"文革"中被称为"毒草"的《海瑞上疏》等。此外，他擅演关公戏，几乎有关公的戏都能演，而且他的学生或者私淑"麒派"的演员也都能演关公戏。至于上文提及的徽调戏，如《斩经堂》《徐策跑城》以及取材自《琵琶记》的《扫松下书》等也是"麒派"须生的必唱名剧，他甚至还根据《琵琶记》排演全部《赵五娘》。

　　麒麟童的艺术不是几篇短文所能概括的，因为他不但一肚子的须生戏和红生戏（即关公戏），各个行当的角色都能演。例如《战长沙》一剧，清朝时谭鑫培演黄忠，汪桂芬演关公，后来汪派传人王凤卿也演关公，而为关公戏开辟新天地的三麻子当然也演关公；但是，麒麟童在这出戏中黄忠和关公都演。我还看过一次他和徒弟高百岁、陈鹤峰合演的《战长沙》，由陈饰黄忠、高饰关公、他自己配演武花脸应工的魏延，由于他精彩绝伦的衬托，三个人把这出戏演得如火如荼。即使在那名角如林的年代，大概也没有人能把《战长沙》中三个角色都演好的。今天的某些演员，来来回回只会唱那么几出戏，居然被称为"国家级"演员甚至什么"表演艺术家"，和麒麟童相比，能不愧死！

有人以为麒派的特点就是嗓子沙哑，不错，麒麟童的嗓子是音带沙哑，但却并非音色不润的沙，也不是发音干枯的哑。他虽有沙哑的缺陷，但调门其实相当高，而且音域并不窄，音量也相当大。他就利用这副似乎有缺陷的嗓子，在前辈奠定的基础上发展出婉转的唱腔、铿锵的念白，句句有韵味，字字打入你的心坎。

麒麟童的身段也有其独到的地方。以前演员出场时由检场掀起门帘亮相，只要在锣鼓点子上配合门帘被掀起的霎时亮相就可以了。大概在 30 年代后期已经有了新式舞台，门帘没有了，演员要从空荡荡的上场口出来亮相，既不能随随便便走到上场口才鼓起精神亮相，又不能在尚未被全部观众看到时就亮相，因此演员出场就有一定的难度。据我多年的观察，麒麟童视剧情需要，设计了不同的出场亮相方式，其中之一是在锣鼓点子上一个箭步就已经在上场口最恰当的位置亮相了，而观众则为之精神一振。这项能够一亮相就慑住观众的本领，大凡著名的角儿都有一手，这就叫"台风"。他这套学问后来被许多名角学了去，例如著名的净角裘盛戎，往往就是这样出场亮相，让观众精神为之一振。

亮相之后的台步，麒麟童的特色是横向的步子跨得较大，上身微微随着步子向左右摆动，使人物的形象有所突出，而且非常美观。可惜某些学麒派的人，由于模仿得不够到家而在走台步时摆动过度，反而失去美观而令人看不顺眼，可见京剧的舞台艺术，即使是简单的走台步，其中的功力也有云泥之别！

　　以上所提到的只是麒麟童艺术的一些表象，而这些表象已足以令人倾倒了，这也是即使看戏资历不深的人也能欣赏他的演唱的原因。但是，麒派艺术当然不止这么一点点，我有幸看过不少麒麟童的演出，下文当就记忆所及，再谈一些个人的体会。

从麒麟童的《投军别窑》谈起

亮相和台步，只是一场表演的开始，接下来还要念和唱，再配合各种身段动作，念和唱要动听、有韵味、能引起观众的共鸣，而麒麟童在这几方面都功力深厚，所以他能长期受到欢迎而声誉历久不衰。

让我以《投军别窑》为例子来尝试一下对麒麟童艺术的描述。《投军别窑》是讲薛平贵被任命为先行官出征西凉，回到寒窑辞别妻子王宝钏，主要是两个人的戏。薛平贵本来由小生扮演，嗓子是尖的（迄今仍有由小生演出此剧的，但不属于麒派范围），据长辈说，自从麒麟童以本嗓演出之后，这出戏就成了麒派名剧，在江南成为最受欢迎的剧目之一。为什么呢？因为麒麟童在这里的演唱充满感情，表情动作都十分细腻，把剧中人夫妻之间的感情描绘得感人肺腑。这出戏唱、念、做并重，而且主角穿全靠、佩宝剑，出场还要起霸，在大段念白的同时还有许多包括踢腿、弯腰等身段，所以也要有一定的武功根基。麒麟童演这出戏，一举一动都有准则，一个眼神、一句道白都和同台演出的旦角呼吸相共，使二人的演出配合得恰到好处，能自始至终抓住观众的情绪。

通常这出戏要演半小时多一些，但是有一次名角会演，麒麟童出场前，后台对他要求说，下一出戏的角色迟到了，希望麒老板"马后"一点（即把戏演久一些）。于是那天麒麟童把《投军别窑》演了三刻钟以上。由于他自始至终感情投入，合演的旦角也被感染而配合了他的节奏。戏虽然较往常为长，但观众却觉得今天"麒老牌"特别卖力，大家看得过瘾极了，结束时心情仍旧未能平复，一点没有拖延的感觉。

这还不奇，另外一次名角们为慈善事业捐款会演，他又是演《投军别窑》，但是临出场前后台向他打招呼说，今天戏码挤，能不能请麒老板"马前"一点（就是演得短一些）。果然，那天的《投军别窑》半小时就演毕了。但是，他绝没有偷工减料，不论唱、做、念都十分到家，和青衣王宝钏的对手戏更是一丝不苟，凡是该有的动作、表情都样样演全，青衣演员在他的感应下，不知不觉也就加紧了节奏，于是这出《投军别窑》演得严丝合缝，感人之处一点都没有受影响，看得内外行都五体投地。不但如此，受到麒麟童交代清楚的启示，鼓师所指挥的伴奏者，包括京胡、二胡、三弦、月琴、大锣、铙钹、小锣，统统以紧凑的节奏完成了这次演出，使台上台下都为麒麟童的高超艺术而钦佩不已！

演员如何带领鼓师和伴奏者呢？或许一般观众所不知道的是，演员的身段，除了表演剧情，还有一个极为重要的功能就是关照领导文武场面（即伴奏的乐队）的鼓师——演员以身段中的小动作对他示意"我下面要做什么了"。换一句话说，演员在台上的一举一动，不但要符合剧情，让观众看得舒服，也要让同台的演员知道如何配合，更要向鼓师交代清楚接下来是什么。凡是专业演员都受过这方面的训练，而麒麟童的本领尤其出类拔萃。

京剧的表演有一定的程序，譬如演员抖袖，作用之一就是关照鼓师，我要做下一个动作或者开口了；翻起水袖，就是要场面起"叫头"的锣鼓

余叔岩《战太平》

高庆奎《定军山》

马连良《珠帘寨》

马连良、黄桂秋《四进士》

谭富英《鼎盛春秋》

谭富英《定军山》

谭富英《阳平关》

谭富英便装照，1937 年

谭富英父子《汾河湾》

谭富英、谭小培《草船借箭》

奚啸伯《珠帘寨》

奚啸伯、侯玉兰《南天门》

杨宝森《战樊城》

点子。如果扮演的角色没有水袖，就以云手、捏手腕、整衣领、理髯口等来做出关照；如果手中有道具（例如马鞭子）或兵器，也可用以关照鼓师。此外京剧中许多其他动作和身段，都有关照场面的作用，因此演员亮相必定切准锣鼓，尤其是武戏，鼓师更是两眼盯住演员，配合他的动作指挥打击乐器而造成热烈的气氛。（资格浅的票友演戏，往往不懂得演员要关照鼓师，而只是跟着锣鼓做动作，一般观众就更加不知道了。）为什么这些程序重要，而演员又要熟悉它们的功能呢？因为没有了它们，在演出时演员之间以及演员和场面就无从沟通，遑论默契了。

以前演戏，不像现在那样事前经过排练。演员们跑码头演出，往往是未和鼓师以及当地的演员们会面，就已经要出演，大家"台上见"。打小锣的可能以前从未在这个鼓师领导之下上过台，而演员更可能从来没有见过那位鼓师甚至琴师，那就全靠演员知道如何关照他们了。有一次麒麟童演出，鼓师并没有为他司鼓的经验，不禁十分紧张，麒麟童对他说，你在台上注意看我就可以了。果然，麒麟童在演唱时，每一个举动都让鼓师觉得他是在知会和照顾自己，便很顺利地为他打了这一场戏，台下的观众没有人发觉他们原来是初次合作，而且未经排练！

麒麟童被称为"麒老牌"，并非偶然，他是一位真正的艺术大师！

《斩经堂》感情浓烈 《追韩信》背上有戏

　　《投军别窑》是麒派的看家戏之一，另一出不但要扎全靠还要带狐尾和插翎子的须生戏《斩经堂》，也是家喻户晓的麒派名剧。

　　《斩经堂》的主角吴汉娶王莽的女儿王兰英为妻，夫妻十分恩爱，刘秀起兵反对王莽，吴汉当然要为丈人效力，并且把刘秀擒住了。但是吴汉的母亲却对他说，王莽是篡位的，刘秀才是汉朝正统，而且，王莽还曾经害死吴汉的父亲，所以她不但要儿子释放刘秀，还要他杀死妻子，投降刘秀，共同讨伐王莽。吴汉听了大吃一惊，又十分为难，释放刘秀已经难了，怎么能够杀死亲爱的妻子呢？但是母亲晓以大义，并且以死相逼，于是吴汉只得到妻子诵经的经堂中去杀妻。结果是妻子知道真情后自刎而死，母亲也伤心自缢而亡，吴汉家破人亡，投奔刘秀而促使王莽灭亡。

　　这是一出感情矛盾非常强烈的戏，试想，丈夫奉母亲之命要杀死妻子，妻子从不明所以到宁愿成全丈夫，二人又难舍难分，个中的感情是多么复杂！因此《斩经堂》的唱腔虽然以二黄为主，但是在情节紧张处要唱"高拨子"，还有也是源自徽调的"吹腔"（如《贩马记》即用"吹腔"）。当吴汉唱出"从空降下无情剑，斩断夫妻两离分"这一段"高拨子"时，那强烈的节奏和高亢的音调能令人坐不安席；而后面大段二黄原板"贤公主休要跪休要哭"又可以唱得观众落泪。这出戏的唱做都很繁重，所以极受观众欢迎。它在20世纪30年代后期被拍成电影，是黑白片，由著名影星袁美云为麒麟童配演王兰英。我小时候曾经看过，不知道现在有没有底片或拷贝，如果能制成DVD，倒可以让大家一睹早年麒麟童的风采。

此外，无人不知《萧何月下追韩信》是麒派独有名剧，我小时候这出戏的唱片风靡全国，差不多人人都会哼一句"催马加鞭迷了道"的西皮导板，而戏中的许多唱段都十分流行，说它们是妇孺皆知也不为过。麒麟童的做功向来出名，在这出戏中有一场戏，是萧何发觉韩信留下一封信不辞而去。他背向观众，看到桌子上韩信的留书，十分紧张，此时他双手负在背后，帽子上的帽翅开始振动，全部表情都从背部表达，所以人人都说"麒麟童背上也有戏"，真是一点都不假！

《群英会》中的鲁肃是马连良和谭富英都常演的角色，马连良更因为还在后面的《借东风》中饰诸葛亮而名满南北。麒麟童不唱《借东风》，但是他在饰《群英会》的鲁肃之后饰演《华容道》中的关公，从而使"前鲁肃，后关公"成为麒派传人个个都擅长的角色。而他的《华容道》当年在上海由金少山配演曹操，两人真是珠联璧合，后来再没有合作过，因而这便成为绝唱了。

不过，麒麟童的关公虽然也是三麻子的路子，但是却和另一个三麻子传人林树森并不完全相同，这是因为二人的嗓子不同，麒麟童把关公戏中许多高亢的唱腔加以改变，以适应他的麒派唱法。同时，他不像林树森和其他擅长红生的演员那样所有的关公戏都演，因为他能戏何止百数十出，关公戏只是麒派艺术的一环而已。

在上述麒派戏的例子之外，麒麟童的拿手戏多不胜数，其中有许多几乎失传的传统老戏。譬如《打棍出箱》是谭派名剧，但是它只讲范仲禹在妻子被抢、儿子被虎叼走后，寻至葛太师家中，葛命家人将他打死，弃尸荒郊，但他没有死，跳出箱子后戏就演完了。我看过麒麟童的全本《黑驴告状》，一直演到包公看到范仲禹的黑驴来到衙门"告状"，觉得事出有因，于是勘察案情，终于把葛太师绳之以法，并使范仲禹和妻子团圆。马连良也排演过这出戏，情节相同，不过唱和做都有马派的特色。

麒派表演自成一格 身段绝技与众不同

如果要追本溯源，麒麟童的拿手戏可以说都是谭（鑫培）派戏，这些戏余叔岩、马连良、谭富英、杨宝森等都演，但是他以自己独特的风格来唱和演，就成为麒派了。《打棍出箱》《群英会》《乌龙院》《战宛城》《龙凤呈祥》《连营寨》《打严嵩》等等都是。以《龙凤呈祥》这出群戏为例，刘备（老生）和孙尚香（青衣）是男女主角，乔玄和鲁肃也分别由老生扮演，但较为次要。早年余叔岩曾参加梅兰芳和王凤卿的戏班，便在这出戏中前后分饰乔玄和鲁肃，使这两个二路角色的地位提高到与男女主角同等重要。后来在一次演出中，余叔岩不克参加而由年轻的马连良瓜代，马不但把乔玄的"劝千岁……"一段流水唱得全场叫好，后面只有短短一场戏的鲁肃更是道白、身段、眼神、水袖无一不佳，连余叔岩也佩服了，从此他自己不再演这出戏而把它"让给"了马连良，所以大家都知道它是马派剧作。但是，麒麟童在南方也在《龙凤呈祥》中前后分饰乔玄和鲁肃，他的唱和演自成一格，和马连良几乎完全不同，然而也是十分精彩，于是此剧也成为麒派杰作。

又如《连营寨》，本来是谭派老戏，其中《哭灵牌》一场，由刘备祭奠死去的关公和张飞，要唱两段反西皮：第一段在舞台左边（观众看上去是右边）由关兴跪呈灵牌，刘备捧着灵牌哭关公；第二段在另一边由张苞跪着，刘备哭张飞。但是麒麟童的唱法不一样，他饰演的刘备坐在舞台中央，由关兴、张苞在两侧跪捧灵牌，而刘备则只唱一段，同时哭关张二人。我不知道麒麟童这个演出方式的出处，只是看到不少南方老生演《连营寨》时，很多按照麒派的方式演出。此剧后面火烧连营一场，刘备要表演扑火，因而有许多艰难的身段，包括吊毛、抢背等，这些身段都有烟火配合，有极高的艺术性，麒麟童由于基本功扎实，演来当然得心应手。

这里附带一提，所谓烟火，是由检场者在手掌中暗藏内有松香末的小纸折，燃火后以各种手法在演员身边洒出，而不同烟火的花样则代表了火焰四处蹿动以及火势的大小，直到火势愈来愈猛烈，不但烧得愈来愈近，而且四周都是大火。《连营寨》的刘备扑火非常精彩，当烟火逼近演员身边连连喷发时，演员要在紧张的锣鼓节奏中单腿步步后跃，抖动髯口（胡须），双手上下拨火，随后以跌扑功夫倒下再爬起。烟火也有围绕演员燃烧的，也有使满台被火光笼罩的，它们的名称很多，我只知道近身的小火焰叫"钓鱼"，此外"托塔"是火势冲天而上，"月亮门"是由舞台一边以半圆形越过演员在另一边落下，而"满堂红"则是由检场一手撒出满台火光，而此时刘备就要摔一个"僵尸"倒下了。放烟火要经过长期训练，放得好的对剧情起着很大的衬托作用。可惜不知道哪位不懂京剧的领导人说了一句"不安全"，就因噎废食地把检场废除了，以致这一宝贵的文化遗产居然失传了。但愿懂得放烟火的老艺人还有人健在，那么这个绝技还有重见天日的希望！

麒麟童的《打严嵩》极为出名，因此许多人以为这是一出麒派戏，其实它是谭派名剧，余叔岩和马连良都擅长。余叔岩有此剧一段散板的唱片；

麒、马两位都有舞台实况录音，都有音配像的 DVD。大家不妨把录音和录像找来观摩一下，当可比较三人的异同，也可领会各个派别唱和念的特色。

麒麟童的身段十分美观，例如下场时的踢袍角、耍帽翅，都是从小苦练出来的绝技，我在其他文章中已不止一次提及。他的表现也很真实，例如在《明末遗恨》中当崇祯皇帝黑夜逃亡，体会到官场的腐败时，在念"这就莫怪天下大乱了！"这句道白时，我在台下看到他双目垂泪。事隔数十年，这个感人场面还历历在目。

1949 年之后，麒麟童是须生行当中资格最老、政治地位最高的，因此常常和梅兰芳合演，由于梅兰芳和麒麟童的戏路不大一样，所以合演的主要有两出戏，它们是《打渔杀家》和《宝莲灯》中的《二堂舍子》一折。其实这两出戏都是马连良的拿手，20 世纪 20 年代马还和梅兰芳合作，由百代公司灌了十二英寸的唱片（后来唱片都改为十英寸，于是都被削去了几分钟，至今只有十英寸的版本传世，深为可惜），但是马连良在 1950 年以后才由香港回到内地，此后他虽然也曾和梅兰芳同台合作，在政治地位上就不及麒麟童风光了。不幸的是，麒麟童的政治地位，却使他在"文化大革命"中长期受尽精神凌辱和肉体折磨；马连良在遭受批斗后较早含冤去世，相对来说吃的苦没有那么多。但这是题外话了！

无论如何，麒麟童和马连良二人都拥有广大的观众，而且许多戏二人演来风格虽异，艺术造诣却不相伯仲，在 20 世纪中二人南北辉映大约有五十年之久，共同铸造了京剧历史上极为辉煌的一页！

麒麟童、马连良各有千秋

　　麒麟童的艺术一时说不完，他唱念的韵味、出场的台风、节奏的掌握以及举手投足的准则，其实都是每一个出色演员的必备条件。马连良和他相比，在这几方面都有过之无不及，所以他们成为南北两大名家。我对马连良的艺术已经略为谈过一些了，这里不妨把麒麟童和马连良略为比较一下，或许有助于对这两位大师的艺术的了解。

　　马连良的唱和做都极为潇洒，每一个动作都好比是经过艺术提炼的精品，把粗糙的东西都涤净了，就好像晋朝王羲之的字那样，飘逸之中蕴藏着动力。麒麟童的唱和做也极为细腻，但是却较多棱角，不过这些棱角绝非未经雕琢，而是透出高度艺术加工后的现实生活动作和感情，如果以书法来比拟，或许像北魏的"张猛龙碑"，既有劲道，也十分美观。

　　举例来说，这两位演员都擅演《四进士》，马连良只留下唱片和舞台现场录音，麒麟童则除了唱片还有一部舞台纪录片《宋士杰》，所以没有看过他们二位舞台演出的人只能对他们的唱加以有限的比较，而无从比较他们的做。但是从偷看田伦写给顾读的信件时的唱段中，我们可以听出两个宋士杰的性格：一个一面读一面逐步琢磨，构思下一个步骤（马）；另一个则愈读愈感情激动，已经要打抱不平了（麒）。在最后公堂一场，当宋士杰被判充军时，同样的唱词，马连良唱摇板，在婉转中传达出凄凉和无奈，马派的神韵更令人荡气回肠；麒麟童唱散板，每一句之间有一下大锣，衬托出剧中人的悲愤和不服，麒派的激情则使人眼湿鼻酸。总的来说，马连良的宋士杰以机智取胜，麒麟童的宋士杰则以老辣见长。

又马、麒二人都以《群英会》为拿手杰作，其中有两场精彩的戏。其一是《蒋干盗书》前，鲁肃把假冒蔡瑁、张允二人写来的一封信藏在案头的兵书中，在听到蒋干被扶进帐时，鲁肃急忙把袖子遮住灯笼，悄悄溜走。马连良在这一场的表演十分细腻，他在听到蒋干将要来到时，匆匆遮住灯笼下场的身手步法以及神情，令人叫绝。麒麟童上场、把信件放在书中等等的动作，可说是声情并茂，而下场时的紧张则较马连良夸张，在小锣的节奏中，他遮灯笼、走斜步、抖须、抖动帽翅等，都必然博得彩声满堂。

另外是《草船借箭》一场，诸葛亮和鲁肃在船中饮酒时，鲁肃唱"鲁子敬在舟中浑身战抖"的四句时，马连良用纱帽的一对帽翅到水袖和衣服的微微抖动以表示鲁肃的惊慌，既边式又美观；而麒麟童抖动的幅度则较大，简直连整个人都作波浪式的摆动，是艺术的夸张。马连良已经突破了谭派较为含蓄的表演方式而使得观众大开眼界了，麒麟童则更为火爆，而麒派弟子们的表演还有更加卖力的，观众都看得十分乐意。哪一个好呢？可说各有千秋。

马、麒二人都擅演衰派老生戏《清风亭》（又名《天雷报》），说的是贫苦老翁张元秀因为捡来的儿子张继保中了状元之后，嫌他贫穷不肯相认，愤而碰死在清风亭下。这出戏马、麒二人演来都感人肺腑，马连良刻画了这个无助老人和他的老伴的善良、苦难、希望和绝望，令人一掬同情之泪；麒麟童让人为张元秀的不幸深感不平，具有控诉性。我觉得马的演出是艺术的升华，而麒的表演方式则让人感染到现实的悲剧。两者都百看不厌。

还有，他们二人都擅长演《九更天》，讲的是忠仆马义为了救被诬杀人的主人，以为有了无头女尸的人头就可以为主人脱罪，竟然杀死自己的亲生女儿，向官方献上人头，岂知反而成为杀人的证据而导致主人被判死刑。马义到文天祥处喊冤告状，文天祥以钉板试马义，马不顾生死，当堂滚钉板，文知其诚，但是马的主人明天天明时就要被斩首，文天祥于是连夜赶赴法场，而那一夜居然打了九更而天还不亮，因此得以及时平反。我小时候看马连良的演出，那种激动的感情和悲苦的剧情看得我痛哭，尤其看到马义赤膊滚钉板，吓得要命（我至今不知道滚钉板这一真功夫是怎样练成的）；后来看麒麟童，觉得他的表演更进一步，要杀死女儿的那场简直惊心动魄，令人坐立不安，而后面的滚钉板，更觉得惨烈，感情上受不了。不过，现在舞台上似乎已经没有人能演《九更天》了，老戏失传，马连良和麒麟童在这出戏中的表演艺术再也看不到了，未免可惜！

小生前辈
姜妙香

在京剧生、旦、净、丑四大行当中，小生属于生行，但在唱和念的时候多数不用本嗓而用所谓假嗓发声，对于不大懂得京剧的人来说，他们听到小生在念白的时候声音忽尖忽宽，在唱的时候则像旦角，有些不男不女。于是在20世纪50年代时居然有人主张废除小生的发声方式，全部改用本嗓。幸亏这种谬论没有成功，小生这个行当总算保存下来，至今仍旧在舞台上受到欢迎。

小生为什么在唱和念的时候本嗓和假嗓兼用，一个说法是为了表示青年的男子正在变声，因此声音主要是尖的；另一个说法是以假嗓发声主要源自昆曲，因为在昆曲中，生这个主要行当的唱和念就是如此的。这两个说法可能都对，然而其实我们对此不必深究，只要接受小生的发声方法是中国戏曲的特色之一，尽情欣赏就是了。

小生所扮演的角色形象众多，有儒雅的公子（《西厢记》的张生）、落魄的书生（《鸿鸾禧》的莫稽）、年轻的官员（《玉堂春》的王金龙）、英武的将军（《群英会》的周瑜），于是小生就分为扇子生、穷生、纱帽生、雉尾生等，此外还有武功卓越的人物（《雅观楼》的李存孝），那就是武小生了。可以想象，一个演员很难对这些不同身份的角色样样精通，但是必须掌握扎实的基本功，否则就难以胜任了。

据老一辈的戏迷说，程继先（1874—1942）是无所不能的小生，可惜我当时年龄太小，没有看到。我所看到的受内外行一致称颂的小生，就是姜妙香（1890—1972）。可惜在我看戏最多的 40 年代，他已经年届半百，再为青春美貌的旦角们配演情郎或夫婿，在形象上显得有些吃亏，但是他的嗓音依然嘹亮，演出更是一丝不苟，所以观众们还是把他看成小生行当的第一人选。记得在我小时候，凡是小生戏的唱片，几乎全部都是姜妙香唱的。由于唱小生的都把姜妙香的唱和演奉为圭臬，于是在戏迷的心目中，姜妙香就代表着京剧的小生。不过，当时根本没有所谓"姜派"，40 年代成名的叶盛兰因为在唱、念、做、打各方面并不和姜妙香完全相同而有所成就，到后来被称为"叶派"，于是姜妙香就居然成为"姜派"鼻祖，恐怕连他本人也料不到吧。

姜妙香和旦角配戏，演的大多是扇子生和纱帽生，以身段边式、唱做细腻取胜，但他的基本功也非常扎实，因此在《群英会》《龙凤呈祥》《黄鹤楼》等剧目中扮演的周瑜就英姿飒爽，而凡是需要扎靠和开打的场合都能应付裕如，例如早年和梅兰芳演出的《虹霓关》中的王伯党，《穆柯寨》中的杨宗保等。他的穷生戏也是一绝，因此他演出的《打侄上坟》《鸿鸾禧》等，都十分精彩，因为他不论念白和身段，处处到位，令观众看得舒服。还有一点为人所称道的是，他演任何角色，都必定全力以赴，即使只有一点点戏，也绝不欺场。譬如说在《霸王别姬》中，他演的虞子期是项羽麾下的一员将官，除了一场向虞姬报告军情的戏之外，不过跟随项羽上场和下场，而且还要扎靠，可谓吃力不讨好。但是我每次看姜妙香演此戏，必然全神贯注，也可说为整出戏的剧情和气氛做出了相应的贡献。又如抗战胜利后，1945年梅兰芳在上海复出演戏，由于角色不齐，先演四场昆曲，其中《贩马记》由俞振飞演赵宠，而素来和梅兰芳合作演出赵宠的姜妙香则扮演次要的配角保童。姜妙香的演出不但为这出《贩马记》锦上添花，更为梅兰芳的复出增加了声势。这种敬业、乐业以及重团队合作的精神，赢得了一致的赞扬。姜妙香本来已因受人尊敬而被称为"姜圣人"，自此以后，他更受到内外行的推崇了。

姜妙香本来是唱青衣的，年纪很小就出了名，但是却把身体累坏了，生了大病，后来便改习小生，在恢复健康后，居然嗓音高亢入云，再经过不断努力，终于成为小生泰斗。记得他1950年曾来香港，和杨宝森同台演出，花甲之年，依然精神饱满，表演认真。之后我就再没有看到他的戏了。

姜妙香的徒弟很多，像江世玉、徐和才、刘雪涛等名小生都出诸他的门下。据记载，他后来在中国戏曲学校任教，包括叶盛兰的儿子叶少兰在内的著名小生大都是他的学生。那么，这些小生都是"姜派"吗？他们各有各的成就，也各有各的风格，可见硬是要把小生行当分为什么"姜派""叶派"，并不妥当！

昆曲大师
俞振飞

论资历，俞振飞（1902—1993）在同时代的小生演员中可以说仅次于姜妙香，因为他是程继先的徒弟。然而，在没有成为京剧演员之前，俞振飞已经是昆曲名家，他的父亲俞粟庐（1847—1930）是昆曲宗师，所以他自幼就擅长昆曲，十四岁就能唱昆曲二百多折，由于他唱做兼优，而且风度儒雅，还会唱京剧，在三十岁时已经誉满大江南北了。但是，那个时代昆曲已经趋于式微，而京剧界又对小生人才需求殷切，于是"俞振飞要下海唱京剧了"的说法就引起了人们的注意。

我从小就听长辈们说，梨园（就是专业京剧界）不容易进入，因为有许多传统的规矩，所以不少艺术造诣很高的票友，不但不能以唱戏为职业，还要出钱才能够登台，这叫作"玩票"。其中主要的原因是，要吃这碗饭，必须磕头拜师，或者进入科班，由师父教导训练，受到认可后才可以正式入行。俞振飞演京剧不过是票友身份，要正式成为专业演员，必须师出有门，否则就不能被梨园界所接受了。1930年时，程砚秋正缺少合作的小生，于是看中了俞振飞而邀请他到北平，经介绍而拜了京剧界的小生前辈程继先为师。经过这一番仪式，俞振飞才算是入了京剧这一行，正式下海，成为职业京剧演员了。他和程砚秋连续合作了六年，奠定了他在京剧界的地位，之后又和许多名角合作，由于风度儒雅、能书擅画、咬字讲究、嗓音甜润，成为姜妙香之外最受欢迎的小生。

由于我的外祖父和昆曲界名宿俞粟庐和徐凌云（1886—1966）都有交往，所以我的舅父和母亲都从小就"拍曲子"（即学唱昆曲），在那个时代这被认为是文雅的嗜好。在这种教育下，他们对俞振飞的昆曲造诣当然也很是佩服。不过，自从俞振飞下海"改行"唱了京剧，他的身价就下跌了。记得小时候看俞振飞演京剧，喜爱昆曲的长辈们总是摇头，认为他的表演过于夸张，这是因为他们都以昆曲的眼光来看俞振飞，于是嫌他的演出"俗"了。但我却看得津津有味，因为我觉得俞振飞演戏很卖力，又会当场写字，而他演的《贩马记》又十分有昆曲味，尤其是最后《三拉团圆》时发现妻子被上司拉入后堂之后失魂落魄的模样，台下必然彩声四起，更令我看得开心。

20世纪50年代，俞振飞和夫人黄曼耘在香港的时候，和我的父母曾有来往，那时马连良、张君秋等也在香港，但是演出京剧养不活这几位名伶，于是他们先后回了内地。俞振飞先是留在香港，但当时他夫妻的境况甚为窘困，最后还是回了内地。这个决定改变了他的后半生，他后来在上海担任上海市戏曲学校校长和上海昆剧团团长。妻子黄曼耘去世后，可能是经组织安排，他和言慧珠结婚，二人演出了《墙头马上》等昆剧。"文化大革命"中言慧珠自杀身亡，俞振飞也受到了冲击。后来他又和京剧旦角李蔷华结合，二人都是三度结婚。此后夫妇二人都来过香港，我们也曾见面，那时他是受人尊敬的俞老和大师，又有许多传人，真是老怀堪慰了！

在京、昆两个剧种都有卓越成就并享有盛名的，在我的陋见中，男的就只有俞振飞一人而已。我觉得他最大的成就是振兴昆曲、培养后进。今天昆曲界的翘楚，几乎都是他培养出来的，而著名的生行演员，也泰半是他的门生和再传弟子。这些弟子不少已届退休之年，甚至年逾古稀，昆曲艺术是否能保存下去，还要看未来的发展。俞振飞已经尽了他的力，在昆曲史上写下了重要的一页！

俞振飞留下了不少录音和录像，既有电影，也有音配像的 DVD。我还看到一张他和汪正华合演的《打侄上坟》的 DVD，是他晚年拍摄的，虽然是典范犹存，但是老态龙钟，而化妆又太浓，看后令我深有感触。回想当年他演风流小生、儒雅书生，多么超凡脱俗，而他的周瑜戏也功夫深厚，性格鲜明，感慨良多！

允文允武
叶盛兰

京剧界有许多杰出的艺人，一般观众对演员的衡量，就是他（或她）是否挂头牌。由于京剧素来以老生为主，所以挂头牌的绝大部分是老生演员。远的像余叔岩、言菊朋、高庆奎，20世纪30年代以来的马连良、谭富英、李少春等，个个都是一出道就挂头牌的。武生演员挂头牌的先只有一个杨小楼，后来出了一个盖叫天，在上海以武生挂头牌，可说是例外了。至于旦角，素来是挂二牌的，但大约一百年前出了一个梅兰芳，他居然以旦角挂头牌而风靡了上海，从此打破了以生角挑班挂头牌的局面。还有就是净角，这个行当素来只是配角，然而冒出了一个金少山，后来又出了一个裴盛戎，都成为京剧界的异数。

至于小生，在戏班中往往排名在三位之后，因为头、二、三牌一般是老生、青衣、武生，其后才轮到小生、花脸、丑角、老旦等。然而，20世纪30年代出了一个叶盛兰，他在马连良的扶风社剧团中崭露头角，到了1945年成为第一个组班而挂头牌的小生演员。

我在20世纪30年代开始看马连良，见证了他渐渐改良服装和髯口而以马派艺术红遍全国的过程，而当时扶持这朵牡丹的绿叶之一，就是叶盛兰。记得我第一次看叶盛兰是他在《四进士》中扮演田伦，在剧中他有一段唱词，内容和马连良扮演的宋士杰的著名唱段"上写田伦顿首拜"相同。我那时年纪虽小，但是对这段唱词已经非常熟悉，因此听到叶盛兰唱的居然字字相同，心中十分兴奋。还有是看他在《苏武牧羊》中扮演李陵，和马连良饰演的苏武一同登上层台，远眺家乡。这出戏中李陵的戏并不多，但是我总是觉得叶盛兰风度翩翩，使人对李陵这个角色颇有好感，还使我想起《古文观止》中那篇《李陵答苏武书》。

不过，当年马连良最受欢迎的戏码是《群英会·借东风》，他前饰鲁肃后饰诸葛亮，鲁肃的做功风靡全场，诸葛亮的唱功成为家喻户晓的经典。而这出《群英会》，也奠定了叶盛兰的地位，这是因为他演的周瑜简直令戏迷们看呆了。从出场的亮相、头盔上的翎子往上这么一扬开始，每一个身段、每一句念白、每一个眼神、每一句唱腔，莫不令人击节叹赏。他的嗓音嘹亮，做表精细，连我这个小孩子看了也觉得周瑜就是这个样子。他这出戏还有与众不同的地方，是在宴请蒋干时"准代舞剑"（这个"代"字其实是"带"字，不过京剧素来就用"代"，例如《四郎探母》必然"准代回令"）。他这套剑舞得精彩纷呈，功力非凡，据说是师父程继先亲授，是否如此，就非我所知了。我只知道他舞剑开始不久之后的两次左后腿向前伸出，弯腰耍翎子，使翎子几乎碰到身前的地毯。我当时看了并不在意，及至回家想学他做这个姿势，才知道根本办不到，原来那个姿势是苦练出来的腰腿功夫，至于其他舞剑中的招式，当然更加难学，于是便不得不对叶盛兰的武功佩服得五体投地！

《群英会》固然是叶盛兰的拿手，不过只展示了他本领的一小部分而已，及至看了他的《石秀探庄》，我才真正拜服他的武功。这出戏大部分是石秀的独角戏，连唱带做，没有几个人能演得好，堪称叶盛兰的看家戏。不过，他的好戏还有许多。

记得是 1945 年前后，他在上海和言慧珠合作，演出全部《凤仪亭》（吕布与貂蝉），真是屡演屡满。我还看了一次二人合演的《得意缘》，他们在台上各显神通，堪称珠联璧合。这出戏有言、叶二人的音配像 DVD，由叶少兰配像，使用的是 1950 年以后演出的录音，较之我以前所看到的就有所收敛，因此看来没有那么痛快淋漓了。

叶盛兰的名剧还有全部《罗成》、全部《周瑜》等，但是我认为他最精彩的一出戏是《木兰从军》，他在戏的开始和结尾扮演的木兰是青衣，中段则是小生。由于叶盛兰是学青衣出身的，所以他演女儿身的木兰时，完全是正宗的旦角，而在木兰女扮男装、"反串"小生时，则是英武的小生了，何况他的武功十分卓越，不论起霸、开打，都非一般旦角所能望其项背，再加上嗓音动听、做表细腻，我想即使梅兰芳演这出戏，也胜不过叶盛兰！我看这出戏是在 1949 年前后，此后就再也没有看过叶盛兰了！

20 世纪 50 年代叶盛兰曾多次出国，并且和杜近芳录制了《柳荫记》等唱片，但是我无缘看到他的舞台面貌，只知道后来他被打成"右派"，历经了无尽的苦难，但观众对他的艺术仍旧一贯地拥护。这位为小生行当开创新天地的艺术家，后来不幸含冤而死，在京剧史上写下了既辉煌又伤心的一页！

小生人才多

难超『姜俞叶』

在京剧的黄金时代，也就是 20 世纪 50 年代之前，大多数观众心目中都认为姜妙香、俞振飞和叶盛兰是"三大小生"。其实名气和姜妙香不相伯仲的还有一个金仲仁（1886—1950）。

据长辈说，金仲仁本来是清朝贵族，也是出名的票友。他自幼就经名师指点，因而唱做俱佳，而且武功十分了得，不但姜、俞二位难望其项背，连叶盛兰恐怕也有所不及。可惜的是，当我看到这位名小生时，他已经年逾五旬，身体发胖，扮相谈不上风雅。我还记得看他在《能仁寺》中演安公子，和荀慧生演对手戏时，虽有憨态，但并不可爱，只觉得这位才子比剧中的佳人老了许多，十三妹哪里会喜欢他呢？这是我少不更事、以貌取人，以致未能欣赏他的艺术。

后来荀慧生的小生改为徐和才，他是中华戏曲学校"和"字辈中的佼佼者，不但扮相英俊，而且嗓音、身段、唱念、武功无一不佳，我看了他不少戏，对他十分喜爱。当时荀慧生也比徐和才年长许多，身体又发胖了，不过两个人演得都十分投入，让人看了仍然过足戏瘾。（中华戏曲学校培养出"德、和、金、玉"四科人才，包括"四小名旦"之一的宋德珠、武生傅德威、老生李和曾、小生徐和才、老旦李金泉，还有"四块玉"李玉茹、侯玉兰、白玉薇、李玉芝等。）

我看徐和才最满意的是他和赵燕侠合作演出时期，印象最深的是《大英节烈》（又名《铁弓缘》）和全部《十三妹》，他的英俊、潇洒、天真、憨直，和赵燕侠合作得可说天衣无缝。我虽然没有看过他演的周瑜和吕布，对他的艺术说不上有全面的了解，但他那令人喜爱的舞台形象，却深深印入了我的脑海。后来看不见他的名字了，希望他不是遭遇了不幸，而是老成凋谢。

还有一位小生是江世玉（1918—1994），富连成"世"字科的杰出人才。他后来拜姜妙香为师，自从叶盛兰挂头牌以后，江世玉成为各个剧团争相聘用的台柱小生。我第一次看他演戏的时候，自己大概只有十来岁，那时他和"四小名旦"之一的毛世来合作，很受观众欢迎。我看过他演的《群英会》《拾玉镯》等戏，都演得极好。我在20世纪八九十年代还听过他现场演出的录音，虽然他年纪大了，但是嗓音依然，虽然看不到他的演出，但可以感到他仍然精神饱满、演出认真，足为后世典范。

金仲仁有不少徒弟，其中的高维廉（1914—1976）和周维俊都很著名。高维廉除了擅演扇子生外，武功底子很好，他40年代在上海曾在言慧珠演出时担任当家小生，我觉得他唱念俱佳，对之有深刻的印象；其后我多次在上海看到他在马连良、黄桂秋等的剧团中演出，他扮相极佳，台风又好，是那个时代极受上海观众欢迎的小生。记得他在《红娘》中演的张生时而木讷，时而多情，很是可爱。他的体形相当健硕，但是在红娘撮合而引入莺莺书房那一场，张生躲在红娘棋盘后面，以走矮步方式跑圆场，足见功力之深。可惜我在1949年之后就没有机会看到他的演出了。

周维俊也是好小生，而且身材挺拔，扮相十分英俊，不论扇子、雉尾都好，武功尤其了得，擅演《雅观楼》《八大锤》等武小生戏。我看他的戏是在 1945 年以前，后来他忽然从舞台消失了，听说是患急性盲肠炎去世了，又有人说是患了伤寒，总之周维俊英年早逝，是小生界的损失。

在 20 世纪 50 年代和 60 年代初，京剧界最轰动的事是马连良、谭富英、裴盛戎、张君秋组成的北京京剧团，后来又有赵燕侠加入，成为"五大头牌"，还有一位老旦李多奎。那时叶盛兰自己挂头牌，后来被打成"右派"，所以这个"五大头牌"的剧团却没有名气相当的小生，于是长期和张君秋合作的刘雪涛就成为当家小生，后来他拜姜妙香为师，就被称为姜派传人了。我在 40 年代看过刘雪涛的戏，但是对他的印象不如对高维廉或周维俊的好，因为他脸长长的，相比之下，不够英俊，而且那时我经常看姜妙香、俞振飞和叶盛兰的演出，因此对刘雪涛就没有多注意了。听说他后来名气很大，可惜我没有看到他的演出，不便妄下评语。

我列举出以上曾经在舞台上看到的小生，每人都有相当高的艺术水平，但是他们在观众的心目中却难以和老一辈的姜妙香、俞振飞和叶盛兰相提并论。近年来通过中央电视台戏曲频道，我见到目前舞台上的小生相当多，对这个行当没有被废除深感幸运。但是在众多演员中，艺术达到一定水平的虽然不少，却还没有人能超过姜妙香的博大精深、俞振飞的京昆造诣，更没有人能像叶盛兰那样出类拔萃、无所不能。我倒不一定认为小生演员今不如昔，但是缅怀姜、俞、叶三位的艺术，能不低首再三？！

“四大名旦”的由来

　　我从小就知道中国有“四大名旦”，因为他们在1927年已经被选出来了。据我所知，从那一年开始直到40年代，能够把“四大名旦”的名字如数家珍地说出来的人，可能比知道中华民国的总统、主席或者执政者是谁的人还要多。京剧素来以须生为主角，其次才是旦角，但是清末民初时梅兰芳崭露头角，继而声誉鹊起，使旦角演员们扬眉吐气。他虽然并没有使京剧舞台从此成为旦角的天下，但是他的艺术魅力确实造成了一个历史性的转折，打破了生行垄断舞台的局面。到了20年代中，成名的旦角演员已经不少，甚至还出了好些女性演员，但京剧舞台上受观众爱戴的旦角仍旧以男性演员为主，享有盛名的除了梅兰芳之外，为数实在不少，而且各有捧场者，于是就有了选举“四大名旦”这件事。

　　我小时候只听说发动选举“四大名旦”的是北京的一家报馆，后来又听说那报纸是日本人办的《顺天时报》。此报在中国报业史上相当出名，因为它在袁世凯称帝时，袁氏的儿子曾经每天印刷一份只报道拥护帝制的《顺天时报》，供他老子一人阅读。此报于1930年被北伐成功的国民政府勒令停业而关门大吉，不过这是题外话了。总之是当时这份拥有相当多读者的报纸，鉴于旦角声势日大，于是举办评选"首届京剧旦角最佳演员"，主要恐怕还是为了增加销路。至于是如何选举的，则在该报停办后已经很少有人说得清楚。前几年还有人告诉我说，报馆大概是请来了一些剧评人，把旦角艺术分门别类，列出唱、做、念、打各项，由社会人士进行评选，结果是梅兰芳的总分最高，所以成为"四大名旦"之首；第二名的是程艳秋（后来改名程砚秋），据说他在唱方面的分数比梅兰芳还要高，但是总分则不如梅兰芳；还有两位是荀慧生和尚小云，二人的得分可能不相伯仲，所以有人说"四大名旦"是梅、程、荀、尚，也有人说是梅、程、尚、荀。

以上这个说法是否符合事实，似乎历来颇有争议。譬如说，我在40年代看过一位旦角徐璧云（1903—1967）的戏，戏院宣传说他是"五大名旦"之一。我对他的印象是人很瘦弱，似乎已经很老了，但是嗓子不错，唱得也很好。据父亲告诉我，徐璧云的确曾和梅、程、荀、尚同时被称为"五大名旦"，他唱做俱佳，而且是武旦出身，武功卓越，在他的拿手戏《绿珠》中，他饰演的绿珠从两张桌子上翻跟斗下地，以描绘故事中的绿珠坠楼而死，此外他的《木兰从军》《蝴蝶杯》等也享有盛誉，所以曾红极一时。但是"五大名旦"是如何选出的，我父亲也说不出所以然来。

近年来国内的京剧学者们曾经对"四大名旦"或"五大名旦"是如何产生的做了不少研究，有一个据称比较可靠的说法是，当时各位旦角演员都竞相以新编的剧本为号召，于是《顺天时报》那次选举就以提倡新编的京剧为主要目的，鼓励各位旦角以他们的新戏参选，公布的投票结果是尚小云的《摩登伽女》（得票6628张）、程艳秋的《红拂传》（得票4785张）、梅兰芳的《太真外传》（得票1774张）、徐碧云的《绿珠》（得票1709张）、荀慧生的《丹青引》（得票1254张），于是这五位就当选了。如此说来，一直以来大家所熟知的"四大名旦"排名岂非不对了？其实"四大"也好，

"五大"也好，排名次序无关宏旨，重要的是他们的艺术成就获得了观众的认可。但是徐碧云的得票比荀慧生多，为什么反而被排除在外而只有"四大名旦"呢？原因可能是以上的说法并不可靠。还有一个说法是徐碧云的私生活不大检点，或者为军阀所恶，所以其名字被剔除了。至于详情如何，早已事过境迁，不必深究了。

梅兰芳 『伶界大王』

梅兰芳除了是"四大名旦"之首，还被称为"伶界大王"。在他之前，只有谭鑫培曾被尊为"伶界大王"，因为他不但艺术精湛，而且处处出力为同行谋福利，所以深受敬仰。梅兰芳是谭氏之后唯一获得这个荣誉称号的伶人，因为他在艺术和为人方面也受到同行一致推崇。

关于梅兰芳谈的人极多，现在谨就我所知的梅兰芳来谈谈。

我的祖父（生于1866年）就是梅兰芳迷，虽然他并不是什么京剧专家，但是逢梅兰芳登台却必定要去看的。我从小就听他说梅兰芳如何在头本《虹霓关》中饰东方氏，和小生饰演的王伯党大战，二人对枪，对方虽然是她的杀夫仇人，但是这位新寡而又武艺超群的东方氏却对他一见钟情而把他生擒活捉；继而在二本《虹霓关》中梅兰芳饰丫鬟，看到女主人东方氏居然爱上了被擒来的王伯党，还要逼迫他立即成亲，又气又恼，但是只好听从主人，为二人撮合。记得我祖父一面说，一面还会学梅兰芳演丫鬟时的"见此情不由人……"的唱腔，总之觉得梅兰芳好得不得了。

在《虹霓关》中，花旦扮演的东方氏是主角，下半部的丫鬟也是花旦，却是配角，梅兰芳一人分饰二角，允文允武，而且是以本工的青衣来演花旦戏，所以轰动剧坛。可惜这出戏我虽然看过很多次，却不是梅兰芳演的，所以对他在此剧中出神入化的演唱并无资格置喙。我只知道，以前京剧旦角的分工很细，青衣以唱为主，花旦则以做功为主，刀马旦和武旦也不尽相同，但是王瑶卿(1881—1954)什么都能演，创造了花衫这个熔各种旦角艺术于一炉的旦角行当，而梅兰芳更把花衫这个行当发扬光大，这头本、二本《虹霓关》就是其中的代表作。

在花衫戏方面的成就可以说是承袭，但是梅兰芳的成功主要还在不断创新。

民国初年，京剧界不论南北都在排演新戏，甚至包括时装戏，梅兰芳也不例外。齐如山（1875—1962）为他编了一出《一缕麻》，穿的是民初装（尚小云也曾演过时装戏，他在《摩登伽女》中穿高跟鞋、西式裙，还戴了一顶西式的电烫假发)，此外他还有几出，这些那个时代的"现代京剧"，不久就销声匿迹，相信今天活着的人没有一个看过，所以不必多说了。

接着梅兰芳的创新是排演古装戏，有取材自《红楼梦》的《黛玉葬花》《俊袭人》等，还有取材自传说、神话或小说的《嫦娥奔月》《天女散花》《麻姑献寿》《红线盗盒》《混元盒》《廉锦枫》等。所谓古装，不论化妆和服装都以明朝为蓝本，有别于传统京剧。古装戏除了服装方面略有变化之外，主要是旦角改变"发型"，梳"古装头"（显著的分别是将传统的在背后拖着一排整齐的长发，改为拖着一条长辫子）。和时装戏不同，这些戏保存了传统京剧的表演程序，而梅兰芳的唱腔和做功都臻一流，所以曾红极一时，其中许多剧目到今天仍旧受到广大观众的喜爱。著名的《霸王别姬》就是其中特出的例子，女主角虞姬梳的就是古装头。

在古装戏之外，梅兰芳又进而排演了许多新编的剧目，例如取材自唐朝的以杨贵妃和唐明皇为主角的头本、二本、三本、四本《太真外传》，还有像《凤还巢》《西施》《洛神》《生死恨》等，今天都成了梅派经典。此外，他在《木兰从军》中饰木兰，大部分是女扮男装，还要扎靠开打，而《穆柯寨》也有武打场面，都显出了他全面的才能。当然，他的传统戏是演出剧目中的骨干，像《宇宙锋》《女起解·玉堂春》《贵妃醉酒》《四郎探母》《红鬃烈马》《龙凤呈祥》等，都长期受到观众欢迎。同时，我们不要忘记，梅兰芳的名剧还包括昆剧《游园惊梦》《断桥》《刺虎》和吹腔戏《贩马记》等。所以，他是真正的"文武昆乱"样样精通！

童年初看
梅兰芳

我第一次看梅兰芳的戏是在抗战以前，那时我大概才六岁，看戏向来是星期六或者星期日的白天，夜戏因为名角上场总是在午夜以后，所以小孩子是无缘观看的。但是梅兰芳到了上海，连不喜欢京剧的母亲也想去一睹伶王风采，所以父亲居然带领全家去看夜场的梅兰芳。

梅大王果然声势不凡，票价就要四块大洋，足够四担大米了。这里要插一句，就是其实那大概是民国二十四年（1935）前后，上海已经开始流通法币，但是人们用惯了称为大洋的银圆，所以上海人仍把一元法币称为"一只洋"。一块银圆（大洋）可兑由银子铸造的十角大洋或十二角小洋，也等于三百个铜板；但是法币废除了大洋和小洋之间的差异，规定一元兑换十角，一角兑换十分，一分等于三个铜板，而铜板则将于短期内废除。这样一来，本来卖一个铜板一条的油炸鬼，涨价到两条卖一分，所以大家都说法币一出，物价就飞涨了。我还记得出外雇黄包车（即人力车），经讨价还价之后议定三角，雇车的必定说是"三角小洋"，但是车夫要"三角大洋"，于是双方常起争执。简单地说，我们家中的女佣，每月工资是四块大洋，可见梅兰芳票价之高了。

梅兰芳的配角有哪些人，我完全不记得，因为未到九点半，我已经睡着了，那时台上还在演开锣戏。等到挂三牌的武生和挂二牌的老生演毕他们的拿手好戏，梅兰芳的《廉锦枫》上场，早已是午夜过后。双亲把我唤醒，说是梅兰芳出场了，快些看！我只看见台上有一只蚌壳精，双手操纵着两片蚌壳在我面前一开一合，美丽极了，以为这就是梅兰芳，连忙聚精会神地看，但是不久蚌壳精就被一个女子用剑一刺，接着就不见了，而那个女子则不断出现，于是我又睡了。事后才知道，那个蚌壳精不是梅兰芳演的，那个女子名叫廉锦枫，她才是梅兰芳演的！

在看梅兰芳演出之前，我早已听了他的许多唱片，包括《廉锦枫》在内。我家中听的唱片素来以老生戏为主，自从那次梅兰芳到上海演出之后，父亲不但常常拿出梅兰芳的唱片来让我一起听，例如百代公司的梅兰芳和马连良合唱的许多十二英寸大唱片（这些唱片后来都被改为十英寸的唱片重新发行，但是长度都缩短而不全了），还买了一些当时梅兰芳新灌的唱片，包括高亭公司的《探母坐宫》（共两张四面）和百代公司的《玉堂春》（共三张六面）。后来最出名的是长城唱片公司的他和杨小楼合作的全部《霸王别姬》（共六张十二面）以及他会同程砚秋、尚小云、荀慧生合唱的《四五花洞》，我都听得滚瓜烂熟，还因此而震惊了长辈。

事情是这样的。有一次在外婆家吃饭，我看见一盘菜中有一件我不认识的东西，外婆解释说是海参，问我要不要试试，我便说我要吃海参，因为它可以治阴虚，这顿时使外婆和母亲都吃了一惊：怎么小小年纪居然说出这种话来？母亲的脸色都变了，但是外婆却慈祥地问："你怎么知道海参有此效用？"我说："梅兰芳在《廉锦枫》中就唱道：'老娘亲她得了阴虚之症、用海参疗此病什么什么。'"她们听了才知道我是从唱片中学来的，其实我根本不懂什么叫阴虚，但从此却爱吃海参了。

梅兰芳成名之后，在中国普通百姓中成为知名度最高的人物，许多梅派戏中的唱词和唱腔都家喻户晓，像我这种小孩子也因听戏而知道了海参的功能，可见他的影响之大了。但是，他的名气却得来不易。

除了主观努力，梅兰芳还要克服不利的客观环境。大家不要忘记，清末民初到抗战爆发的三十年，是一个军阀割据加上内忧外患的混乱时代，政治非常复杂，风气也未免腐败，伶人虽然可以名成利就，但是社会地位低微——"戏子"是被瞧不起的，尤其是唱旦角的男伶。但难得的是，梅兰芳在这个恶劣的环境中，不但对京剧艺术刻苦钻研而使其艺术蒸蒸日上，而且品行端正，不肯同流合污，又虚心向内外行请教，所以得到许多文人学士们的拥护，不但名满全国，甚至还出访日本、美国和苏联，赢得国际声誉，这在当时是颇不寻常的。毋庸否认，如果没有知音者的大力扶持，梅兰芳成名的道路可能更加艰巨，所以那时出现的专捧梅兰芳的"梅党"也有一份功劳。这个被称为"梅党"的团体成员包括文人、政界和工商界的知名人士，个中情况在由许姬传执笔的专写梅兰芳的《舞台艺术四十年》一书，以及后来出版的许多有关梅兰芳的书籍中都有记载，此地不赘了。

蓄须明志
高风亮节

记得我只看了一次梅兰芳的演出，就赶上日本扩大对中国的侵略，到1937年发生了"七七事变"和"八一三"事变，于是打仗了，梅兰芳不演戏了，原来他和家人南下了香港。凑巧我也随父母到了香港，曾经好几次在天星渡轮上看到了他的庐山真面目。

梅兰芳起先是到香港来献艺的，跑马地波斯富街利舞台改建为新式戏院，就是为了这位伶界大王到香港来演戏，可惜我没有看到。后来因为他不愿受日本人利用到沦陷区演出，所以就蓄起唇髭，对外宣称已经四十多岁了，不能再扮旦角了，和家人住在香港。我和父母亲在渡轮上第一次看到他和夫人福芝芳以及两个小孩子时，我们向他们点头微笑，梅兰芳也点头微笑。后来又遇见了几次，他们大概觉得我们有些面熟，因此当目光相接时，居然先点点头。后来在渡轮靠岸，起身下船时，大家又互相点头。我真是受宠若惊，梅兰芳居然向我点头，那是多么光荣啊！我问为什么不上前招呼，母亲当然说不可以，于是我和梅大王的"交往"，便只此而已了。

香港沦陷后，有一批来不及逃到后方去的知名人士被日本人暗中监视，后来很奇怪，据说是重庆和南京汪伪政权以及日本占领军达成默契，这批人被安排搭乘一艘日本轮船，经过大约十天的航程从香港到达上海，他们包括以前北洋政府的外交总长颜惠庆等，梅兰芳一家人也在其中。可能日本人还想利用他们，但是这些人到了上海，大都托词闭门不出，不肯为敌伪张目。梅兰芳住在法租界马斯南路（后来改名思南路，当时法租界名义上仍旧存在，因为法国的维希政府投降了德国，法国算是日本的盟国），以卖画和教徒弟度日。在这段日子里他收了许多徒弟，差不多每一个有名的旦角到了上海，都设法要拜在他的门下。他要么不收，收了的徒弟倒不是挂名而已，必定每一个都教过。

闲话少说，1945年抗战胜利后，梅兰芳很快就剃去了胡须，宣布复出。当时人们都说，虽然他多年没有登台，但是却一直接济着不少在舞台上与自己合作的伙伴们的生活，以致经济已经相当困难，所以即使已经五十开外，还是不得不及早恢复演出。由于剧团中主要配角大多在北方，于是他便选择演出在上海可以找到合作者的昆曲，地点是专门放映电影的美琪大戏院。我记得四天的戏码是《游园惊梦》《刺虎》《断桥》《贩马记》，合作的小生是昆曲世家下海演京剧的俞振飞，还有十一二岁的小儿子梅葆玖、昆曲传字辈老生郑传鉴，而一直为梅兰芳所倚重的小生姜妙香则在《贩马记》中让俞振飞演赵宠而自己屈居演次要的保童。

梅兰芳重登舞台的消息轰动全国，上海更是万人空巷，我幸运地看到了演出，由于昆曲是自小听惯的，如《游园》的"袅晴丝吹来闲庭院"、《刺虎》的"俺切着齿点绛唇，揾着泪施脂粉"等都能哼哼，而《贩马记》更为熟悉，所以看得心情翻腾，觉得梅兰芳真是了不起，一个五十多岁的老男人扮成女人，居然就是一个古典美女，唱出来的声音还是和唱片中一样。他出场不久，我已经两眼模糊，都是泪水。想到抗战胜利了，梅兰芳复出了，我真是太激动了！

大概是国民政府还都南京之后，许多著名的京剧伶人都被邀请到介寿堂演出，梅兰芳是最受注目的一位。蒋介石接见了不少名伶，还亲手把一面绣了"高风亮节"四个字的锦旗授予梅兰芳，第二天他们二人和锦旗的照片刊登在报纸的头版。的确，京剧界，甚至整个艺术界的领袖人物，能够于漫长的抗战过程中在威逼利诱之下始终坚持不和敌伪合作的，唯梅兰芳一人而已！

完美无瑕
艺坛无双

　　梅兰芳的艺术究竟好在哪里？他的嗓子珠圆玉润，扮相端庄秀丽，身段美观大方，做功不瘟不火，演戏一丝不苟，精神始终饱满，他在台上演戏，台下观众不由得不聚精会神，而看完他的演出则一定是满意而归。总而言之，梅兰芳的艺术似乎没有特别与众不同之处，不见得特别突出，但是却完美无瑕。这是最难做到的，这就是艺术的最高境界。

　　梅兰芳的唱脱胎于前辈的正宗青衣唱法，字字认真，句句到位，令人听了觉得旦角就应该这样唱。这是因为梅兰芳和以前及同时代的旦角一样，都是以男人唱小嗓，所以由真正的女人唱出来就不大够劲。尤其是梅兰芳的声音特别好听，传统的说法是因为他从小注重"喊嗓"（京剧传统发声训练法，一般是天天到野郊外空旷的地方大声练习嗓子），所以声音发自丹田；以声乐的词汇来说是他的发音方法和共鸣位置都恰到好处，使他的声音在男人刚性的特质后面兼有女性温柔和妩媚的魅力。这一点他的男性学生或私淑他的伶人和票友能够学到的不少，从梅葆玖那里就可以听到梅派的音色，但是在当代女演员中则是罕有所闻了。我认为梅兰芳的女弟子中学得最好的是言慧珠，她不论运腔吐字都学得十分到家，尤其音色可以媲美男旦，可惜在"文化大革命"中不堪折磨而自杀了。如今职业性的京剧旦角演员以女性为主，其中虽然不乏唱做都具水平者，但是真正的梅派音色恐怕难求了。

梅兰芳的唱十分大方，似乎是忠实地继承了前辈的典范，事实上他的新腔极多，以最基本的青衣、西皮、慢板和二黄慢板来说，每一出戏的唱听似一样，却不尽雷同，然而观众不会觉得他是标新立异，而觉得大概青衣的西皮、慢板和二黄慢板素来就是这样唱的。简单地说，梅派的唱除了字正腔圆外，每一句都要"到位"，十分注意字和句的尾音，听来令人舒畅而觉得余音不绝、绕梁三日。

这里必须特别提到他的京胡和二胡伴奏者徐兰沅（1892—1967）和王少卿（1900—1958），他们对梅兰芳的成功甚而成为一代宗师，厥功甚伟。这二位大师不但和梅兰芳共同研究而创造出许多新腔，更把二胡引入京剧、配合京胡为旦角伴奏，使梅兰芳的唱和伴奏浑然一体，成为梅派艺术不可分割的构成部分。

梅兰芳的念白字字清晰，不见他用力，而可以一直送到坐在戏院最后一排观众的耳中。在做方面，他因为基本功扎实，凡是难度很高的像《贵妃醉酒》的反身下腰衔杯、《霸王别姬》的舞剑或是《穆柯寨》的开打，绝不会让观众觉得他是在很卖力地表演，而总是从容不迫，非但保持剧中人的身份，还表现出她们的感情和心态。

梅兰芳1945年复出后在上海的演出，我几乎全部亲历。那时我在大学念书，想到梅兰芳年逾半百而仍旧要鬻艺为生，未免有一份凄凉感，但同时也因为自己居然可以目睹梅大王的艺术而感到十分幸运。我猜想那个时代看京剧的观众也和我有同样的感觉。记得我最后一次看梅兰芳的演出大概是1946年，那时他在上海中国大戏院演出，当晚的戏码是高盛麟的《八大锤》接演杨宝森的《断臂说书》，最后是梅兰芳的《霸王别姬》。我坐在第三排，看到五十多岁的他的扮相，真有些年华不再的感想，但是他自始至终全神贯注，念是念、唱是唱、做是做，每一分钟只要他在台上，总是吸引着全场的观众。到主要的一场，当他唱《南梆子》中第二句"我这里出帐外且散愁情"的"且散愁情"四字时，一面徐步走圆场，一面翻高腔而响遏行云，使整个戏院爆发出雷鸣似的喝彩声，也使我感动得泪流满面。至于他的舞剑，更是到家，而且舞毕后气不喘、脸不红，同时更把剧中虞姬的心情表露无遗。当时我并不知道这一次以后就再也看不到梅兰芳了，此后数十年，每次想到当时的一切，都使我回味无穷，直到今天写本文时，他的形象仍旧历历在目！

为什么梅兰芳有如此大的魅力呢？在抗战之前就有这么一个说法："男人看他是女人，女人看他是比女人更女人的男人。"于是不分男女，个个都对梅兰芳佩服得五体投地。这个说法当然不足反映他的成就，因为在京剧舞台上，以艺术的完美以及受人欢迎的程度而言，梅兰芳的地位无人可以相比，即使说是古今中外一人而已，他也当之无愧！

顾曲集

演戏认真
重视配角
提携后进

　　我没有看过 1949 年以后的梅兰芳，只知道他演出的剧目已较以前减少，而记录梅兰芳舞台艺术的京剧电影则有《贵妃醉酒》《宇宙锋》《游园·惊梦》等数出。在这些电影中看到的梅兰芳已经年逾花甲，除了身上仍旧极其边式之外，扮相和唱念等实不足以代表他全盛时代的艺术，只能说典范犹存而已。以《贵妃醉酒》来说，据当时的老戏迷们说，已经不及抗战以前了，但是我只看到五十来岁的梅兰芳，仍旧觉得精彩极了。这是因为他那时的艺术已入化境，使这出从头到尾几乎由杨玉环一个人演出的戏，通过载歌载舞的表演以及细致的内心活动，始终把全场观众深深吸引住，真正当得起"京剧表演艺术家"的称号。反观今天某些演员，刺耳的唱离不开"小蜜蜂"，扮相奇形怪状，居然也可称为"京剧表演艺术家"，怎不令人摇头长叹！

　　梅兰芳《贵妃醉酒》的特色之一是八个宫女全部由乾旦扮演，因为这是传统，但是我猜想这也是他的聪明之处。试想"回眸一笑百媚生，六宫粉黛无颜色""三千宠爱在一身"的杨玉环，当然要比任何宫女美丽，如果让年轻的女演员扮宫女，那岂非有喧宾夺主的可能了？不但是《贵妃醉酒》，在其他剧目中，梅兰芳也一律用乾旦扮宫女或侍女，例如《龙凤呈祥》就是如此，而《四郎探母·坐宫》中的宫女以及《宇宙锋》中的哑奴，也一定是乾旦。

梅兰芳对配角素来十分重视，以上对宫女的要求只是一端而已，他剧团中的其他演员都是一时之选。记得抗战胜利后不久，上海演出一场义务戏《龙凤呈祥》，孙尚香当然非梅兰芳莫属，合演的有麒麟童的乔玄和盖叫天的赵云，都是南方的顶尖角色，但是刘备却选上了票友孙钧卿（后来的名须生孙岳的父亲），原因是这位票友的造诣极高，在梅兰芳心目中，他较之当时海上的专业须生们有过之而无不及。后来梅兰芳在上海正式演出，须生除了王琴生之外，一度曾用杨宝森；小生除了老搭档姜妙香之外，还加了一个俞振飞，前者为他配演梅派名剧，后者以合演《贩马记》《游园惊梦》等为主；武生则用久在上海的高盛麟，因为他曾得杨小楼亲授，还是早年梅兰芳的合作者、与余叔岩和马连良齐名的须生行当中的"三大贤"之一高庆奎的儿子，也就是梅兰芳的世侄；其他二路花旦是芙蓉草，花脸是刘连荣，丑角是萧长华，真是人才济济，阵容鼎盛，所谓牡丹虽好，尚须绿叶扶持也。

梅兰芳的剧目大多以旦角为主，也演生旦戏，于是老生、小生、花旦、小丑和花脸都有合演的机会，唯独武生高盛麟却总是在前门面单独唱一出，虽然同台，却无缘同场。于是梅兰芳贴出了多年未演的《穆柯寨》，由高盛麟演杨延昭，和他演的穆桂英同场演出，戏单上是横排梅兰芳三个大字，下面高盛麟的名字在正中以品字形排列。我是这台戏的座上客，当晚高盛麟特别铆上（即卖力的意思），杨延昭被穆桂英枪挑下马的一个吊毛翻得极为利落，这出戏虽然只演了一次，但却使高盛麟十分受用了。梅兰芳此时已年逾知命，扮演这个吃力的少女角色，用意是提携后进，以现代词汇来说，就是梅兰芳富有团队精神，让每一位合作者都乐于倾力以赴。

梅兰芳不但演戏认真，对文武场（即伴奏的弦乐器和打击乐器）更有严格的要求，徐兰沅和王少卿的京胡和二胡不必说了，对营造气氛起重要作用的锣鼓也十分讲究，而他们的配合也必然天衣无缝。以《坐宫》的铁镜公主出场为例，某些演员为了突出公主身份以及希望得到"碰头好"，当宫女在小锣声中出场后，鼓师往往停住小锣，再起"嗒嗒嗒"的底鼓以打上公主（"打上"是术语，即角色在打击乐器伴奏下出场），因为这样才能引起观众的期望和注意。但是梅兰芳却不用这一套。他在幕后一声"丫头，带路啊！"之后，鼓师以小锣打上宫女，接着仍旧以同一节奏但较大的音量打上公主，照样有"碰头好"。梅兰芳这样要求场面配合而不求哗众取宠，是符合剧情的，试想公主由宫女陪伴走路，哪有忽然停止而再起步的道理，当然小锣应当不间断地作为她走路的伴奏了。

说到锣鼓伴奏，必须谈一下梅兰芳暮年新排的《穆桂英挂帅》，且听下回分解吧。

艺术高峰《穆桂英挂帅》

梅兰芳从民国初年成名以后，就不断排演新戏，其中不少成为凡是以梅派传人为号召的旦角们经常演出的剧目。抗战期间梅兰芳辍演，观众只能从这些后辈的演出中聊以"望梅止渴"。梅兰芳在1945年抗战胜利之后复出，我看了很多场，大多数是传统剧目，听熟悉内情的戏迷们说，梅兰芳觉得自己年事已高，不再适合扮演以前新戏中的那些少女角色，所以他后来的演出以"保留剧目"为主。但是，他却令人意外地于1959年以六十五岁高龄排演了一出新戏《穆桂英挂帅》，震惊了剧坛。

我从来没有在舞台上看过这出戏，只是在1959年之后曾经听了一次由原班人马录音的三十三转LP唱片，听到梅兰芳如此拼命，真是只有流泪的份儿。1961年梅兰芳忽然因心脏病逝世，香港左派人士为此举行了一个纪念梅兰芳的座谈会，我也叨陪末座。令人啼笑皆非的是，召开会议的领导人和被邀请出席的文化界名流们没有一个看过梅兰芳，只有我这个后辈例外。我记得我曾提到自己看梅兰芳的经验，还大言不惭地说梅兰芳艺术的伟大之处第一是他珍惜传统，使许多京剧老戏得以保存，第二是不断创新，直到最后还留给我们一出《穆桂英挂帅》。至于座谈会的其他，我已记不起来了。

这些年来，有时去票房玩，常常听到梅派票友清唱《穆桂英挂帅》这出戏的唱段，我虽然对于它的场次和唱词并不熟悉，却为它的武场伴奏所迷倒。前几年，朋友送给我梅兰芳《穆桂英挂帅》现场录音的片段，令我回忆起了将近五十年前听的唱片。此后我又看到了北京京剧院新一代演员们演出的实况录像，感到大吃一惊，因为其中"捧印"一场，穆桂英由出场起到入场止，连唱带做，足足半小时以上，不但唱功吃重，做功和身段尤其令人大开眼界。我一面看新一代演员的演出，一面想到当年梅兰芳以偌大年纪居然有如此精力来排演这个考验体力、嗓子和基本功的新戏，真是浑身发抖，因为那太不可想象了。

这里的唱不是普通的唱，而是从出场的西皮原板，到中段的摇板、散板，每一句都要有一条声腔饱满、音色甜润、韵味醇厚、高低自如的好嗓子；到了决定接受帅印而挂帅出征时，唱出散板"一家人闻边报雄心振奋，穆桂英为报国再度出征，二十年抛甲胄未临战阵"，之后就接着一大段表示穆桂英心情的繁重身段，锣鼓伴奏在这里发挥了很大的作用：武场（即鼓板、大锣、铙钹、小锣，有时还加上堂鼓）以"九锤半"开始，接着以"隐锣""流水""马腿""流水"（这些锣鼓一般用于武戏）等伴奏穆桂英满台游走以水袖、亮相等表现她的复杂心情及至最后下定决心，引出这一段的最后一句"难道说我无有为国为民一片忠心"，而在"忠心"上翻高腔，把剧情推至高潮。不要以为这一场就此完了，后面还有一大段唱和身段，锣鼓更以"望家乡"来引入大段慷慨激昂的流水唱段，之后又有美观的身段，最后才在锣鼓铿锵声中精神奋发地下场。

梅兰芳在排练这场戏时所设计的一系列身段，并不是一般青衣所常用，而是常见于刀马旦的表演程序中的。但是刀马旦表演时一般都穿靠，有时还加上两条雉尾，动作程序主要是表现巾帼女将的英姿，而穆桂英此时穿的是青衣的便服，即一件褶子和传统的简单头饰，所凭的就是一对水袖，难度高了许多，于是梅兰芳便以身段步法和脚底下的圆场功夫来丰富对人物感情的描绘。又据说梅兰芳对负责武场的鼓师和打击乐器的伴奏人员说："我可是没玩意儿啦，这一场全凭你们了。"于是大家努力钻研，设计出一套一般用于衬托武生、武净动作和心情的锣鼓点子。而好一个梅兰芳，在跑圆场、转身、亮相、耍水袖等过程中不但把他超过半个世纪的舞台经验和幼功全露出来了，而且把穆桂英的心情和爱国忠诚表现得淋漓尽致！

《捧印》是《穆桂英挂帅》的"戏肉"，但是最后还有一场"校场发兵"。它以穆桂英在幕后的西皮导板开始，出场后是传统的西皮原板，若处理得不好，可能给人以不及前面精彩的感觉。于是这里武场伴奏又发挥了作用，在每一句原板之后加上锣鼓，使这个穿了大靠、背插四面靠旗的穆桂英大元帅威猛英武而又正气凛然。这一场差不多所有的角色都出场了，而锣鼓伴奏更如锦上添花。可以这样说，《穆桂英挂帅》的成功，和梅兰芳对锣鼓伴奏的高度艺术要求是分不开的。

我觉得，梅兰芳的伟大在于他对艺术的投入以及孜孜不倦的精练和创造精神，到《穆桂英挂帅》可说是又到达了一个罕有的高峰。他的一生为观众们呈献了最完美的艺术，而到了晚年居然通过这出新戏，做出了可能从来不曾有过的精彩表演。今天我们看到年青一代演员在舞台上十分努力地演出这出戏，真的难以想象当年六十五岁的梅兰芳是怎样对付如此繁重的表演的。我只能说，这就是为什么梅兰芳三个字是如此响当当的原因，他在表演艺术上，真是古今中外，一人而已！

独创一格

程砚秋

京剧的旦角行当出了一个程砚秋，可说是一个异数。他在少年时因嗓音失润而不能演出，其后以"程派"新腔复出而为旦行的唱法开创了新天地，不但风靡一时，居然和以梅兰芳为代表的正统旦角唱念方式分庭抗礼。这和生行的麒麟童（周信芳）以沙哑的嗓音创出麒派而独步江南一样，都是京剧艺术史上极为少有的现象。但是，麒派在今天的老生这个行当内属于少数，而程派却仍旧是旦行的一个主要流派，更神奇的是，任何人只要一旦迷上了程派，就会对它终生不渝！

在没有谈程砚秋之前，容许我先转述一个笑话。话说程砚秋在阴间很关心自己的艺术在阳间有没有传人，有一天一位老朋友从阳间来到阴间，程砚秋便向他打听。老朋友对他说："我有好消息，也有坏消息。"程问："什么好消息？"朋友说："现在学程派的人多得不得了，京剧观众也十分喜欢程派。"程听了很高兴，便问："那怎么会有坏消息呢？"朋友说："可惜学程派的虽然多，却没有一个学得像的！"

这个笑话或者有些谑而且虐了，但却说明了一点，就是程派的吸引力非同小可，所以学的人多，喜欢的人更多，但是却极不容易学得好。

为什么程派不容易学得好呢？先要从程砚秋的唱说起。

我们听旦角唱戏，即使是不太内行的人，只要听到学程派的一开口，就立刻可以听出这是程派。原来程砚秋的发音方法另有一功，所以极易分辨。我从小就听到老戏迷们说，不论哪个行当唱京剧，都是放开嗓子、气沉丹田唱的，唯有程砚秋是憋住了一口气再往上提而唱的，所以他发出来的声音与众不同，有脑后音，更有所谓"鬼音"。当时我听了并不太懂，虽然脑后音倒是知道一点的，但"鬼音"是什么呢？然而，听了程砚秋就明白了，他那种凄厉的声音，尤其是表现悲哀的情绪时，真有点像冤鬼在泣诉，十分撩人心弦。换一句话说，一般旦角演员的发声部位比较靠前，但是程砚秋的则比较靠后，至于他的"鬼音"，则近乎假声，但是却不同于西方的 falsetto。这个发声方法结合了传统的京剧旦角唱法，发出来的声音就是特有的程派音色。

程砚秋怎么会研究出这个发声方法呢？因为他在十三四岁时（那时他已经很有名，叫程艳秋，1931 年把"艳"字改为同音的"砚"字，下文在谈及他早期时，仍用程艳秋）正当发育变声期间唱坏了嗓子，但他是因为父母家贫而从小被卖了给著名刀马旦荣蝶仙（1893—？）当徒弟的，必须以演出来帮师父赚钱，如果为了保养嗓子而休息，师父哪能答应？如果继续唱，嗓子就会毁了，而前途也就完了。幸亏此时来了一个救星，就是当时的名士罗瘿公(1880—1924)。他为程艳秋赎身，再出钱照顾他的生活，让他得以休养。但是，休养后嗓子还是不如从前，那怎么办呢？

于是罗瘿公替他找了两位名师。一位是梅兰芳，程艳秋于十五岁时（1919）拜在梅兰芳的门下为徒，因为在梨园行，没有师父是不能吃这碗饭的，他既然脱离了有名的荣蝶仙，总得找一个名气很大的师父，将来才能够出道。所以，梅兰芳是否可以专心教导这个徒弟倒还在其次，靠了他的名气，程艳秋就不会给人瞧不起了。之后，罗瘿公又替好学的程艳秋找了一位可以专心教戏的师父，对他因材施教。这位师父就是由于自己已届中年、嗓子渐渐失润而有意息影授徒的著名旦角王瑶卿。（王瑶卿是第一个把青衣、花旦、刀马旦等旦角的表演融为一体的艺术大师，"四大名旦"都曾拜他为师，许多著名的演员都出自他的门下，所以有"通天教主"之称。）这位艺术精湛、几乎无所不能的老师对程艳秋的优点和缺点进行了精心研究，终于在传统的青衣唱腔基础上为他设计了一套可以扬长避短的唱法和唱腔。于是程艳秋在名师的指点之下悉心钻研，经过几年休养和用功之后，大约十七八岁时，即1921—1922年间，于嗓子恢复后重登舞台，先在北京演出，再去天津，凭着他特别的唱法和新腔，顿时令人刮目相看。接着他到上海，南方的戏迷居然也觉得他别有韵味，于是就此声誉鹊起。

程砚秋的韵味在哪里呢？凭我听他戏的经验，觉得他虽然声若游丝，观众不一定每一个字都听得清楚，但是运腔曲折迂回，吐字柔中透刚，不论慢板或是快板、摇板或是散板，都能在抑扬顿挫之间令人荡气回肠。但是他却并不是完全没有嗓子，而是在节骨眼上渐渐加大音量，听来倍觉细腻，甚至在音量渐强的当口，放声来一个高腔，却又声如裂帛、捣人心肺。程砚秋在这方面的创造，王瑶卿当然是幕后功臣，但是如果缺少了他自己的天赋和努力，就不会有如此成就了。可以这样说，程派的特色是他克服了自己倒嗓后的缺点而发展出来的，没有极深的功力是很难做到的。

但是一般学程派的人，嗓子本来没有缺点，却要学他的独特的发声方式，结果是程砚秋的优点不一定学到了，他晚年的一些瑕疵却被夸张性地全学会了。个中原因单靠文字很难说明，目前只能这样说，程砚秋的艺术造诣极高，独创一格，除了唱，还有细腻的做以及深厚的武功底子，所以程派很难学得到家。至于程砚秋的吸引力在哪里，我只能把自己知道的有限的一些皮毛，在以后的几篇短文中向大家做简略的介绍。

一出《金锁记》爱杀程砚秋

改名为程砚秋之前的程艳秋，我年龄太幼，没有看过他的戏，等到我会看戏，程砚秋已经是"四大名旦"之一，名气大得不得了。记得大概是抗战开始的那一年，程砚秋到上海来演出，父执辈中有不少"程迷"对他十分夸奖，甚至说他比梅兰芳还要好，父亲也被邀去捧场。不过，我却没有什么兴趣，因为我家中一张簇新的唱片，是长城公司出品由"四大名旦"合唱的《四五花洞》，一共有四句西皮慢板，依次由梅兰芳、尚小云、荀慧生和程砚秋每人唱一句，我的想法是：程砚秋一定没有别人唱得好才排在最后，怎么会唱得比梅兰芳还要好呢？所以我并没有像平时那样听说父亲要去看戏便嚷着说"我也要去！"。

结果那次程砚秋在上海的演出，我还是被带着去看了一次日戏，演出的戏码已经记不起了，唯一记得的是他在台上跑了好几个圆场，引来满场好声，但是却听不清楚他在唱些什么，所以并没有留下什么深刻的印象。

抗战开始后我家移居香港，从上海亲友处获知程砚秋曾多次到沪演出，红得不得了，尤其因为梅兰芳已经蓄须明志，所以他就成为旦角中的第一人，似乎把荀慧生和尚小云都比下去了。太平洋战争爆发后，程砚秋的声誉如日中天，但是在 1942 年 10 月底突然辍演，原因是在火车站遭到日本兵的侮辱，于是一怒而到乡下去种田了。后来抗战胜利，他宣布复出，于是我于 1946 年在上海正式看了他的戏。

老实说，起初我对程砚秋并不喜欢，因为他演的大都是新编的独有剧目，虽然演出时向观众派发唱词，但是我对传统的经典老戏比较熟悉，所以除非是他唱《贺后骂殿》《武家坡》《朱痕记》等生旦合作的戏才会去看。但是，听人说《金锁记》是他的拿手，而这出戏虽然没有老生，我还比较熟，所以便去看了。

《金锁记》就是《六月雪》，故事出自关汉卿的《窦娥冤》，是常常由班底（就是戏院的基本演员）唱的开锣戏，一般只演《探监》的一场。当时上海有一个叫陈月梅的旦角（据说他以前很有名，虽然人老珠黄而沦为唱开锣戏，但内行仍旧说他玩意儿很好），老是在开锣戏唱《六月雪》的这一场，二黄慢板唱个不停，我差不多已经听腻了。程砚秋唱的是全本，前面许多场子对我来说并不特别动人，到了《探监》，我已经不大耐烦，心想，听腻了的慢板又来了！岂知被程砚秋一唱，感觉简直完全不同。由于我对唱词熟悉，所以他那如泣如诉的唱功真把我听傻了。我简直不能想象如此沉闷而没有什么身段的唱功戏，居然可以如此感人！

但是，好戏还在后头。接下来的《法场》是由两个刽子手一边一个夹着双手反绑在背后的窦娥，唱大段反二黄慢板。这段唱词我倒也是熟悉的，因为我从小听惯了家中梅兰芳的唱片。梅兰芳是珠圆玉润、句句送到你的耳中，听了不但舒服，而且令人神往。但是，程砚秋的唱却和梅兰芳不一样。他的嗓子没有梅兰芳的嘹亮，但是唱来婉转凄切，字字令人断肠。他在纤细处让全场观众屏息静气，因此即使声若游丝，却字字令人听得一清二楚；他唱到幽怨处则使人眼睛湿润，人人为窦娥的遭遇一洒同情之泪；他在表示悲愤时忽然声如鹤唳，那股冤气直插入每一个人的心房！

这出《六月雪》真是出人意料的好，使我顿时一改对程砚秋的成见，散场时还在摇头晃脑地想学他的腔，当然学不会。记得父亲当时对我说："你看了《金锁记》就迷了程砚秋了？他的本事你还根本没有看到呢！"这就奇了，程砚秋不是以他独特的唱腔和音色驰名的吗？《金锁记》有那么多唱，怎么能说根本没有看到他的本事呢？

后来我才知道，唱只是程砚秋的本事之一，他的艺术，非目睹是难以领略的！

身段水袖臻化境

荒山春闺显功夫

　　程砚秋在演出时在戏院中向观众派发唱词，这是他的聪明之处（或许是罗瘿公的主意），因为这样一来，即使是新编的戏，大家对照唱词，也不会不知道他在唱些什么了。以前看戏，戏码只写在戏院门口的水牌上，或者登在报纸广告上，说明书之类的东西是没有的。在戏院中派发戏单是民国以后的事。程砚秋把唱词印出来临场发给观众，是一个"新发明"，它使捧场客看着唱词而听得摇头晃脑，太太们甚至在听到哀伤时拿手绢抹眼泪。就这样，程派新戏如《红拂传》《鸳鸯冢》《青霜剑》《碧玉簪》等罗瘿公为他编写的剧目，经王瑶卿为他设计唱腔和表演方式后，都成为他的戏迷们热烈爱好而不断捧场的独有名剧了。

　　很惭愧，以上这些较为早期的程派名剧我都没有看过，因为1946年程砚秋在上海演出时，虽然合作者是谭富英，但是梅兰芳和杨宝森也同时在上海演出，我父亲在二者之间选择了梅兰芳和杨宝森，所以程砚秋就难得一看。不过，有时为了要看谭富英，连带程砚秋也看到了，例如《朱痕记》（程砚秋演出时叫《牧羊卷》）、《御碑亭》、《红鬃烈马》等；此外《金锁记》是非看不可的，他最拿手的《荒山泪》和《春闺梦》也都看了。

《荒山泪》是说一家三代，为避政府横征暴敛，逃入深山，以采药为生，不料父子都丧于虎口，孙儿被官军拉去当兵，婆婆病死，只剩下一个程砚秋饰演的儿媳张慧珠在荒山内呼天抢地、放声哀哭。这出戏有两场"戏肉"，其一是张氏在家中等候到深山采药的丈夫和他的父亲，两人彻夜未归，程砚秋的大段西皮慢板、原板和二六，加上表情和水袖，真是声情并茂；另外一场是后面到荒山寻找家人，那圆场、水袖和大段二黄，可以打动铁石心肠。这出戏的主题，就是"苛政猛于虎"，可以说是程砚秋对当时苛政的控诉。

　　《春闺梦》也是一出赚人热泪的戏，剧名取自唐朝诗人陈陶的一首七绝《陇西行》："誓扫匈奴不顾身，五千貂锦丧胡尘。可怜无定河边骨，犹是春闺梦里人。"戏中有四对夫妇，丈夫都被抽壮丁，有二人阵亡，有一人逃归，唯独程砚秋饰的张氏不知丈夫下落，独守空闺，日夕思念，以致精神恍惚，有时梦见丈夫回来而欢欣，有时却梦见丈夫战死而悲痛。这出戏唱功繁重，佳腔迭出，但更可贵的是身段和水袖的变化层出不穷，而最后的梦境，程砚秋一边唱一边连跑好几个圆场，愈来愈快，最后一个屁股坐子，高高跃起，轻轻落下，再加上一个卧鱼，全场必然爆发出雷霆般的喝彩声。我看程砚秋戏时他已经发胖，但是唱这一场戏脸不红、气不喘，飞步如飘、落地无声，足见他功力之深。据我所知，"四大名旦"人人基本功扎实，程砚秋小时候初学武生，怪不得身上如此边式、脚底下如此稳健了。

　　程砚秋演他独有的剧目自然得心应手，但传统戏也极为突出。例如《红鬃烈马》他演全本，其中的《三击掌》和《投军别窑》已成为程派经典。别的不说，在《投军别窑》中，王宝钏进窑和出窑的身段，包括侧身、蹲下、转身、起身，每一个动作都有水袖配合，必定有内行观众报以彩声。这个身段又出现在后面的《武家坡》中，虽然是同一个角色，但是心情有别，所以并不雷同。而在另一出有出窑、入窑身段的《汾河湾》中，表演也有所变化，因为他是根据剧中人的情绪而表情不同、缓捷各异。单单这一个身段，只是程砚秋艺术极小的一环，却已臻化境，直到如今，我还很少看到别的程派青衣能学到十足的。不幸程砚秋这个身段没有录像，所以就此失传了！

程砚秋的许多传统戏都是一般旦角经常演出的，但是经他一演，常常成为程派所独有。《金锁记》就是一个例子。梅兰芳本来也演《六月雪》的《探监》和《法场》，但是在程砚秋唱红此剧后，他就不演了。别的青衣演员亦是如此。《贺后骂殿》则几乎无旦不程，不是程派的演员也不唱这出戏了。

在程砚秋毕生演出的名剧中，他本人认为最得意的是《锁麟囊》，这也是目前程派戏中最受欢迎的一出。可惜程砚秋舞台艺术的电影纪录片却限于《荒山泪》，据章诒和的文章说，因为当时的领导认为《锁麟囊》的思想性不高，所以不准拍摄。

与梅争长短
师徒打对台

　　凡是喜欢程砚秋的京剧迷，没有一个不对《锁麟囊》称颂备至，因此不但程砚秋每次演出这出戏必定满座，而且几乎任何程派青衣只要贴出这个戏码，也十有八九能满座，主要的原因是它的唱腔动听、做表精彩以及剧情吸引人。可惜我从未看过这出戏，因此无从对其中程砚秋的艺术加以描述。为什么我与《锁麟囊》没有缘分呢？这里我必须插上一段题外话。

　　记得那大概是1946年，梅兰芳和杨宝森在上海芝罘路中国大戏院演出，同时程砚秋和谭富英以双头牌为号召，在四马路天蟾舞台演出。有人说程砚秋作为梅兰芳的徒弟，不应该和师父打对台，不过一般戏迷倒不加以计较，因为两大名旦和两大须生同时在上海演出，正好过一下戏瘾，因此双方卖座也不相上下。

　　且说程砚秋有一批忠诚的戏迷，几乎排夕前往捧场。当时程谭二人除了合作的生旦戏总是排在最后之外，压台戏总是由程砚秋唱，谭富英经常唱倒第二，名义上是双头牌，却等于是挂二牌，因此颇引起一些议论。不知道是为了尊重谭富英还是经观众要求，有一晚由谭富英贴出《战太平》的戏码压台，而程砚秋则唱倒第二，当时有人称赞程砚秋的气度以及他对谭富英的尊重。到上演那一晚，由于《战太平》是谭富英的拿手，当然满座牌高挂，哪里知道程派的捧场客似乎预先联络好，等程砚秋的戏演毕，《战太平》还未上场，台下的程迷们便大家起立，一哄而散，顿时前面最好的座位大部分都空了，使谭富英十分难堪，而留下来的观众也很是没趣。那晚谭富英还是演得很好，观众也热烈喝彩，但是专门捧程砚秋的戏迷们的行为，却引起了在场观众颇大的反感，大概连程砚秋也没有料到会出现这种场面而深感抱憾吧。

这件事使不少观众对程迷们嚣张的气焰加以月旦，对程砚秋本人也不无微词。作为一个血气方刚的青年戏迷，我也觉得程砚秋又和梅兰芳打对台，又令谭富英失去面子，有失君子之风，在这场风波之后，就没有再看程砚秋在上海的演出，于是便把《锁麟囊》也错过了。想不到，我此后就再无机会看到他的戏了！

不过，撇开以上的不谈，程砚秋的艺术确有独到之处，而他的异军突起，不仅使旦角行当面目一新，而且使戏迷明显分为梅、程两个阵营，而捧程砚秋的戏迷更是声势浩大，他们都觉得程砚秋不但应该与梅兰芳争一日之短长，还有拥程压梅的"野心"，或许这种情况的确有助程砚秋想要更上一层楼。例如梅兰芳到日本和美国演出而大受欢迎，程砚秋便到欧洲去考察；梅兰芳排演允文允武的新戏如《木兰从军》，程砚秋也排演要扎靠开打的新戏如《沈云英》；梅兰芳演《太真外传》，程砚秋便演《梅妃》；梅兰芳演《刺虎》中的费宫人，程砚秋索性排演全部《费宫人》；甚至梅兰芳登台，程砚秋也在同一个城市登台而和尊师打对台。但梅兰芳仍旧对程砚秋很好，程去欧洲，梅亲自去送行；程从欧洲回来，梅亲自到车站迎接。于是一般戏迷认为梅兰芳泱泱大度，而程砚秋与之相比，则颇有不如了。

程砚秋的思想比较进步，他1949年后的表现尤其积极。他的这种思想可能和他幼年贫困、少年失意有关，而罗瘿公或许也影响了他。一件很少为外人所知的事是，罗瘿公的儿子是我的父执辈，他 20 世纪 20 年代在清华大学毕业后去美国留学而加入了共产党，回国后被国民党所杀；罗瘿公的女儿抗战胜利后在上海商界颇为活跃，据说也是地下共产党党员。不过这些事程砚秋是否知情，就非外人所能蠡测了。

程砚秋有不少弟子，最好的是赵荣琛（1916—1996）。但是学程最神似也最成功的是新艳秋（1910—2008），这位女性旦角比程砚秋小六岁，是王瑶卿和梅兰芳的徒弟（她的《霸王别姬》就由梅兰芳亲授），所以是程砚秋的同辈。她私淑程派，所有程砚秋的戏她都能演，而且还得到杨小楼的提携，也受到观众的拥护，使程砚秋大吃一惊，甚至十分不悦。另一个著名的程派青衣是李世济（1933—2016），不过她是"新程派"。这些都留待以后有机会再谈吧。

天仙下凡
荀慧生

在"四大名旦"中，梅兰芳和程砚秋都很幸运地在"文革"之前去世，没有像其他京剧界的一代宗师们那样被红卫兵斗得死去活来甚至惨死，另外两位名旦荀慧生和尚小云在全盛时期和梅、程两位一样备受敬仰，但是却在"文革"中因为是艺术权威而遭受残酷迫害和摧残，含恨而终。

先说荀慧生，他演戏真是不得了的好！不论是演名门闺秀、小家碧玉、烟花女子或者巾帼豪杰，无一不令人叫绝。他在中年以后身体发胖，只比程砚秋的腰围略为小一些，但程砚秋演的主要是青衣，可以用服装来遮掩，荀慧生在演花旦的时候，既没有水袖，又穿着短衫，实在难以遮隐他的肥胖。记得每一次看荀慧生，他一出场总会令包括我在内的观众发笑，因为小丫头哪有如此肥胖的？但是，只要等他一开口，一表演，大家就被他的演技、道白、眼神和身段完全吸引住了，就会觉得他是一个天真可爱的小丫头，而忘记了他外形上的缺陷。等到戏一路演下去，他的一颦一笑、一顾一盼、一句唱腔、一个手势，都令人如灵魂出窍，陶醉在他的表演艺术之中！

最后一次看荀慧生的戏时我才二十岁，但他那栩栩如生的形象在我的记忆中仍旧十分鲜明。记得他演的是《得意缘》，这出戏剧情相当复杂，我没有看过全本，因为一般只演其中的《教镖》和《下山》两折。简单来说是青年卢昆杰投亲不遇，只得卖艺度日，刚巧忠臣之后、落草为寇的狄龙康携幼女狄云鸾下山择婿，对他深为器重，便带他上山，招为女婿，云鸾还教他家传的雌雄镖。在《教镖》开始时，卢昆杰思亲，想和云鸾一同下山，岂知山上的规矩是外人来得去不得，如要下山，除非能凭真本事冲出重围，否则就有被灭口的可能。云鸾劝告丈夫不要造次，但是卢昆杰不明白，以为自己回家省亲，哪里会受到拦阻呢？云鸾不得已，只得保护他下山，先打败把守第一道寨口的姐姐，又逃过了第二道寨口的嫡母（云鸾的母亲），此时碰到她亲娘郎霞玉把守的寨口，到底是亲生骨肉，郎霞玉假意拦阻，其实是放他们二人逃走；但是最后一道寨口是本领最大的祖母把守，这位老太太手使一根大铁杖，无人能敌，小夫妻是无论如何过不去的了，云鸾只得苦苦哀求，终于感动了老祖母，放二人下山。

荀慧生以将近五十岁的年纪，饰演一个结婚不久的少妇，一会儿和夫婿打情骂俏，一会儿又向母亲撒娇，这边要护着武艺不济的夫婿，那边又要防备老祖母反面无情，她那清脆的道白、又爱又怕的表情，眼珠那么一转，嘴角那么一翘，哀求时的委屈无奈，下跪时的战战兢兢……这出戏是王瑶卿的拿手，据说荀慧生是向他学的，王瑶卿我没有看过，但我相信荀慧生是青出于蓝而胜于蓝。因为我看过不少旦角演《得意缘》，虽然她们青春貌美，演出也极为精彩，但却没有一个能胜过荀慧生的，因为一般女演员凭的是青春美貌，但荀慧生却把自己化进了角色。看荀慧生的演出，我只觉得台上是一个天真、机灵、爱得深、豁得出去的小妞儿，他的美是内在的，而台上的狄云鸾恰如天仙下凡，哪里有一丁点儿年将半百的胖男人的影子！

但荀慧生的艺术并不限于演《得意缘》一类的戏，而是演什么像什么。

例如他的全部《玉堂春》就是出了名的，从《嫖院》一直演到《团圆》，透过细腻的做功让你看到一个柔情千万缕的女子的酸甜苦辣固然不在话下，而其唱功之圆润、吐字运腔之间的千回百转，和梅兰芳、程砚秋、尚小云的表演相比，完全是另有一功，只能用叹为观止来形容了！

文武全能《铁弓缘》
百看不厌《十三妹》

以前旦角在演出时都要踩跷，以表示旧时代女人经缠足后的"三寸金莲的走姿"，尤其是花旦，许多身段都因为有跷功而生色不少，例如《拾玉镯》中的孙玉姣，在赶鸡、喂鸡等动作中固然要表演跷功，尤其是在拾镯的时候更是全凭跷功来描绘角色的心情以及表演拾镯过程中的动作。此外，刀马旦和武旦也都要踩跷，而某些角色例如《十字坡》中的孙二娘和《三岔口》中刘利华的妻子，更要踩了跷翻滚跌扑，难度非常高。但是练习跷功不但难度很高，而且双脚绑在硬木制的跷上又很痛，所以王瑶卿、梅兰芳等提倡青衣不再踩跷，但是花旦、刀马旦和武旦演员们仍旧要踩跷，我以前就看得很多。直到20世纪50年代，跷功终于被全面废除，但是在此之前受过专业训练的戏曲演员仍旧把这项功夫保存了下来。近年我还曾看到踩跷演出的戏，但自从当年的青年花旦像陈永玲（1929—2006）等都已经老成凋谢之后，基本上这项功夫已经不会再在舞台上出现了。

在"四大名旦"中，只有荀慧生在成名后仍在剧情需要时照样踩跷。例如在他的拿手杰作之一《辛安驿》中，他扮演的周凤英在第一场中男扮女装，还戴了红色的髯口，但是足下却踩了跷。而这一场戏的经典身段之

厉慧敏《十三妹》

一就是周凤英在桌子上左右两边的翘腿亮相，让观众看到她虽然上身是男强盗打扮，但是下面却是一对三寸金莲。（这出戏现在还可以在舞台上看到，周凤英照样有这两个身段，但是翘起来的却是一双天然大脚，完全失去了这个身段原来的作用。）荀慧生年轻时的"打泡戏"《花田错》，就是非常着重做功的花旦戏，而跷功当然占了很重要的地位。至于他的著名剧目《翠屏山》（饰杨雄的妻子潘巧云）、《战宛城》（饰张绣的婶母邹氏）等，都需要有卓越的跷功，在前者的《杀山》一场以及后者的《刺婶》一场中，还要在被杀时表演乌龙绞柱的功夫，不要说"四大名旦"中的其他三位，就是别的花旦演员也多数不及。

荀慧生的武功和跷功为什么这么好呢？因为他是梆子花旦出身，从小由于家贫卖身学艺，受到极为严格的训练，还经常被老师毒打，练功时甚至连骨头都摔断，所以他的武功和跷功都是苦练出来的。举一个例子，他的《大英节烈》（又名《铁弓缘》），从《开茶馆》演起，完全是花旦戏，

荀慧生、马富禄《十三妹》

他表演小女儿的娇羞和天真，何止入木三分；其后的剧情有女主角男扮女装起大霸、大开打的场面，荀慧生由于武功卓越，演来自然得心应手。这是他的看家戏之一，在"四大名旦"中，能演此剧的只有一个荀慧生。

此外他还排演了《荀灌娘》，剧情是说襄阳被贼兵所围，太守之女荀灌娘自告奋勇，男扮女装率领勇士突围而出，搬取救兵，终于解了襄阳之围。这出戏也是允文允武，要扎靠开打，不让梅兰芳的《木兰从军》专美。

在旦角戏中，有一出由刀马旦和武旦应工的《十三妹》，以前是以表演跷功和武旦的"上栏杆"（武生、武丑都有这项"高空绝技"，我在谈叶盛章时曾提到）为号召的，但是后来王瑶卿把它去芜存菁，改编为唱、做、念、打并重的旦角戏，其中的主角何玉凤不踩跷、不上高，一改卖艺式的演出为注重人物性格、讲究表情和念白的感人情节戏，由《红柳村》演起，包括《悦来店》《能仁寺》一直到大团圆，称为《儿女英雄传》或全部《十三妹》。王瑶卿很早就退休了，他的演出我没有看过，但尽得王瑶卿这出戏

103

真传的荀慧生的演出，我却有福气看到，虽然那时候我还很小，但是那个全身穿红衣服的十三妹的形象却深深印入了我的脑海。在这出戏中，十三妹仗义搭救迂腐的安公子，但是对方还以为她是坏人，使她又气、又急、又爱、又怜，那层层的心态和不让须眉的侠女情怀，真让荀慧生给演活了，从而使这出戏令人百看不厌。至于他在趟马时的身段、脚底下的功夫、举起千斤石时的气概，以及愿意委身相许时的神态，又有哪一个旦角能及得上啊！

一曲《钗头凤》

戏迷泪涟涟

我一想到荀慧生，眼前就会浮起他在《得意缘》《大英节烈》《十三妹》等戏中的形象，因为即使他的表演限于这些传统的花旦剧目，已经可以使他在京剧史上的地位永不可撼动了。但是，这些允文允武、艺术性极高的剧目只不过是他艺术的一部分，荀慧生之自成一家，还有创造性的另一面。

我小时候看荀慧生，父执辈们和上海的老戏迷都叫他白牡丹，当时不大明白，经人解释，才知道这是他以前的艺名。原来他十九岁时（民国八年，即1919年）由一代武生宗师杨小楼带到上海，以花旦挂四牌，二牌是老生谭小培，三牌是和他同年的尚小云（尚是正工青衣，所以牌子在花旦之上，而且在京剧界出道比荀慧生略早）。后来他的艺术受到杨小楼和余叔岩的赞赏，鼓励他扩大戏路，更改艺名，以求更上一层楼。于是，他于1925年二十五岁时放弃已经颇有声誉的白牡丹的艺名而改用荀慧生，同时得到文人陈墨香（1884—1942）的支持，为他改编和整理了包括《荀灌娘》《丹青引》《钗头凤》、全部《玉堂春》、《西湖主》等不少剧本。他还投师王瑶卿，成功地把青衣、花旦、刀马旦融为一体，跳出了以前的框框。这些努力使他在1927年成为"四大名旦"之一。

梅兰芳一生不断创新，程砚秋之所以能够独树一帜，也是因为他勇于创新，而尚小云编演的新戏可能更多。梅、程、尚都是青衣出身，在京剧传统的概念中地位仅次于老生而在花旦之上，所以作为花旦出身的荀慧生要脱颖而出，就比他们要困难。但是，童年历尽苦难的荀慧生凭着本身的聪慧和自力更生的决心，终于在花旦的基础上创造了韵味绕梁三日的唱腔、表情入木三分的做功、声调含情脉脉的念白以及身形满台飞舞的舞蹈（包括开打），成为荀派的开山鼻祖。

记得我在较为懂得看戏时看荀慧生，看的并不是花旦戏，而是其中最为观众称道的悲剧性的《钗头凤》。当时我家中有一张由荀慧生唱的蓓开公司出品的唱片《钗头凤》，我听了很喜欢，居然学着哼。先母不喜欢我沉迷京剧，但对诗词很喜爱，所以即使听到我在暗自哼着"红酥手，黄滕酒，满城春色宫墙柳……"时，也并未责怪，反而向我点出整阕词的意思，还讲解宋代诗人陆游的生平，说他因为妻子唐蕙仙得不到婆婆的欢心而被迫"出之"（古时叫休妻），所以非常伤心，填了这首词。后来此词传到唐蕙仙那里，她读了伤心得昏了过去。我对这个故事印象很深，于是当荀慧生演《钗头凤》时，当然一定要去看了。

这出戏的情节比母亲所说的要复杂得多，讲的是陆游夫妇二人感情极好，但是在陆游上京赶考时，妻子唐蕙仙被恶婆婆赶出去，又被恶尼姑逼迫当娼，幸亏被侠客救出。后来陆游落第回家，不见爱妻，听了母亲的一面之词，又悲又疑，在获知妻子下落时，填了一阕《钗头凤》在手帕上，请人转给她。荀慧生演的唐蕙仙在收到那一方罗帕时，心情极为激动，打开一看后更大受打击，凄然念道"哎，想我唐蕙仙好苦啊！"，接着把整首词唱出。由于词的句子结构不同于京剧传统的七字句或十字句，而是长短句，所以他唱的是新腔，却仍是京剧。上半阕唱到"东风恶，欢情薄，

梅兰芳《霸王别姬》

梅兰芳《黛玉葬花》

梅兰芳《凤还巢》

梅兰芳《混元盒》

梅兰芳《天女散花》

梅兰芳《木兰从军》

梅兰芳、萧长华《女起解》

梅兰芳、余叔岩、金少山

梅兰芳、尚小云、程砚秋《虹霓关》

梅兰芳戏单

程砚秋《荒山泪》

程砚秋《梅妃》

程砚秋《文姬归汉》

程砚秋、俞振飞《投军别窑》

一怀愁绪，几年离索，错、错、错"时，那哀怨表情，那如泣如诉的嗓音，已经感动了每一个观众，到后半阕唱毕"山盟虽在，锦书难托，莫、莫、莫"时，彩声不绝，而他那眼神令人永远不会忘记。在此之前，我大概很少看到旦角演戏可以有如此的感染力。这出戏的结尾是陆游决定把唐蕙仙接回家，但是在迎亲之前，唐蕙仙却香消玉殒了。这哪能使观众的手帕不被眼泪浸湿啊！

我以前只知道荀慧生是花旦，看了《钗头凤》才知道他居然是比程砚秋还要悲的"悲旦"。但是，荀慧生的本领却不限于此，他的戏真是多姿多彩，而且也演什么像什么。我觉得，梅兰芳一站出来就是完美无缺的大角儿，程砚秋一开口就是一个另有一功的青衣，而荀慧生呢，你非得看了他各式各样的戏之后，才能领略到他的精湛艺术。他和马连良或许颇为相似，因为他们都并不满足于墨守成规，而是勇敢地创造，最终成为一代艺术大师。

难以形容的表演
令人惊叹的艺术

　　我看京剧的历史很浅，最密集的时期为 1949 年之前那十五年左右，此后只是偶尔有机会看一下而已。就在这短短的一段时期中，我有幸见证了京剧的传统和新编剧目相互辉映的后期，此时"四大名旦"的艺术不但已臻成熟，而且已成典范，他们演出的剧目也是传统和新编并重。我大概是受了上代的影响，比较喜欢老生戏，而"四大须生"除了马连良演出他独有的新戏（其实也是从传统剧目戏中整理出来的）像《春秋笔》《串龙珠》《十老安刘》《胭脂宝褶》等之外，大都是演传统剧目，所以我在看旦角戏时也比较爱看传统剧目。荀慧生的传统剧目看得我如痴如醉，但是他新编的荀派名剧我却看得较少，除《钗头凤》之外，只有寥寥可数的几出，包括《香罗带》（又名《三疑记》）、取材自《红楼梦》的《晴雯》《红楼二尤》以及改编自《西厢记》的《红娘》等，其中最受欢迎的是《红娘》。

　　就像程砚秋的《锁麟囊》深受观众喜爱一样，荀慧生每次演《红娘》也必定座无虚席。为什么？只能说是荀慧生演活了《西厢记》中这个机灵的小丫鬟。按照原著，红娘大概是十四五岁吧，我看荀慧生的《红娘》时，荀令香（荀慧生的儿子）的年龄已经比红娘还要大了，但是舞台上中年的荀慧生还是那么灵活，那么惹人喜爱，让大家觉得红娘就应该是这个样儿的。怎么解释呢？只能说：这就是艺术。

很可惜荀慧生在最出名的时候没有把《红娘》拍成纪录片，因为他盛年时这出戏如何好法，实在难以用笔墨来形容。我还记得的印象是，荀慧生的念白不仅句句清晰，而且那一股子心思精巧、头脑聪明的劲儿，就让大家听了、看了心里舒服。不像梅兰芳某些新编的剧本那样词句典雅，也不像程砚秋的唱令人非得看了唱词（或者熟悉唱词）才知道他在唱些什么，荀慧生的唱词一般都极为口语化，而且所用的也是京剧观众熟悉的词汇。何况他的唱，就好像糯米那样黏住你，让人一搭上就脱不了身！

唱和念白只是《红娘》成功的一个因素，最主要的是荀慧生的做，可惜这又是无法用文字来形容的。红娘是机灵的小丫头，和闺秀型的崔莺莺不同，总是在动态中。这个动包括由台步和各种动作组合的身段，还有就是眉目之间甚至嘴角和鼻子都有戏。荀慧生对于他的舞台形象以及整个舞台的美都很注意，所以他的服装也颇具特色。《红娘》是唱、念、做、打（荀慧生在这里虽然没有武打场面，但是他那近乎满台飞舞的台步和连唱带做的表演，就显出他武功底子的深厚了），加上舞台美学的完美结合，它能成为荀派代表作，并不是偶然的。

荀慧生在中年时好几次到上海演戏，我都曾去看过，可惜他的配角阵容不够强大。挂二牌的须生是王文源，并不高明，因为花旦戏通常由小生配演，所以他总是在倒第二唱一出。我不幸看了他的《定军山》等谭富英的拿手戏，那真是不能相提并论。小生搭档是金仲仁，据说很有名，但是我看他的时候已经风度不再，而且面貌俗气、身材臃肿，这样的公子，小姐怎么会喜欢？所以观众其实是为了看荀慧生才去买票的。

《红娘》这出戏早已成为荀派花旦的"镇山之宝"，譬如童芷苓，由于她那时青春美貌，学荀慧生也学得颇为到家，所以成为她的拿手。荀慧生有不少弟子，许多是20世纪50年代以后崭露头角的，我对他们只闻其名，未见其艺，不便置评。在此之前看到的以赵燕侠的印象最佳，她的《大英节烈》和《玉堂春》，在荀之后，不作第二人想。

附带一提，在台下的荀慧生颇为温文尔雅，举手投足之间略为有些花旦味（因为我看台下的他仍是戏台上的"她"）。他到上海演出时，总爱到朋友家去吃晚饭和打"沙蟹"（一种输赢很大的扑克牌游戏，英文是show hand，但是字典中找不到），时间快到了，戏院的人来催场，他总是说"就来，就来"，却还要玩一手，直到最后一秒钟，才和主人一同上戏院。不过他却从来不误场，而且化装很快，不久前还在扑克牌桌子上聚精会神赌钱的翩翩男子，转瞬已经变成一个妙龄少女，美目盼兮地出现在大家的眼前了。

唉，这个荀慧生，真是令人佩服得五体投地，只有惊叹的份儿！

铁嗓钢喉 尚小云

在"四大名旦"中，尚小云和荀慧生有不少相同的地方：他们于同一年（光绪二十五年，即1900年）出生，都有深厚的武功基础，同样在少年时已崭露头角，中年时曾多次同台演出，成名后均备受内外行称颂。不幸的是，他们二人在对中华文化艺术做出了如此宝贵的贡献之后，却都在"文化大革命"中受尽凌辱折磨，含恨而终！

尚小云早年曾到上海演出，但那时我尚在稚龄，无缘观赏，直到20世纪40年代后期才有机会在北平看到他。当时是一位老前辈带我去看的，他的看戏资格很深，对谭富英和尚小云特别喜爱，称他们为"小谭"和"小云"。在他的指导下，我学看了不少这两位名伶的演出，加深了对谭富英的了解，也对尚小云的表演艺术有了一些认识。

如果要数出旦角中真正的"铁嗓钢喉"，尚小云可说是当之无愧。以前的正工青衣多数以唱功为重，譬如《二进宫》中的李艳妃，就凭一副嗓子，不必什么做功，只要"抱着肚子"唱就行了。尚小云唱这种青衣戏，堪称"一时无两"。但是，他却不是只会死唱，而是武功卓越，文武双全。那位老前辈在看戏时对我指出："你看，小云的身材多潇洒，其他的'四大名旦'

111

到了中年多发福了，梅兰芳还看不出，程、荀二人的腰围都太粗了点儿。这是因为小云天天早上四点就起床练功，从不间断！"果然，尚小云不但嗓子好，身上也极为利落边式，而且，他即使是演文戏，也有一股正派女子凛然不可侵犯的气质，一出场就能把观众慑住。而他最拿手的戏往往出场就是四句或六句西皮慢板，这段慢板就好比他的"注册商标"，岂止响遏行云，简直就是石破天惊，尤其是第二句，往往接连翻高，无人能及，所以必定一句数彩。

但是，嗓子好不过是尚小云的特点之一，他的拿手杰作常常是文武并重，出场时展露"铁嗓钢喉"，到后面就变成巾帼英豪，不但开打紧凑，而且举手投足都有分寸。老前辈又解释道："小云曾长期和杨小楼同台，很受杨的影响，所以他虽然是旦角，但武戏可不是刀马旦那么简单，有杨小楼的味儿。"杨小楼我没有看过，不知道旦角怎么能有杨小楼的味儿，但是在我的印象中，尚小云的武戏和别人是不大一样的。梅兰芳演《穆柯寨》不失天真妩媚、雍容大方，程砚秋的武戏我没有看到，荀慧生在扎了靠时还是那么眼珠儿滴溜溜地魅力四射，而尚小云呢，则是英气盎然，令人一看就肃然起敬。

《御碑亭》是一出群戏，老生、青衣、小生、花旦以及配角们都有表演机会，但是又不太累，所以以前京朝名角到上海常常在星期天白天演出，而我也看得最多。它的剧情是说王有道赴京应试，他的妻子孟月华归宁回来，半途遇雨，到御碑亭暂避。此时书生柳生春也来避雨，看到已有一女子在内，就在亭外廊下企立一宵。但后来王有道获悉此事，误会妻子不贞而休妻，最后是真相大白，夫妻复合，柳生春也娶了王有道的妹妹为妻，大团圆结束。剧中孟月华遇雨一场，青衣要边唱边走圆场，并且走"滑步"，表示天雨路滑，几次滑倒。这个看似简单的滑步，却不是容易表演的。尚小云的《御碑亭》最出名，理由之一就是他的滑步独步剧坛。我曾看过不少旦角演这出戏，都有这个身段，总算看了一次尚小云的这一个绝招，果然边式自然、美观非常，可以说是三生有幸了。

文武昆乱不挡
传统宝藏重生

　　像上文谈到的《御碑亭》一类的青衣戏由尚小云演来，当然是游刃有余，因为他的本领绝不止这些每一个旦角都能唱的剧目。大家都知道在 20 世纪 50 年代以后，几位著名的京剧演员都拍摄了舞台艺术纪录片，而尚小云的代表作《昭君出塞》和《失子惊疯》也被拍成了电影。我在看了这两出戏的纪录片之后，感慨很多，因为它们并不足以代表这位功力深厚的名角的表演艺术。

　　我不是说尚小云在影片中的表演不好，而是觉得他当时已经年逾花甲，过了黄金时代，要是电影能够早十年拍摄，相信能让我们看到多一些真正的尚小云。在我的记忆中，尚小云的全部《汉明妃》堪称绝唱，《昭君出塞》就是其中的精彩部分。这出戏有昆曲，有大段唱功，有表演王昭君复杂心情的做功，而更重要的是需要扎实的武功底子以表演在昭君出塞时的趟马，对演员的要求十分高。在"四大名旦"中，相信人人都有足够的能耐应付这出戏，但是为什么只有尚小云以此剧享誉剧坛呢？因为只有他能在这个剧目中尽量展示他的文武昆乱不挡的高超艺术。

　　尚小云有昆曲底子，例如昆剧《游园惊梦》就是他早年常演的，我虽然没有看到他的演出，但从小就听他这张胜利公司出品的唱片，他的嗓子被公认为在旦角中首屈一指，他的做功刚中带柔、婀娜多姿，但最最了不起的是他的武功，在《出塞》的趟马中令人拍案叫绝。

趟马是京剧中重要的基本功，主要是表示剧中人骑着马在赶路。它有一定的程序，在道路平坦的时候以跑圆场表示；在道路曲折难行时则以各种身段来表示，一般包括转身、亮相、挥鞭等，这许多的繁复身段都是对武功底子的考验；在趟马将近结束时，必然是在"锵""锵""锵"三下锣鼓中"三打马"，然后把马鞭一抖，翻掌接住，亮相下场。刀马旦表演趟马，还要加入鹞子翻身、卧鱼等难度较高的动作，如果穿着斗篷、带着翎子（两条长长的雉尾）的话，在做这些动作时还要照顾斗篷和掏翎子。但是，武旦在趟马时，绝大多数只是有动作而不必唱，但这已经是对基本功的考验了。尚小云的《出塞》一场不但以趟马来表现王昭君长途跋涉的辛苦，还要一边唱一边做，而他的圆场之轻快、亮相之够劲、鹞子翻身之冲、掏翎子之帅，即使武生也有所不及。在20世纪60年代的纪录片中，我们还是可以看到他的功力和风范，但是他早年的英姿勃发和对角色内心的刻画呈现，却不及当年看他比较年轻时的现场演出了。

尚小云为什么能把全部《汉明妃》演得如此生动呢？据说是受了杨小楼的影响。杨小楼是武生，以"武戏文唱"著名，简单地说是把武戏演出人物个性和感情来；尚小云则善于"文戏武唱"，即使在文戏中，也可以表现出人物热情的性格和英勇的内心。

至于《失子惊疯》这出戏，对一般观众来说，主要是看主角的水袖功夫，其实唱做都极为繁重，"耍水袖"只是做功的一部分，是为了表示剧中人的悲哀和受刺激后精神失常的心态。这出戏是全部《乾坤福寿镜》中的一部分，在尚小云童年时已经没有人演出全本而几乎失传了，我听长辈说是

尚小云戏单

一位老伶工传给他的，到了他的手中，这出失传的老戏居然重获新生而流传至今。此外，尚小云还从旧戏中发掘和整理了许多宝藏，把它们整理后演出，例如《白蛇传》中的《祭塔》，以前是正工青衣的名剧，但因为唱功繁重，被视为畏途，尚小云把它唱红；又如《春秋配》是青衣戏中唱腔极美的好戏，但是原剧本较长，他很早就把它整理而演出（见上图戏单，请注意老生王凤卿就是带梅兰芳出道的名角，是王瑶卿的哥哥），诸如此类的例子不胜枚举。可惜的是，今天的京剧演员们演出的剧目已经愈来愈少，再也没有前辈们能戏数十出甚至数百出的功力了。这其实也是中国出现了文化断层而导致的观众对京剧的欣赏力下降的结果。如果在不同的艺术范畴中，今天能有几个像尚小云那样的有心人，把发掘旧剧和培养新生的任务担起来，那真是中华文化之福了。

台步功力独到
名角纷列门墙

"四大名旦"都曾师事"通天教主"王瑶卿，而王瑶卿之前最有名的旦角则是陈德霖（1860—1930），大概是因为他德高望重，所以被称为老夫子。他嗓子高亢，以唱得字正腔圆著名，我从小就听他的《彩楼配》《孝义节》等唱片，除了惊讶他的嗓音嘹亮之外，就觉得他有些像尚小云，因为我不知道其实尚小云学的就是他。后来才知道，在"四大名旦"中，梅兰芳和尚小云都是陈德霖的弟子，他们都把老师的青衣唱法学得很到家，梅兰芳在融会贯通后发展出他超群的风格，而尚小云则以自己的天分和努力继承和发扬了老夫子的艺术。

尚小云不但在唱的方面保存了京剧旦角最优良的传统，更发展出高潮迭起、三转四折的唱腔；在做的方面也继承了优良的传统而加以发扬，上文曾提到的"滑步"，不过是其中之一而已，他的台步更有独到之处。此前的青衣，虽然主要是唱，但是对台步也非常讲究。京剧观众都知道，不同的角色出场，各有不同的步法，花旦出场就是那么飘出来，使大家眼睛一亮，而青衣出场则要端端正正，尤其是出场唱慢板的时候，在胡琴过门中慢条斯理地走台步，看似没有什么动作，其实却是很考功夫的，因为要是就那么按照普通的走法走台步，由于舞台大小的限制，在长过门中停在那里，难免令人有呆若木鸡之感。我看尚小云的戏，就得到前辈指点说，要注意他在出场时缓慢的台步，果然，他的台步和一般的青衣不大一样。我当然不会走青衣台步，所以形容不出这种步法是怎么走的，总之是他每走一步，脚底下就好像略为顿一下，不仅有节奏感，而且身上更增加了美感。在长长的胡琴过门中，他总是从容不迫地静中有动，令人觉得他虽然没有什么大动作，但身上却有戏。据说，这就是陈德霖老夫子亲授的步法。我看了这么多旦角，知道除了尚小云的台步是这么个走法之外，还有一个陈德霖的徒弟黄桂秋（1906—1978）也是这么个走法，此外就不曾见过了。（黄桂秋的唱做都极好，他的《春秋配》《别宫·祭江》等都曾风靡一时，可惜身居"四大霉旦"之首，或许已有传人，可惜我并不知道。）

不过这个步法，和《四郎探母》中萧太后的步法又有所不同。萧太后穿的是旗装，脚下穿的不是旦角的彩鞋，而是旗鞋，这种鞋子可以称为高跟鞋，但不是在后面有一个高跟，而是在鞋底中间高出一块二寸左右的像花盆那样的东西，由于脚跟和脚尖都不着地，走路的时候一不小心就可能摔跤，所以穿这种旗鞋走路，需要有一定的基本功。陈德霖晚年以演萧太后著名，他的台步据说和慈禧太后走得一模一样，尚小云中年以后也常常演萧太后，不仅唱的时候一句数彩，而且那几下台步据说也极像老夫子呢！当然，老戏迷们都知道，另一个以萧太后的台步博得一步一彩的是芙蓉草（1901—1966），他原名赵桐栅，和尚小云是童年时的科班同学，大半生担任二路旦角，只要有他来配戏，包管有牡丹绿叶之效，所以任何头牌角儿都把他倚为左右手。

尚小云有不少徒弟，"四小名旦"中除了以武旦见长的宋德珠（1918—1984）之外，李世芳（1921—1947）、毛世来（1921—1994）和张君秋

尚小云、张君秋、李世芳、毛世来

（1920—1997）都曾拜在他的门下（见上图）。其中张君秋的嗓子最好，一度被视为小尚小云，后来他在尚小云唱功的基础上再加上自己对梅兰芳、黄桂秋等前辈们的唱法的钻研，创造了张派，学的人很多，一度在京剧青衣行当中曾有"十旦九张"的声势。不过他的唱功虽好，在武功方面却有"刀枪不入"的谑称，这就不及师傅了。今天中年和青年的一代旦角中不乏尚小云的再传弟子，他们师承的可能是荣春社科班出身的杨荣环（1927—1999），但是他们是否学得到家，由于较少机会看到，就非我所知了。

我已经提到，尚小云是文武全才，例如王瑶卿的拿手戏全部《十三妹》，他演来也得心应手，不让荀慧生专美。尚小云为人也是古道热肠，素来被内外行所称道，而戏德尤其好。这反映在演出方面，是他乐意为同辈艺术家们担任配角，除了《四郎探母》中的萧太后之外，他还曾为荀慧生配演《得意缘》中的朗霞玉，为程砚秋在《西厢记》中反串小生、配演张生等。此外，凡是他排演的新戏，往往有开打场面，不仅唱来令人听得过足戏瘾，打得也十分火爆勇猛。到了1949年年底，他排了一出新戏叫《墨黛》，自己担任主角墨黛，也是先文后武，但是当时戏迷们认为这个戏名谐音"末代"，非常不吉利，果然一剧成谶，他从此连遭不幸，在捐出了房地产和毕生收藏的文物之后，被从北京连根拔起去了西安，在"文化大革命"中遭受厄运，含恨而终。唉，不提也罢！

京朝海派争取观众
倾家荡产培育后进

京剧的演出风格素来有"京朝派"和"海派"之别，北方不乏唯京朝派是崇的观众，他们则贬低南方（主要是上海）喜欢看海派表演的戏迷。我从懂得看戏时起就有这样一个了解，就是京朝派以传统剧目和艺人们的真材实料为长，而海派则以新编剧目、连台本戏甚至奇装异服、机关布景为号召，因此京朝派是正宗艺术，而海派则不足为法。所以我们这些生长在上海的戏迷，每逢京朝名角南下，能够作为座上客会感到与有荣焉，而到共舞台去看连台本戏则不免自惭形秽。

因此，当尚小云不来上海演出，却在北方不断排演《昆仑剑侠》《九曲黄河阵》《塞北英烈传》等新戏时，未免令人觉得奇怪：怎么这位四大名旦之一的京朝名角也变成海派了？何况，我还听长辈说，尚小云的观众在西城（那是北京西单牌楼到西四牌楼一带），他们不像东城的观众那样大多数是士大夫阶层，所以他的新戏很受拥护。这不是和上海的海派戏大多集中在共舞台差不多吗？于是我心目中的尚小云似乎有了人格分裂，既是铁嗓钢喉的正功青衣，又是奇装异服、离经叛道的"北方海派"。

但是，等到自己成年时看了尚小云以及对他略为有一些了解的时候，才明白了他排演新戏，除了和梅、程、荀等同样是不断寻求创新外，还有一个很大的原因，就是培育京剧的接班人。

原来尚小云不但急公好义，为了替同行谋福利而时常仗义疏财，还在民国二十七年（1936）办了一家名为荣春社科班的戏剧学校，培养了许多优秀的京剧演员。它和旧式的富连成科班不同，学生不立卖身契（旧式科班，学生被师傅体罚打死只能"各安天命"，尚小云自己小时候就差一点被师傅打死），学戏的同时还要学文化，学校还保证学生生活以及毕业以后的职业。尚小云自己的儿子就是科班的学生，和其他学生一视同仁，而科班的经费由尚小云负担，他为此卖掉了自己的房产，因为靠他自己以及学生们演出的收入还不敷开支。当然，演出不但带来了主要的收入，更使学生得到表演的经验和获得向成名的老师们现场观摩的机会。由于学生人员众多，要使大家都有演出机会和经验，除了传统剧目之外，就是排演阵容巨大的新戏。于是《九曲黄河阵》等新戏就由他自己连同著名演员和导师们带领全体学生上场。这些新戏得力于尚小云亲力亲为，演员们个个全力以赴，学生们阵容整齐，演出一丝不苟，大场面排练纯熟，唱功武功皆具水平，所以很受欢迎。中青年一代京剧观众所曾看到的"荣"字辈老艺人如杨荣环（他是第一个在《杨门女将》中饰演穆桂英的杨秋玲的哥哥）、景荣庆、方荣翔等，以及"春"字辈和"长"字辈的刘长瑜、尚长麟、尚长春、尚长荣（以上三人都是尚小云的儿子，现在仅尚长荣还活着）等都出自这个科班。记得我在看尚小云演出传统剧目的同时，和我年龄相若的尚长麟在前面演《拾玉镯》，不但扮相漂亮、唱做细腻，而且跷功一流，还有尚长春的《挑滑车》，也是功底扎实，具大武生风范，其他当时已经毕业的学生们也个个有令人满意的表演。可是此科班在40年代末期还是因为经费困难而停办了，尚小云为此几乎倾家荡产，他本来已经息影，只能以将近五十岁的年纪重登舞台，可见他对培养接班人的心血和贡献是值得大书特书的。

可以这样说，看了尚小云，令我对所谓京朝派和海派有了新的认识，海派不应该带有贬义，因为南方的麒麟童、盖叫天都是一代宗师，而久居上海的京朝名角如高盛麟、裘盛戎、袁世海等，都受到他们的影响而艺术大进。至于尚小云，他是正宗京朝派，继承了陈德霖的艺术，同时他又是一个革新者，不但传统戏的功力深厚，而且在根据自己的特长而排出许多著名新戏的同时，又以创新为手段争取观众，靠票房收入来培育人才。此外他更出钱出力照顾生活困难的同行，难怪京剧界提起尚小云，莫不竖起大拇指！

"四大坤旦"
境遇坎坷

　　大家都知道京剧界有"四大名旦"，但是今天的观众或许较少知道当年还有"四大坤旦"。"四大名旦"都是男扮女装，所以是"乾旦"，而当时有几位女性旦角演员称为"坤角"，也颇有名气。于是1930年天津《北洋画报》发起选举"四大坤旦"，结果以得票多寡选出了胡碧兰（1909—1953）、孟丽君（1911—1991）、雪艳琴（原名黄咏霓、1906—1986）和章遏云（1911—2003）。但胡碧兰不久因嗓子坏了而离开舞台，于是便以新艳秋（原名王玉华、1910—2008）递补。孟丽君我没有看过，不知道为什么后来她的地位被杜丽云所取代了。

　　京剧一直是男性演员的天下，直到民国初年，男女才被准许同台演出，但那只是少数。即使在20世纪30年代，女性演员大都只能在小型剧场演出，称为髦儿戏或者群芳会。记得我祖父就常常去看坤角演出，主要是票价便宜，而水准也相当高，但是当时人们认为看坤角是"儿童不宜"，所以从来不带我去看。后来有了"四大坤旦"，家中有了她们的唱片，我才开始知道最好的女性旦角叫雪艳琴，因为她是"美艳亲王"。虽然我对于这个称号不太了解，但颇想看她的演出。

雪艳琴《天女散花》

可惜我始终没有看过雪艳琴的演出，只是听她的唱片，名字写在谭富英之上，二人还合演过电影《四郎探母》，所以我对她十分崇拜。听说她在正当红的时候嫁了人，而此时正好对日抗战开始，她也退出了舞台，其中可能有不得已的苦衷。我只知道她婚后生活似乎并不理想，但是她却不肯在抗战时期的沦陷区演出，只有一次例外而演出了一场赈灾的义务戏。听朋友说，1951年她为了生活又复出演戏，但已不复当年风采了。我偶然在言慧珠和叶盛兰合演的《得意缘》音配像DVD中发现了她演的朗霞玉，虽然未见其人，但是听到了她的声音。当时她已过中年，唱来十分有韵味，令我得到了意外的收获。

至于章遏云，我就看得多了。20世纪30年代她第一次随马连良到上海，挂二牌。星期天日场二人合演《游龙戏凤》，我虽然还小，但是对这出戏却很熟悉，看后觉得马连良固然好，而新旦角章遏云也好得不得了。由于父亲常常带我去看马连良，因此我也看了她许多戏，知道她青衣、花旦样样精通。不久抗战军兴，我到了香港，就没有机会再看她的演出了，但是从新闻中知道她私淑程砚秋而名气愈来愈大。后来她嫁了人，但是婚姻非常不幸，终于从家里逃出来而离了婚。1949年我在香港时，知道章遏云也来了香港，有不少人跟她学程派戏，还拍了一部京剧电影《王宝钏》，由大导演卜万苍执导。但是，京剧在香港没有市场，她于是去了台湾，是否有演出我不大清楚，但是知道她培养了许多人才，备受尊敬，可能是"四大坤旦"中最幸福的一位。

从新艳秋的名字就可以知道她是程派青衣，但她成名时不但不是程门弟子，而且还曾经公然和程艳秋（那时还没有改名为程砚秋）打对台；不但打对台，连程艳秋的主要配角都去为她配戏，甚至德高望重的杨小楼也和她一同演出，可见她声誉之隆了。程砚秋被这个"偷师"成名的新艳秋气得半死，即使经人拉拢，也不肯收这个徒弟。那么新艳秋是谁的徒弟呢？原来是她去拜了梅兰芳，因此能和杨小楼演《霸王别姬》。后来她又拜了王瑶卿为师，但是唱的却是正宗程派戏。有一次程砚秋偷偷地去看新艳秋演出，不禁大为佩服，但是他可能心存芥蒂，仍旧不肯收她为徒。据说50年代程砚秋捐弃前嫌，承认了新艳秋的成就，但是他突然逝世，因此新艳秋始终没有正式成为程门弟子。

然而，在所有程派青衣中，学得最神似、功力最深的，就是这位不是程门弟子的新艳秋。不幸的是，和许多当时的坤伶一样，她在30年代当红的时候因嫁人而退出舞台，抗战胜利后因为是"敌伪分子"而被判刑坐牢，到1949年北平解放才出狱。50年代时她曾得到杜丽云的帮助而重登舞台，但已不复当年，于是改为培植后进了。90年代她曾在香港新光戏院破例演出过一次，当时许多老戏迷都称赞她声韵犹在，真正难能可贵！

杜丽云在"四大坤旦"中只是叨陪末座，因为她的造诣不及其他三位。但她是王瑶卿的徒弟，而且曾经挂过头牌，二牌老生先后有王又宸（谭鑫培的女婿）和杨宝森，可见声势不凡。小时候我家里有很多唱片，其中就有不少杜丽云的，剧目据说都是王瑶卿亲授的，所以她确曾红过一阵子。和当时其他坤旦一样，她在当红时被国民政府党国要人金屋藏娇而退出舞台。我父母和她很熟，我还曾称她伯母，而她的妹妹（其实是她养母的养女）就是杜近芳。后来听朋友说，她在"文化大革命"时因贫病交迫去世了。

以上是我所知的"四大坤旦"，在那个社会，她们都命运坎坷，在当红的时候被权贵金屋藏娇而退出舞台，其后各自摆脱过去而重新做人，但是境遇却不尽相同。那个时代是一去不返了，"四大坤旦"也就成为历史名词了。

『四小名旦』和『四大坤伶』

"四大坤旦"对我来说是老一代，现代的戏迷们对她们就更感到陌生了。在这些老一代的名伶之后是40年代京剧鼎盛时期，那时最出名的旦角，男的是"四小名旦"李世芳、张君秋、毛世来和宋德珠；女的以言慧珠、童芷苓、吴素秋（1922—2016）和李玉茹（1923—2008）最具号召力，曾被称为"四大坤伶"。还有就是北平的中华戏曲专科学校出了"四块玉"，她们是侯玉兰（1919—1976）、白玉薇（1922—2008）、李玉芝（1922—1997），以及最出名的李玉茹。

"四小名旦"中李世芳是梅兰芳的爱徒，我对他的印象是扮相极好，只是个子瘦小一些，而且嗓音也比较弱。他在富连成毕业后就很红，可惜1947年死于空难，令人唏嘘。毛世来是一个非常好的花旦，跷功武功都极为卓越，起初走的是筱翠花的路子，演《小放牛》《小上坟》等满场飞舞，身手是不凡；同时刀马旦的戏也很出色，例如《大英节烈》就十分拿手，前面的《开茶馆》已经精彩，后面女扮男装，唱小生和起霸开打都不让前辈专美。有一阵子他演出《双钉记》《海慧寺》等被目为黄色的戏，虽然演得入木三分，但颇为卫道者所诟病，于是他听从劝告，放弃不演，

李世芳、毛世来《花田错》

可说颇为难得。1950年后乾旦渐告没落，据说他去了东北，以高龄谢世。宋德珠是武旦挂头牌的第一人，以打出手快捷、准确而名满大江南北。他的花旦戏也极好，加上跷功出色，所以红极一时。我看了他不少戏，例如全部《杨排风》《扈三娘》《百鸟朝凤》等，都是他的拿手绝活。后来受到客观环境的限制，他以教戏为主，在培养人才方面功不可没。至于张君秋，则今天的观众还相当熟悉，他具有一副好嗓子，艺兼梅兰芳和尚小云之长，自创张派。记得他第一次到上海是马连良带去的，面貌清瘦，我还以为他是女的，可见他的扮相之美。此后他曾长期和马连良合作，是"四小名旦"中享誉最久的。今天的观众仍可从他的许多录音和录像中欣赏到他的艺术。

在梅兰芳所有的女弟子中，我觉得最得梅派真传的是言慧珠，你只要仔细听她的唱和念，便知她处处学足梅兰芳，十分到家，并非一般梅派青衣所能及。40年代时，许多年轻的女旦角为了竞争，往往以演出《蝴蝶梦·大劈棺》加《纺棉花》为号召，以在《蝴蝶梦》剧中夸张性地表演田氏思春，在《纺棉花》剧中的时装演出，一口气唱生、旦、净三个角色的《二进宫》，作状解纽扣给婴儿吃奶等来吸引观众。当时演《蝴蝶梦》和《纺棉花》这两出戏著名的花旦首推吴素秋和童芷苓，两人被称为"劈纺花旦"。言慧珠一度也加入竞争，并且在《纺棉花》中以唱一段言派的《让徐州》而独领风骚。但是她师父梅兰芳见此情况，大大的不以为然，于是言慧珠就此放弃"劈纺戏"，专演梅派名剧，照样卖座不衰，也获得了人们的尊敬。不过，言慧珠的一生可说是多灾多难，为爱情不如意而数度自杀，但是她在京剧和昆剧方面居然不停上进，可见她不但是热爱艺术的好演员，而且好强，样样都想做到最好。举一个例子，当年梅兰芳和杨小楼合演《霸王别姬》，风靡一时，于是她就找高盛麟合演这出戏，表示梅派传人和杨派传人合作，也传为佳话。可悲的是，如此一位奇才，竟在"文革"中不堪折磨而自杀身亡，令人浩叹！

童芷苓虽然一度是"劈纺花旦"，以演出热辣而令观众疯狂，但她的唱做俱佳，造诣确实很高。她擅演荀慧生的名剧《红娘》《红楼二尤》等，又常常演出程砚秋的《锁麟囊》和尚小云的《汉明妃》；既能演梅派的《四郎探母》《凤还巢》，又对花旦戏《翠屏山》《坐楼杀惜》等也极擅胜场，真可说是一个旦角全才。"文化大革命"中她被红卫兵打得死去活来，但咬紧牙关，坚决求生，因此有"打不死的童芷苓"之称。"文革"后她复出，来过香港，也到过台湾。后来移民到美国，还是很活跃，终于以高龄去世。她的女儿童小苓继承母业，只是在美国甚少有机会演出，有一年到加利福尼亚演了《霸王别姬》片段，还是我打的大锣呢！

说起吴素秋，可真是大大的有名，她是尚小云的徒弟，又学荀慧生，不论唱做都非常到家。当年她在上海黄金大戏院和叶盛章挂并牌，以《酒丐》轰动一时，继而以《大劈棺》《纺棉花》二剧风靡沪上，是"劈纺花旦"的代表。后来黄金大戏院又请盖叫天加入挂头牌，于是天天上演全部《武松》，盖叫天饰武松，吴素秋饰潘金莲，叶盛章饰武大郎，可说珠联璧合。另外一台戏是盖叫天、叶盛章合演的《三岔口》，倒第二是吴素秋的《蝴蝶梦·大劈棺》，当然每晚座无虚席。当时戏院方面希望她倒第二演《纺棉花》，那不但保证满座，还可以加票价，但是吴素秋坚决不肯，理由是《纺棉花》必须压台，不能放在《三岔口》前面，于是此事只好作罢。听说盖叫天觉得吴素秋不尊重长辈而很不高兴，于是在第二晚的《武松》中，在杀死潘金莲时故意用刀在吴素秋脖子上抹了一下，令她大吃一惊。这一场台下观众看得很清楚，还以为二人演出卖力而十分满意呢！

吴素秋在当红时因嫁人而退出舞台，50 年代复出，因为艺术精湛，深获观众喜爱，可惜我没有机会再看到她的演出。一位熟朋友告诉我，在"文革"中她和夫婿姜铁麟（著名武生）竭力照顾受尽折磨的师父尚小云，直到他含冤去世，这份尊师重道的美德，赢得了人们一致赞美。

中华戏校
『四块玉』

中华戏剧专科学校，于 1930 年创立于北平。它不像以前的科班那样只注重学戏，而是同时让学生受适当的教育，又革除了部分科班的旧习气，所以培养出来的学生都颇有水准，而且在旦角这个行当中不但出了一个宋德珠，还造就了四个出类拔萃的女性旦角侯玉兰、白玉薇、李玉芝和李玉茹，号称"四块玉"。

先说侯玉兰，她学的是程派青衣，在戏校已经居于旦角中的首席地位，后来正式拜程砚秋为师，毕业后曾为许多著名老生挂二牌。记得她来上海演出时，报纸上对她赞不绝口，并且奉上"女侯爷"的称号。当时为她操琴的是师兄张和铮。这位师兄先学旦角，后学老生，但是后来倒嗓，便为师妹伴奏，甘于牡丹绿叶，为侯玉兰颇增声誉。我看侯玉兰不多，印象是她气质很好，虽然嗓音不大，但唱得非常细腻动人。可惜的是，她成名不久，就嫁给已经结了婚的李少春做"二奶"。有人说他们夫唱妇随，但是我总是为她不值。不久后听说她健康不大好，而我也没有再看到她的演出了。

白玉薇是王瑶卿的徒弟，后来又拜了筱翠花为师，所以青衣及花旦戏都擅长。她第一次到上海是为李少春挂二牌，颇获好评。我看了她的一些生旦戏，但是印象最深刻的是以刀马旦为主角的《棋盘山》。这出戏讲的是薛丁山被山寇窦仙童擒去，而窦对他一见钟情，愿意以身相许。白玉薇的窦仙童唱做俱佳，念白清脆悦耳，而且武功到家，赢来台下彩声不绝。此后我在报纸上看到白玉薇写的小品散文，文笔不错，才知道她有"文艺坤伶"之称。但是和许多当时的女伶一样，她很早就嫁了人，后来随丈夫去了台湾，观众就看不到她的表演了。我曾于20世纪70年代曾数次去台湾，获悉白玉薇在当地戏剧学校教戏，桃李满门，颇有成绩，但我同时听说她的丈夫时常对她家暴，闻之令人痛心。她晚年移民美国，向北京提供了许多珍贵的京剧资料，值得称道。

李玉芝在戏校毕业后，曾多次到上海演出，多数是为杨宝森挂二牌，我曾看过她和杨合演的《大保国·叹皇陵·二进宫》《盘丝洞·盗魂铃》和《乌龙院》等，觉得她青衣、花旦俱佳。那时同台的还有著名铜锤王泉奎，三人合唱的《大保国·叹皇陵·二进宫》十分精彩；而武生梁慧超在《盘丝洞》前演出的《金钱豹》又很受观众欢迎，所以我看了好几次杨宝森的《盗魂铃》。这出戏中的猪八戒和蜘蛛精的对手戏，大家都要唱南腔北调，而杨宝森这出戏的"卖点"是以胡琴演奏曲牌《夜深沉》，由杨宝忠击鼓。杨宝森每次都是坐在台上近场面（即伴奏者们）的一边，由检场搬出一面堂鼓放在台上靠近场面的地方，于是杨宝忠便从他拉胡琴的位置上站起来，伸出双手打鼓。杨宝忠的《夜深沉》据说是余叔岩亲授，又经过他自己悉心研究，所以被称为京剧界一绝，而他也唯有和杨宝森合作《盗魂铃》才有机会一显身手，所以他们这出戏当时已是剧坛绝唱，如今已后继无人！李玉芝和他们同台演出《盗魂铃》而走红，也是难逢的机遇。

我在上海看了几次李玉芝，此后就不曾听见她的名字了。出乎我意料的是，60年代我在日本东京时，常常到横滨的中国城一家专门卖豆浆、油条的店铺去买上海油条，每次总是预先电话订货五十或一百条，约定时间驾车去取，回东京后便分给朋友们，每户十条，放入冰箱慢慢享用。我去了几次，发现那家小店的老板娘很面善，原来她就是李玉芝！此时她已四十开外，打扮朴素，为人随和，大概她的顾客中极少有人知道她是曾经红极一时的"四块玉"之一吧！

李玉芝的同父异母妹妹就是李玉茹，她在"四块玉"中名气最大，艺术生命也最长久。我看她的戏是在抗战胜利前后，当时她在上海已经很有名气，青衣、花旦、刀马旦样样精通，梅派、程派、荀派无不擅长。当头牌是李少春的时候，二人合作的《翠屏山》《战宛城》等都是卖座好戏，而她的乌龙绞柱就颇见功力；而当她和杨宝森合作时，则唱功又中规中矩，因为她曾经拜梅兰芳为师。李玉茹扮相极美，脸上的酒窝尤其动人。她嗓子甜润，做表细腻、跷功卓越，武功边式，既能演《贵妃醉酒》，又能演《小放牛》，无论吐字运腔、趟马圆场，几乎找不出缺点，是一个真正的旦角全才。我最后一次看她的戏是她和李少春、叶盛章等合作，同场演了十出以"打"字为剧名的戏，我最记得倒第二是她和叶盛章的《打杠子》，压台戏是三人合演的《打渔杀家》。《打杠子》是一出花旦和小丑的玩笑戏，说的是一个少女独行，在路上遇见一个以打杠子为生的坏人，拿了一条长长的杠子（就是棍子），要抢她的东西，少女无奈，东西给他拿去，还要被迫脱衣服和裙子，不脱就被坏人以杠子威胁，于是她只好脱了一件又一件，一共脱了不下十件衣服和十条裙子，台下观众当然大为起哄。不料正当她最尴尬的时候，坏人一时大意，让她抢走了杠子，于是少女便以其人之道还治其人，不断一杠子一杠子地逼迫坏人脱衣服和脱裤子，结果坏人脱得只剩下一条裤子狼狈而去，少女则满载而归。李、叶二人在戏中各出噱头，把全院观众笑得前仰后翻。不过这出戏有些黄色，现在大概不容易看到了。

　　此后我没有再看到李玉茹，只有在麒麟童（周信芳）的京剧电影《宋士杰》中看到她演万氏，另外在音配像的 DVD 中听到她和言慧珠合演的《樊江关》。总之，李玉茹是一位难得的好演员，最后成为曹禺夫人，名誉地位都有了，大概是坤伶中结局最好的一位。

后继无人的旦角
筱翠花和黄桂秋

京剧旦角的各个流派，今天大都可以在舞台上看到，但是却有两位顶尖的名家，他们的艺术后继无人。其中一位是筱翠花（1900—1967），另一位是黄桂秋。其实，筱翠花有一个可以传他衣钵的徒弟陈永玲（1929—2006），但陈永玲也已经去世，从此筱派花旦就成为绝响了！

筱翠花出身富连成科班，学名于连泉，和马连良同科，专攻花旦。他的扮相极美，尤其一双眼睛可以做出千变万化的表情，从天真到泼辣，从温柔到狠毒，总是能把观众带入剧情。他的跷功无人能及，不论《翠屏山》或《阴阳河》，都令人叹绝；他演《贵妃醉酒》也上跷，醉步和卧鱼等身段，堪称独步剧坛，有"花旦大王"之誉。马连良的剧团常常不惜重金聘他助阵，因为马连良演《坐楼杀惜》和《战宛城》少不了他。当马连良演出篇幅较长的名剧如《苏武牧羊》等时，他就在前面演一出《小放牛》一类的花旦小戏，观众绝不放过而提早入场（那时的观众看戏，往往到午夜才就座，专为看名角而来，很少有像我这样的戏迷，从开锣戏看起），可见筱翠花的号召力了。

不过，那个时代的花旦戏有不少形容奸夫淫妇如何谋杀亲夫等的情节，由于表演者刻画无微不至，难免流于黄色。正因为筱翠花的表演入木三分，他便受到了道学之士的攻击，以致某些戏曾被禁演。幸而他还有许多好戏可以吸引观众，因此名气仍旧历久不衰。20世纪30年代富连成科班有一个毛世来，曾得到他的传授而演出《双钉记》等戏，颇为传神，于是被称为"小筱翠花"。但毛世来的戏路很广，很早就拜在梅兰芳、尚小云和荀慧生的门下，极少演出筱派的戏了。其实，筱翠花的艺术并不限于诲淫诲盗，不必演那些戏，也同样可以展露他高超的艺术。可惜的是，1949年之后，不但乾旦的演出被逐步摒除，筱翠花更被翻出旧账而受到批评，于是他就无处展其所长，即使教徒弟，也不能传授自己的绝活了。要不是毛世来之后教出了一个陈永玲，他的艺术就失传了。

在"文化大革命"中，筱翠花遭遇了很大的折磨而去世。可能是不幸的巧合吧，筱翠花生于1900年，而这一年出生的旦角，如荀慧生、尚小云等，个个都逃不过这场浩劫！

陈永玲出身中华戏曲专科学校，后来师事筱翠花，可能是筱翠花最好的一位徒弟。他十几岁到上海，既能演以跷功见长的《小放牛》，又能演以唱功为主的《二进宫》，于是大为轰动。我虽然对旦角戏不及老生戏熟悉，但是因为陈永玲和我同年，因此对这位有"小筱翠花"之誉的名旦崇拜至极。他一度搭李少春班，二人合演《战宛城》，他饰的邹氏在《思春》一场中的表情、在遇见曹操时的喜欢、在张绣刺婶时的惊慌以及乌龙绞柱的功夫，都令观众如痴如醉而博得满堂彩声。他那出《飞飞飞》（即《小上坟》）的跷功满台飞舞，再加上一副好嗓子，同辈中无人能及。大家都知道谭富英、裘盛戎、张君秋的《大保国·叹皇陵·二进宫》精彩，但是或许较少人知道，由于张君秋的嗓子不及谭、裘二人，因此，他们要压低一个调门和他演唱。但是陈永玲的调门够高，和谭、裘二位合演此剧，三人都唱得满宫满调，令两位前辈非常过瘾。陈永玲在这里不但不让张君秋专美，还胜过师傅筱翠花！

但是如此一位艺术家，却遭遇了极端的厄运！他不但于1957年被划为"右派"，又在"文化大革命"中反复被斗，还被打伤，一共坐了二十多年监牢。后来终于被放了出来，重登舞台，那时他虽然已经骨瘦如柴，但技艺尚在，武功依然。后来他到了香港，已经六十左右了，台上的丰采依旧，那眼睛一转，还是一样迷人。1996年时，听说他去了台湾，最后还是落叶归根，在北京去世。在陈永玲之后，真正的筱派艺术从此成为绝响了！

谈旦角名伶们的艺术，有必要提一下一个著名的乾旦黄桂秋。凡是40年代上海的戏迷，没有不知道这位陈德霖（1862—1930）的高足的。他扮相清丽、嗓音甜润，一出《春秋配》，不但风靡上海，而且由于出了唱片，于是大江南北，到处都可以听到"问君子"的唱段，而那个年代的戏迷们对黄派唱腔都能朗朗上口。他的另外一出拿手好戏是《别皇宫·祭长江》，其中的唱也是绕梁三日。至于他演《朱痕记》，必然演全本，称为《牧羊卷》，包括磨坊、牧羊等青衣和老旦的精彩场次，最后才是和老生合演的席棚和团圆。这出戏虽然是程砚秋的拿手，但是黄桂秋演的不是程派，而是道地的黄派唱腔。另外他和俞振飞合作多次，二人在《蝴蝶媒》中当场写字画画，传为一时美谈。总之黄桂秋唱做俱佳，但当时虽然很红，不知何故有人说他是"霉旦"，又有传言说他就是秋海棠，这些都只能姑妄听之而已。其实他的徒弟不少，言慧珠、童芷苓和李玉茹等都曾受其教益。不过，今日唱《春秋配》的，大都是张派，梅派还有一些，黄派似乎已成绝响，惜哉！

第一老旦
李多奎

京剧中老旦的地位很独特：它属于旦的行当，但是却用本嗓唱念；演员扮演的是女性，但发出的声音却像男人。然而，用本嗓唱念以及声音像男人并不等于就是男性，而是年龄较大的女性。由于演员扮演的不是男性，所以声音即使像男人，却必须要有"雌音"，即让人一听就知道是女人。同时，在舞台形象上，老旦要让观众一看就知道这是一个老太婆，不是男人，更不是年纪轻的女人。老太婆可以是贵妇，所以老旦需要有雍容华贵的气质；老年妇人也可以是穷人，那么老旦的扮相也需要令人有历尽风霜的感觉。这还不算，由于老旦是女性，所以唱腔念白高音较多，以区别于男性，因此演员必须有一副好嗓子；更有甚者，老旦不一定总是斯斯文文地演唱，还需要具有跌屁股座子、吊毛、抢背和上高台翻筋斗落地等根基深厚的武功，不然在演唱像《焚绵山》《目连救母》等剧目时就无法胜任。正因为京剧对老旦这个行当要求如此之高，所以人才难得，但是在严苛的要求下，居然出了一个李多奎（1898—1974），这不但是京剧之福，也是广大观众的造化！

老一辈的戏迷提起老旦，就说龚云甫（1862—1932）如何如何好，但那是谭鑫培、余叔岩的时代，我开始看戏的时候，他们已经去世或不再演出了。在龚云甫之后，老旦演员并不少，例如卧云居士（1891—1944）、孙甫亭（1898—1970）、文亮臣（1888—1938）等，都负有盛名。但是，任何一个对京剧略有涉猎的人都会同意，没有一个老旦演员的名气和影响及得上李多奎。

我很小的时候曾看过李多奎到上海的演出，但是他的舞台形象如何，已经不记得了，所记得的是他的唱片。我从小爱听金少山唱花脸，有一张金少山、李多奎合唱的《打龙袍》唱片，是民国十八年（1929）的录音，因为听金少山，便也听熟了李多奎。到了30年代以后，上海的电台经常播放京剧唱片，还有听众点唱节目，而凡是老旦戏，几乎必定是李多奎的《钓金龟》，因为各大唱片公司请李多奎录音，一定包括这出名剧，于是凡是戏迷，个个都会哼上几句"小张义我的儿啊"，我当然也不例外。李多奎享誉剧坛至少四十年，始终执老旦行当之牛耳，暮年时嗓音虽然不及以前嘹亮，但仍旧中气充沛、韵味十足，环顾剧坛，无人能及！

李多奎的录音甚多，也有录像，他的艺术，大家有目共睹，不必多说。至于他的唱好在哪里，不妨以金少山的一席话来说明。金少山说李多奎是"中锋嗓子亮堂音，蜂蜜滋味秋凉韵"。也就是说，他的发声不偏不倚、圆润刚劲，能送到剧场每一个角落，同时韵味甜润如蜜、苍凉缠绵，令人听来荡气回肠。以我的浅见，李多奎不但嗓子好，韵味足，他最深厚的功夫是对气口之讲究。你听他的二黄慢板，那几个长腔都令人吃惊，不知道他的气为什么如此之长，更不知道他在什么时候换气。这就难怪自从李多奎成名以来，唱老旦的人都学他，但是却没有一个人能学到十足。

据记载，李多奎有许多徒弟，但是也有人说他晚年虽然收了不少学生，但是他不大肯教，理由是许多学生"不是材料"。尤其是50年代后，政策规定男演男角、女演女角，于是学老旦的都是女的，但是"多爷"（人们对李多奎的尊称）却认为女人受先天所限，不够气而很难达到老旦唱功上的要求，所以大概只有极少数的学生受到他的认可。观乎今天京剧剧坛上许多女老旦都声音尖锐、相貌美丽，不大像老太婆，要求他老人家培养后进，大概也颇有为难之处吧！

这样一位千载难逢的奇才，却在"文化大革命"的时候遭到的厄难！他在"文革"开始时已六十多岁的高龄，却遭到红卫兵的毒打而遍体鳞伤，几乎一命呜呼！他到死还是不得翻身，只能含冤九泉！

李多奎最好的徒弟有两个，一个是富连成的李盛泉（1916—1987），另一个是中华戏曲学校的李金泉（1920—2012）。前者曾长时期在上海演出，可惜中年后嗓音失润，而且身材较高而影响了舞台形象，所以在演戏之外，负起了教育后进的责任，教出了许多学生。后者嗓子冲，40年代初，他第一次到上海时演出《徐母骂曹》，几乎一句一彩，顿时大红，被认为是李多奎后最好的老旦。不久李多奎收了他为义子，悉心培养，他也艺术大进，被认为是李多奎的传人，并且被称为新李派老旦。今天比较好的几位老旦演员，大多是他的学生。但是今天活跃于舞台上的老旦演员们，有谁能达到李多奎的水平吗？恐怕没有人敢做出肯定的答案吧！

未谈净角
先说脸谱

京剧的四大行当，已经约略介绍了一些生、旦名角，从本文开始，我准备谈一下净这个行当。

净就是大花脸。明明脸上画得五颜六色，却称为"净"，其中大概必定有原因，但是戏迷们多不求甚解。我只知道这个行当是中国戏曲所特有的，因为每一个角色的脸谱都不同，所以凡是花脸扮演的角色一出场，观众马上会知道他是谁，而且也同时知道他的人品和性格。最简单来讲，坏人必定是大白脸，强盗必然是以蓝色或绿色为主，性情直爽刚烈的以黑色为主，红色的是重义气的好人，而含有金色的脸谱就不是凡人而是神祇。

脸谱为别国的戏剧所无。外国有面具，中国古代也有面具，戴了面具跳舞称为代面舞，所以当许多西方人初次看到中国舞台上的脸谱时，竟以为演员是戴了面具，例如意大利歌剧作曲家普契尼（Giacomo Puccini，1858—1924）在以中国为背景的《图兰朵》（Turando）中，就让扮演宫廷中三位官员的演员们戴上面具，但是近年来西方戏剧界人士已经明白了原来演员是在脸上画了脸谱，所以在演出这出歌剧时也已经改为脸谱了。

言归正传。中国戏剧中的面具与脸谱，据历史上的记载是二者曾经并存而且平行发展，不过后来脸谱逐渐取代了面具。这个过程的详情如何，我没有经过考证，猜想可能是一个戏班如果要备许多面具，不但搬运不便，而且未免投资颇大而不符合经济原则，所以索性把面具画在演员的脸上。净角化装时把油彩抹在脸上，称为勾脸。可是这画在脸上的手艺却不简单，同样一个脸谱，高手可以把脸勾得神采飞扬，庸手则会把自己的脸勾得木头木脑，所以这里面大有学问。

勾脸这项高超的艺术，一方面使京剧中每一个由净角扮演的角色都有独有的脸谱，而让观众一看就知道这个角色是谁；另一方面，由个别艺人根据自己的脸型和笔触对已经固定的脸谱加以适当的加工和变化，使脸谱格外美观，所以各位名伶都有个人的风格。但是，他们却不会脱离角色固有的脸谱造型，所以即使在细节上有所加工或创新，每一个脸谱仍旧使观众一眼就能说出角色的名字。

除了基本的颜色，花脸的脸谱又有各种格式。有的是整脸，就是全脸几乎是一个颜色。大白脸是其中最常见的，曹操就是其中的代表（见下页图），不管你说他如何雄才伟略，在京剧观众眼中，他就是歹人；还有包公基本上整个脸是黑的，代表他不但刚烈，而且铁面无私；如果这个人整个脸是红的，必定是好人，关羽就是红脸的代表人物，我们尊称他为关公而不呼名。此外最常见的叫"三块瓦"，即一张脸分为额部和两个面颊三个部分，好像三个瓦块那样。其实除了整脸，脸谱大多以三块瓦为基础而加以变化，如果脸谱比较简单的，这个角色大多较为正直单纯，有一类称为十字脸或老脸的，多数是老年的正派人物，例如姚期和黄盖（见下页图）；但是有许多纹路或者花式繁多的三块瓦脸，就变成碎三块瓦，这种角色的身份比较复杂，有强悍鲁莽的，也有身份低下的以及反面人物。不过，他们比起歪脸要高明一些，因为脸歪表示心术不正或者出身不好，但却不一

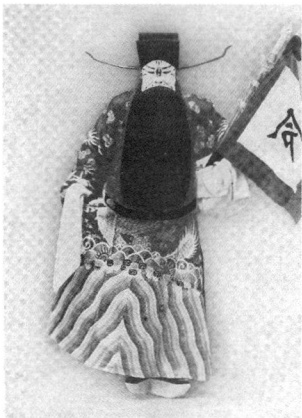  

曹操脸谱　　　　　　黄盖脸谱　　　　　　　　郑子明脸谱

定是像白脸曹操那样的大坏蛋，例如郑子明就是一个大歪脸（见上图），他是一个粗鲁的人，但是并不坏。至于还有一种破脸，看来乱七八糟的，那大概是小喽啰或山精水怪之类了。

京剧还有一个特色，就是如果有三兄弟或者三个类似兄弟的人物，大哥必定是"俊扮"，即由老生扮演，老二必定是红脸，老三必定是黑脸。最著名的是三国戏中的刘、关、张。此外，宋朝的开国皇帝赵匡胤是红脸，因为他的结拜哥哥柴世宗是老大，由生行扮演，三弟郑子明是黑歪脸；杨家将中的六郎杨延昭由生行扮演，他手下如同手足的孟良是红三块瓦脸，焦赞是黑三块瓦脸。值得注意的是，赵匡胤的脸谱不大"正"，两条眉毛的黑白纹往上向脑门成一个图案，另一条眉毛的黑白纹则往下在鼻子上成一个对称的图案，为什么这样，因为他发动陈桥兵变，抢了柴家的天下，所以脸谱对他存有贬义。目下曾看到扮演赵匡胤的演员改了脸谱，不再一眉上、一眉下，那就失去脸谱含有褒贬的原意了。

从脸谱还可以看到这个角色的命运。例如《失街亭·空城计·斩马谡》中的马谡，因为最后被斩而死，所以在脑门上有一条细细的红色直条纹。此外还有许多在剧中一命呜呼的花脸，都有这么一条红纹，而这条红纹，多数用于三块瓦的脸谱中，因为脸上色彩或花纹太多，就看不出这一个"横死标志"了。

此外，大白脸搽的是白色的粉彩，所以又叫粉脸，其他脸谱搽的是略带光亮的油彩。至于扮演关公的也称红净，以前汪桂芬（1860—1906）和他的传人王凤卿是用红色胭脂揉在脸上，称为揉脸，但是三麻子（1849—1925，原名王鸿寿）开创了以红色（称为银朱色）油彩勾脸的方式，加上功架、唱做等都具备特色，大江南北扮演关公的名角都以三麻子为宗师，所以现在的关公绝大多数已不用揉脸了。

毕生难忘金少山

　　净是干净的意思，但是净角却是涂了脸谱的花脸。这个行当除了观众从来看不见演员的庐山真面目之外，还要粗着嗓子唱和念，而且音量要比别的行当都大，几乎一开口就要发出雷鸣似的吼声，而这种发音方法也是中国戏曲所独有的。净角还分为正净（大花脸）和副净（二花脸）。前者注重唱，必须有黄钟大吕之音，代表人物包括《二进宫》中的徐延昭和《探阴山》中的包公，一个是手抱铜锤，一个是满脸漆黑，所以正净又叫"铜锤花脸"或者"黑头"，他们大多数是正面人物；后者嗓子可能略为差一些，但是要有斩钉截铁的口吻，更要注重功架，武功要到家，所以又称架子花脸，像三国戏中的张飞、《连环套》中的窦尔墩等就是架子花脸的应工，此外大白脸的奸臣角色如曹操之类也归副净扮演。在以前，这两种花脸分得很清楚，铜锤只要善唱就可以，架子花脸则不一定要有好嗓子，而是以功架取胜。

　　在科班时代，如果学唱戏的孩子相貌不佳，大概就不能学旦角甚至生角而被派去学花脸或者小花脸（丑角），可学花脸的要是天赋不佳，即使用了吃奶的力气大叫一声"哇呀呀"却仍旧不能使人听了有如雷贯耳的感觉的话，照从前戏班里的说法，是祖师爷不赏饭吃，前途就有问题了。那怎么办？幸亏还有一条路，就是学武净，主要是长靠短打、翻滚跌扑。我们看武生或武旦演戏，不是常常看到主角和由花脸扮演的角色开打的场面吗？这个花脸角色最后总是被主角把枪一刺或者用刀一劈，就一个抢背（斜身翻一个背脊落地的跟斗）或者一个倒扎虎（反身一个跟斗，双手双腿平着落地）而下场，翻扑时手中还要拿着家伙，有时还全身扎靠，难度十分高，摔得腰酸背痛是分内的事，得天天忍受下来，所以这碗饭很不好吃。这个行当不是没有当主角的戏，但他们大多数被武生演员拿去了，于是武净就只有当配角的命。更不合理的是，人们谈起花脸，往往只知道有铜锤和架子之分，又有几个武净能得到观众的注意啊！

由此观之，净这个行当可不简单，确实有人才难求之叹。难怪我小时候就曾听得人家说，三年必定出一个状元，但是十年未必能出一个花脸。老戏迷们都知道，从古到今，能够兼演铜锤和架子花脸而两者都无人能及的，只有一个人，他就是金少山（1890—1948）。

我从会听留声机的唱片开始，就喜欢听金少山。我父母在世时，总爱对亲友们说我小时候的事，其中说得最多的是大约我三岁时，一早睁开眼睛就要听"大中华"出品、金少山唱的《黄鹤楼》唱片，尤其是其中的一句念白——"诸葛亮啊，小周郎！"，我听了就开心地哈哈大笑，并且听完又要立刻再听，不可间断，否则就号啕大哭，于是带我的保姆就一遍又一遍不停地放这张唱片给我听。这使楼下一位早上喜欢迟起身的老先生受不了，派他家的女佣来说："我家老爷请你们不要一大清早就不停地听金少山。"我的保姆对她说："我家'小阿官'（从前仆人对小主人的称呼）不听金少山就要哭，你家老爷宁愿听他哭呢，还是宁愿听金少山？"那位女佣回复了她家老爷，回来说："好吧，金少山总比小孩子哭好听，你们尽管听金少山吧！"

这是 20 世纪 30 年代初的事，我父亲知道我爱听金少山的《黄鹤楼》，果然就带我去看他在这出戏中演的配角张飞。这肯定是我第一次看戏，才知道成人们去看的戏，原来如此热闹，不但锣鼓喧天，而且看到唱片中的金少山是一个脸上黑一块、白一块的"大面"（上海话读成"杜面"），他的声音又比唱片还要响十倍！我只记得当他念出"诸葛亮啊，小周郎！"时，我开心地哈哈大笑，觉得幸福极了，因而此次看金少山的经历令我毕生难忘。

后来我常常看金少山的戏，由于对他的崇拜，每次到戏院门口，我总要抬头在名角们的牌子中找寻金少山的牌子在哪里。当看到在几个京朝大角以电灯泡砌成的牌子下面，金少山的牌子也相当大，并且也用电灯泡砌成时，我就觉得很开心，因为花脸在戏班中能够有此地位是很了不起了的，何况金少山是我的偶像呢！

还有一次看金少山的难忘经历是看由北京来的名角演出全部《双姣奇缘》（即《拾玉镯》连演《法门寺》带《大审》），头牌名角是谁早已忘记了，但金少山却又是令我毕生难忘。我至今还清晰地记得，他饰演的刘瑾出场念了一句引子，由于声音实在太大，台下彩声四起之后，全场哄然；接着他坐下念四句定场诗，念完最后一句"何必西天拜佛成"时，那音量之大，比打雷还厉害，于是台下在轰雷似的彩声之后，全场都笑了。刘瑾这个角色是太监，没有胡须遮住嘴巴，我看到金少山此时听到台下彩声之后的笑声，也忍不住笑了，于是台下更是彩声不绝，哄然良久，因为大家都兴奋极了，用今天的词汇说，是台下的观众都患了"金少山征候群"！

演霸王一举成名
挂头牌史无前例

当年崇拜金少山的绝不止我这个小孩子，而且不看或不懂京剧的人都知道有这么一个全国最出名的大花脸。譬如说，许多人都知道他喜欢养小动物，包括一只小墨猴。据说这只墨猴平时躲在笔筒里，肚子饿的时候就跳出来，吃金少山砚台里的墨汁。我听了非常惊讶，但始终不知道是否真的有这么一只猴子。还有是上海流行一句俗话"十三点"，是形容一个人有些不知轻重，但谑而不虐，后来演化到凡是和十三有关的东西都用来转弯抹角地表达"十三点"的含义，而金少山（谐音"斤少三"，即十三两）也成为一句隐喻"十三点"的流行俗语了。

人人都知道金少山发迹的经过。他曾长期在上海沦为"班底"，在戏班中排名在二十以下，生活非常困苦，但是行内人都知道他的玩意儿不错，所以渐渐受到注意，牌子也步步升高，直到20世纪20年代中经梅兰芳提拔，才真正脱颖而出。以下的掌故是我在孩提时就熟知的：有一次梅兰芳到上海演出，因为没有杨小楼演霸王而对上演《霸王别姬》觉得很犹豫，戏院就介绍说，我们有一个金少山，梅大王要不要让他试一下。梅兰芳知道他是谭鑫培倚为左右手的名净金秀山的儿子，就答应由他配演霸王，甚至据说还让戏班为他提供行头（因为金少山穷得连戏服也没有，只能穿戏班子里的破旧行头）。金少山见机会来了，当然特别卖力，不但嗓子冲，唱几句韵味十足，而且还显露了他的武功底子，举手投足都合尺度。他演的霸王虽然和杨小楼的不一样，但完全是大花脸的气派，也吻合霸王的身份，使梅兰芳十分满意，观众当然更满意，从此金少山成为"金霸王"，顿时声价十倍！

金少山出名之后，于民国二十八年（1939）农历新春返回北平演出，顿时轰动故都。当时北方的两位著名净角郝寿臣（1886—1961）和侯喜瑞（1892—1983），一个是"活鲁智深"，一个是"活曹操"，两个都是架子花脸，而正宗铜锤裘桂仙（1881—1933）不但年华老去，而且在黄金时代也以韵味苍厚而不以嗓音嘹亮著称，因此戏迷们已经久违了正宗铜锤的黄钟大吕之音，于是对金少山恰如久旱逢甘露一般地欢迎。何况金少山不仅身材魁梧、声震屋宇，在铜锤演员中无人能及，而且演架子花脸的戏不输郝、侯两位。他演《连环套》的窦尔墩，《坐寨》一场以唱功为重，铜锤的味儿十足，《盗马》和《拜山》则不论念白、身段、功架等都显露了深厚的功夫，于是被公认为京剧历史上第一个铜锤和架子同样精通的净角全才。他声誉日隆，不久就自己组班，史无前例地以净角挂头牌，人们把他和梅兰芳、余叔岩合称伶界"三大王"。

在抗日战争期间，金少山的声名日盛，而他的生活、演出和种种怪脾气都为戏迷们所津津乐道。他最后一次到上海是40年代中期，在西藏路皇后戏院演出。我记得青衣是李砚秀，因为我曾去看他们合作的《霸王别姬》。此次金少山在上海挂头牌时，戏院的基本演员中有一位曾经颇为走红的净角演员，他是富连盛科班出身、裘桂仙的儿子裘盛戎，当时因为沉湎于上海的生活而不自振作，以致在皇后戏院当"班底"。金少山知道他是一个好花脸，便和他合演《白良关》。这是讲唐朝名将尉迟恭父子相会的故事，父子二人都是花脸，大家对唱，因此需要由两个旗鼓相当的花脸合演。裘盛戎见机会来了，唱和演都卖足力气，让金少山也不得不特别铆上，据说还唱出了一身大汗。我当时在座，看得过瘾极了，因为金少山已进入暮年，而裘盛戎则正当盛年，因此不让金霸王专美。演毕这场戏，金少山劝这位小辈好自为之，于是裘盛戎发愤图强，摆脱上海十里洋场的生活而回到北平，刻苦努力，几年后声誉鹊起，居然也自己组班而挂头牌。今天京剧舞台上的净角几乎是裘派天下，但功臣却是金少山！

万人空巷看霸王
身后萧条成绝响

　　因为金少山太出名了，所以他的生活和为人都成为社会上人们津津乐道的话题，我也听了不少他的故事。例如人们说，金少山除了爱豢养动物外，还喜欢收藏古董，但是如果朋友向他"借"，他又会毫不吝啬地让人拿去；他更乐于助人，常常仗义疏财帮助同行，而这些行为都成为社会上人们的谈助。他成名后赚的钱很多，但是不像大部分名角那样有了钱就买房置地，而是大方地花钱，以致并无积蓄，即使在他最走红的时候，也时常有捉襟见肘之叹。以他最后一次到上海演出为例，那是敌伪时期的 1943 年，虽然卖座空前，但据说因为花费大，实际收入并不多。我有幸在那年看了多次他的演出，每次都是令我永志难忘。

　　那个时代观众对金少山如此喜爱，和电台经常播放他的唱片是分不开的。拜电台播音之赐，凡是金少山的唱片都十分风行，譬如《锁五龙》中"号令一声绑帐外"如同冲天雷一般的导板和"见罗成把我的牙咬坏"高唱入云的快板，《探阴山》中"都只为柳金蝉死的凄惨"那个"蝉"字的长腔等，都早已脍炙人口，尤其是他和著名老旦李多奎、名小生姜妙香、名丑萧长华和马富禄合作的全部《打龙袍》，更是家喻户晓，在那个年代差不多人人都能哼上几句，所以当他挂头牌在上海演出时，真可以用万人空巷来形容。

金少山那次演出的剧目，除了上文提到的《霸王别姬》和《白良关》之外，《御果园》《牧虎关》《连环套》等当然十分轰动，因此戏票十分抢手。但是他在连续演出很久之后，卖座没有那么好了，于是他的老朋友、以前在上海常常一起演戏的林树森拔刀相助，在皇后戏院挂特别牌，助他一臂之力，和他同台演出。林树森当时担任上海伶界联合会主席，是一个全能演员，他嗓音高亢，戏路极宽，老生、老旦、花脸、武生等角色都能演，尤其因为他得到演关公戏的鼻祖三麻子的真传，所以是无人不知的"活关公"。他的加入，使金少山如虎添翼，也轰动了上海滩！

林树森为了捧金少山，特地反串老旦，饰演《断太后》和《打龙袍》中的李后以配合金少山的包公，当时曾有人批评说以林树森的地位，何必演多年不演的老旦戏，但是戏迷们却乐极了，而且对林树森也称颂备至。他们还合演了舞台上难得一见的花脸和老生的合作戏《双投唐·断密涧》，金少山饰李密，林树森饰王伯党，故事是讲李密在并不情愿的情况下投降李世民，事后觉得受到冷落，决定出走，王伯党苦劝无效，只得和他同行，李世民追兵来到，把二人双双在断密涧以乱箭射死。这出戏的唱功十分繁重，金、林二人功力悉敌，真是令人过足戏瘾！

此外他们也演林树森的拿手戏如《古城会》（林树森饰关公，金少山饰张飞）、《华容道》（林演关公，金演曹操）等，都引起了轰动，也圆满地结束了金少山的上海之行。

不料这一次竟是这两位名艺人的最后一次合作。林树森于四年后（1947）在汉口演戏时因心脏病发作去世，金少山则于次年贫病交迫在北平撒手尘寰！

金少山死后，剧坛上再也没有像他这样身形魁梧、声若洪钟的铜锤、架子都擅胜场的花脸了。他之后出了三个著名的铜锤，他们是王泉奎、娄振奎和赵文奎，都是学金少山的，但是演架子花脸就逊色了。裘盛戎的名气和成就或许可以媲美金少山，甚至对净角这个行当的发展影响更大，但他由于先天条件不同，唱的不是金派，而是在父亲裘桂仙的基础上加以再创造和提高；然而，他吃亏在个子矮小、身形瘦弱，嗓子虽然功夫极深，但是无法和金少山相比。至于裘盛戎的师弟袁世海则不是铜锤而是架子花，学的是郝寿臣。因此，可以这样说，金少山活着的时候，他是举世无匹，金少山一死，就此成为绝响了！

荀慧生《得意缘》

荀慧生《玉堂春》

荀慧生、张春彦、芙蓉草《香罗带》

荀慧生《战宛城》

尚小云（左）、尚富霞《能仁寺》

尚小云《游园惊梦》

左上：尚小云、尚长春《九曲黄河阵》
左下：尚小云《御碑亭》
右下：杨宝忠、尚小云《南天门》

张飞脸谱

刘瑾脸谱

金少山戏单

《金钱豹》

郝寿臣《野猪林》

侯喜瑞《战宛城》之曹操

侯喜瑞饰演的李逵

顧曲集

林树森饰演的关羽

李少春《响马传》

裘盛戎《铫期》

「活花和尚」和「活曹操」

在写金少山的时候，提到与他同时代的两位著名净角郝寿臣和侯喜瑞。两者都是架子花脸，前者被称为"活花和尚"，后者素来有"活曹操"的美誉，他们的嗓子虽然不及金少山，但是演架子花脸的那股子劲，看了可真令人过瘾！

郝寿臣最为人称道的剧目是和杨小楼合作的《连环套》和《野猪林》，从来都被誉为珠联璧合的经典之作。他的表演主要以富有个性的唱、做和念白取胜，而喜欢郝寿臣的人总是赞扬他的唱和念白好比喝老白干，像烈火那样烧进你的胸膛，但是却把金少山比作白开水。这当然是故意贬低金少山以抬高郝寿臣，但也由此可见郝寿臣在观众心目中的地位了。他演的窦尔墩活脱是一个绿林好汉，既豪爽，又粗犷，在《盗马》中的身段、趟马，在《拜山》中和黄天霸的对白，都是一时无两。他和杨小楼的《连环套》，在 30 年代由高亭公司和长城公司录制成唱片，大江南北的京剧观众无人不晓，许多人都从留声机中学会这出经典名剧，连小小年纪的我也是"留学生"，随大众追捧杨、郝二人。

目前中年观众大概都知道李少春和袁世海合演的《野猪林》，因为这出戏不但被拍成电影（合演的还有杜近芳），而且近年来也常常在京剧舞台上被演出。大家可知道这也是杨小楼和郝寿臣的看家好戏？杨小楼饰的林冲可说是前无古人，至于是否后无来者（李少春的《野猪林》也很出名，但能否和杨小楼相比，因为已经死无对证，不但这两位演员都早已死了，连他们的观众也已经所剩无几了），不必在此多费唇舌了。不过郝寿臣因为饰演《野猪林》中的鲁智深而获得"活花和尚"的称号，则是历史的事实。

郝寿臣虽然没有挂过头牌，却是以花脸挂"并牌"的第一人。40年代时我曾看过马连良演出的《串龙珠》，说的是明朝开国元勋徐达反对元朝暴政而起义的故事，其中完颜寿一角就由郝寿臣饰演，记得他挂的就是和马连良一样大的并牌。在此之前，他曾长期和马连良合作，也曾和程砚秋合作，事实上他差不多和所有著名的演员都曾合作过，因为任何一个老生或青衣要组班，总少不了郝寿臣的花脸。

由于郝寿臣是架子花脸，演曹操当然也极为拿手，像《群英会》《战宛城》《阳平关》等戏中的曹操，都是他的拿手，和有"活曹操"之誉的侯喜瑞堪称一时瑜亮、难分高下。

说起侯喜瑞，功架、念白的功力和郝寿臣不相伯仲，嗓子也同样沙哑，我看他的时候，只知道他名气很大，是"活曹操"，尤其是《战宛城》中《马踏青苗》一场中的趟马，不让郝寿臣专美，而《阳平关》中曹操为夏侯渊之死而痛哭的一场，也是他的杰作。必须一提的是，他在《失街亭·空城计、斩马谡》中的马谡演得非常好，有一次为杨宝森配演这个角色，在《失街亭》中获得的彩声还多于杨宝森。我也看过他为杨宝森在《朱痕记》中配演中军，虽然戏不多，但当饰演赵锦棠的旦角唱到"儿的夫朱春登……"时，他出来大喝一声，真是声容并茂，令我至今难忘。但是，他没有金少山声若洪钟的嗓音，在狠劲方面也略输郝寿臣，所以在净角中的地位居于他们二人之后。不过，据说他的戏德非常好，待人接物十分和气，所以受到每一位名角的器重。可惜的是，他的传人很少，因为学架子花脸的多宗郝寿臣，而金少山既擅演铜锤，又把架子花脸的戏都拿了过去，因此像侯喜瑞这样不以嗓子和唱功取胜的花脸，学的人自然不多。

郝寿臣的徒弟中最出名的是袁世海，他成名颇早，而且在"文化大革命"中非但没有被打倒，还以演出样板戏《红灯记》中的日本军官鸠山而出名，并且直到晚年还相当活跃。袁世海也以《连环套》《野猪林》等戏享誉，也有"活曹操"的名声，和其师一样，也长期和马连良合作，并且久在上海而受到麒麟童（周信芳）的熏陶，因此有"麒派花脸"之称。不过，自从他在富连成科班中的师兄裘盛戎继金少山之后以花脸挂头牌以后，京剧舞台上几乎无净不裘，而裘盛戎的《连环套》又出了名，弄得袁世海的《连环套》就不那么吃香了。还好，师兄弟俩还是各有所长的，裘盛戎以铜锤为主，而袁世海基本上是架子花。此外，裘盛戎在"文革"中被打倒而郁郁以终，年青一代的观众无缘得见他的丰采，而袁世海则幸运得多了。

裘盛戎
『裘门本派』

　　金少山之后最著名的铜锤和架子全能的净角，非裘盛戎莫属。中年一代的京剧观众在"文化大革命"开始之前应该对这位当红的花脸不会陌生，而他还有京剧电影《群英会》（饰黄盖）和《秦香莲》（饰包公）传世，使年青一代得睹丰采，此外他还有许多录音以及"音配像"，让广大京剧爱好者得聆原韵。裘盛戎以"裘门本派"为标榜，因为他父亲裘桂仙是一代名净，其实他在父亲的基础上更有所提高甚至超越，成为"新"裘派的创建者。目前唱花脸的几乎个个都是裘派，因此他对净这个行当的影响，恐怕连金少山也有所不及！

　　裘盛戎第一次到上海是1939年，那时我在香港，无缘得见，只听到父亲提起朋友来信说，上海来了高盛麟（1915—1989）和裘盛戎两个富连成盛字辈的好角色，一出《连环套》轰动上海，把挂头牌的师弟、"四小名旦"之一的毛世来都压了下去，我听了不胜向往，但是不敢出声说想看《连环套》。幸亏我们每年都要回上海去探亲，那年十一月乘轮船到上海，正好杨宝森在黄金大戏院演出，父亲当然带我去看他，那次挂头牌的是北方来的王玉蓉（1913—1994），由她的师父王瑶卿亲自把场（即演出时站在后台为徒弟壮胆，现代术语大概是舞台监督），据说由于王瑶卿是杨宝森的长辈，所以才肯屈就挂二牌。那天演的是全部《李艳妃》（其实就是《大保国·叹皇陵·二进宫》，再在前面和后面加一些戏，由于王玉蓉是头牌，就用她饰演的角色为戏名），演杨波的当然是杨宝森，我意外发现演徐延昭的铜锤就是裘盛戎。这是我第一次看到裘盛戎，觉得他个子很小，脸很瘦，但嗓音却因为唱得非常拼命而相当大（当时没有扩音机，演员都凭真本钱）。那个时代演员在台上可以"饮场"（即由检场的捧了一把茶壶，在演员口渴时递上去让其喝一口），而那次看戏令我印象相当深的是三位主角各自有一个"跟包"，手捧茶壶侍候于身后，几乎是每次快要轮到唱了，就转面喝一口茶。王玉蓉的嗓子出了名的好，所以杨宝森和裘盛戎不得不特别铆上（即卖力的意思），而观众也很满意，我也因为《大保国·叹皇陵、二进宫》是一出相当熟悉的戏而很开心。但是，我心中却在想，什么时候能看到裘盛戎的《连环套》呢？

高盛麟和裘盛戎在上海又演出《连环套》的时候，我们已经回香港了。我后来才知道，他们是在奚啸伯和侯玉兰到上海时合演的，可惜失之交臂了。

香港沦陷两年后，我们全家回到上海。那时上海虽然是沦陷区，但由于汪精卫的伪政府算是日本的"盟友"，因此情况比香港好得多，"皇军"只在一些岗位上可以看到，而百姓们大都绕道而过，所以人们不像香港那样日夜提心吊胆。大家的生活虽然困苦，但戏院照常营业，大舞台和共舞台演出连台本戏，仍旧生意滔滔，而本地的名角如麒麟童、张翼鹏等都有大量观众，京朝名角也照样来演出，马连良、谭富英、荀慧生、金少山等还是卖座不衰。我们的主要娱乐就是看京剧。当时高盛麟几乎成了上海本地的演员，但仍旧是当家武生，挂的是三牌，而裘盛戎却在上海不大振作，并且据说鸦片烟瘾甚大，嗓子也时好时坏。我不记得他们是否同在一个班子里，只记得我经常看到高盛麟，但是很少看到裘盛戎，所以我仍旧无缘看到他们二人合演的《连环套》。我只知道他和高盛麟一样，都因常常和麒麟童同台演出，因此在风格上受到麒派的影响，所以上海人都说，他们虽然一个是武生，一个是花脸，但都有麒派讲究做功的长处。

裘盛戎在皇后戏院和金少山同台的事已经提过了。在金少山的鼓励之下，他开始发愤图强，1947年在上海闻人杜月笙六十寿辰南北名伶大会演时，为孟小冬配演《搜孤救孤》中的屠岸贾而大获好评，其后北返，一洗颓风，自己组班，挂了头牌，首晚以原名《草桥关》的《姚期》打泡而红遍故都，就此令人刮目相看，终于成为花脸行当最突出而著名的大角儿！

香港『除三害』
故都演双出

由于大学时代在北平有一些老长辈，我有机会在那里看到不少京剧名角的好戏，而且有幸遇到裘盛戎初挂头牌时的轰动。那时北平的名角们大多一个星期演出一次或两次，我最注意的是谭富英和杨宝森，但是忽然发现裘盛戎挂头牌，票价居然还和谭、杨二人不相伯仲，感到很意外，于是连忙去看。

记得裘盛戎那晚演双出，先唱《二进宫》，他饰徐延昭，贯盛习饰杨波，李砚秀饰李艳妃；压台戏是《打龙袍》，他饰包公，李多奎饰李后，地点是东安市场内的吉祥戏院，全场爆满。在《二进宫》中，裘盛戎嗓子很好，唱得既细腻而极有韵味，凡是能让观众叫好的地方都得到了彩声；而贯盛习我以前觉得他的嗓子有些"左"（高而窄、刚而不润），但此次听得很满意；李砚秀曾和金少山合作，也不是等闲之辈，所以这出唱功戏确实是珠联璧合。但是，好戏还在后头，《打龙袍》中的李多奎是京剧界享誉最隆也最久的老旦，那时他年纪已经近五十，嗓子不及盛年时期那么充满亮音而直上云霄，因之唱的时候十分拼命，而所有的观众都沉醉得摇头晃脑，不断爆发彩声。但是裘盛戎更不得了，出场亮相就引来一个碰头好，以后凡是一开口或是就这么一动，就有人喝彩，唱到最后一段的导板"叩罢头来谢罢恩"，全院已经好似中了邪那样。

散场时，带我去看戏的长辈对我说的话我现在还记得，那是"小裘可真棒"。

再次看裘盛戎的戏是1955年，中国艺术团到香港演出，我去看了一场，节目包括周小燕的女高音独唱，京剧则是谭富英和裘盛戎合演的《除三害》，此外还有别的节目。那时候内地大概正在"除四害"，所以京剧演员们都要演当时已经相当冷门的《除三害》，又名《应天球》。它的故事是讲晋朝有一个恶霸周处横行乡里、鱼肉百姓，太守王浚见他是可造之才，便假扮乡下老者，对他指出当地有"三害"使百姓不能安居，周处听说第一害是南山猛虎，第二害是长桥蛟精，而第三害竟是他自己，不禁十分惭愧，便打虎斩蛟，改过自新，一心向学，后来官拜大将军。如果演全部，前面有许多周处欺压邻里的戏，是架子花脸应工的名剧，饰王浚的老生则在后半部有许多唱功，他在与花脸演对手戏的时候一个唱，一个做，很是精彩。我曾于40年代看过富连成科班演出此剧，谁演的已经记不起来了，只记得当时主角们都是童伶（包括谭富英的儿子武生谭元寿，现在他已经近九十高龄了），所以在十多年后看到谭富英和裘盛戎合演这出戏，勾起了许多回忆。他们只演出其中王浚向周处提起当地有"三害"，而周处听后不胜惭愧的一场，二人都演得很卖力，但是由于京剧只是艺术团节目中的一部分，观众看得不大过瘾。

我曾参加艺术团的成员们在香港的一次酒会，我不认识裘盛戎，只是站在一旁看着他，觉得他本人脸黑黑的，个子很瘦小，但是台上看来比本人大了许多；我因为有长辈和谭富英相熟而有缘与他交谈，知道他当时新装了假牙，所以唱的时候不敢用足劲。这是我最后一次看到谭富英，而裘盛戎则于60年代和马连良、张君秋、赵燕侠等再度来港，那次我几乎每场必看，简直对裘盛戎着了迷，以至在家里会忽然学他的《铫期》而大声唱一句"马杜岑呐，奉王命，把草桥来镇"。我的儿子听了总是大吃一惊，对他妈妈说："爸爸发神经了！"

裘盛戎真是太棒了！

　　北京京剧团于 20 世纪 60 年代到香港演出在当年是极为轰动的大事，他们先在香港大会堂演出，后来转到普庆戏院，演出的剧目包括马连良、裘盛戎、张君秋等合演的由《八义图》改编的《赵氏孤儿》和《秦香莲》，由马连良主演的《清风亭》，由裘盛戎主演的《铫期》，由燕侠主演的《碧波仙子》和《玉堂春》等。马连良炉火纯青的艺术和裘、张二人的唱功当然引来声声赞叹，值得一提的是，演出中最令香港观众惊讶的是《赵氏孤儿》中谭元寿饰演的孤儿在听到马连良饰演的程婴对他说出自己就是那个赵氏孤儿时，一个硬僵尸"啪"的一声直挺挺倒下去，许多观众大惊失色，继而全场哄然，彩声雷动。在唱的方面，裘盛戎在《铫期》中听说儿子打死了国丈时唱的二黄散板——"小奴才做事真胆大，打死了国丈犯王法"，我在普庆戏院楼上后座听"小奴才"的翻高腔，真正是如雷贯耳，我也大吼一声"好！"，可惜被满院彩声掩盖了。接下来裘盛戎声情并茂地把这两句唱毕，又是全场震动，当年的小裘此时已届半百之年，还有这么大的一股子劲，真是太棒了！

　　《铫期》是裘盛戎把铜锤的传统名剧头、二本《草桥关》加以整理加

163

工之后的看家好戏，第一场出场亮相的步法就与别的戏不一样，向两边迈出的步子比较阔，使他本来较为瘦小的身材看来别具威严，还似乎高大了一些，并且同时表现出年纪老迈的姚期的身份；继而在念引子时不但在下半句提高调门，再把身子往上略略一挺，使得身形也似乎长高了不少，此时的姚期已经是一个魁梧的老元戎了。第二场的唱虽然只有两句二黄散板——"马杜岑奉王命把草桥来镇，调老夫回朝转侍奉当今"，但却极显功夫。第三场长亭饯别，姚期流水行云低唱了三句快板——"马皇兄赐某的饯行酒，大家同饮太平瓯，长亭拜别某就拱拱手"之后，转身、上马、迈步、扬鞭、回身，再唱"回朝去参王驾在那五凤楼"，接着双手捧鞭打拱、下场，那身段之漂亮、气宇之轩昂，真是太棒了！

接下来的万花亭见驾，接光武帝和郭娘娘赐酒的二黄原板，凡是学花脸的都会唱，从前大家学的是金少山，自从裘盛戎崛起之后，已经天下皆裘了。今天谁要是唱这几段不宗裘派，恐怕伴奏的琴师就不会拉。裘盛戎真是太棒了！

说到《秦香莲》，张君秋演的被陈世美抛弃的妻子秦香莲是名义上的主角，但其实这出戏原来叫全部《铡美案》，主角是裘盛戎的包公，而戏肉则是最后以包公为主的《公堂·铡美》。马连良在戏中演王延龄，出场不多，但是身段、眼神和唱念无一不令人击节。裘盛戎的包公当然好得不得了，因为这是一出正宗"黑头"戏，用粤语来形容是"开正佢喉咙"，不作第二人想矣！

在《赵氏孤儿》中，裘盛戎演的是魏绛，后来辨明真相，诱赵家仇人屠岸贾赴宴而使孤儿得以复仇的就是他。上文已经提到，1947年上海闻人杜月笙六十寿辰时，全国名伶在上海会演，其中两晚的压台戏是余叔岩的徒弟孟小冬主演的《八义图》中的《搜孤救孤》，由名票赵鑫培饰演公孙杵臼，裘盛戎饰演屠岸贾，使裘的声名大振。我本来以为他在《赵氏孤儿》中也是演这个角色，但屠岸贾的戏虽然多，却是反派，而魏绛是正派，所以由裘盛戎来演。剧团还特地安排了一段长长的汉调由他唱出，成为全剧最后的主要唱段，使裘盛戎出足风头。这出《赵氏孤儿》的结尾全体演员都出场，马连良的戏最吃重，当然是第一主角，其次就是裘盛戎了，不免又要说一句，裘盛戎真棒！

这样一个京剧史上和金少山先后辉映的几十年也出不了一个的花脸，却在"文化大革命"时被打倒和遭受残酷斗争，还被他的一个徒弟（姑隐其名，但京剧界人人都知道他是谁）对准喉咙饱以老拳，衔恨而终。唉！

袁世海 『不倒翁』

　　京剧自从 20 世纪 20 年代末期出了一个铜锤、架子的全能花脸金少山之后，二十年后又出了一个裘盛戎，确是观众之福，可惜他的艺术生命于 1966 年遭到厄运而突然告终。前文已经提及，和裘盛戎同时代的另一位杰出花脸是袁世海，他在富连成科班"盛世元韵"的排行中比裘盛戎小一科，于 1934 年出科（即毕业）后就崭露头角，其后又和同科的李世芳（有小梅兰芳之称的"四小名旦"之首）合演《霸王别姬》并走红。和裘盛戎不同，他是架子花脸，艺宗郝寿臣，不唱《二进宫》《打龙袍》《铡美案》等铜锤戏，而以《连环套》《野猪林》《战宛城》《阳平关》等戏最为擅长。他的舞台生涯很长，直到 90 年代他仍旧登台演出，所以对 50 年代以来成长的架子花脸演员有较大的影响。

　　架子花脸注重做，铜锤注重唱，虽然同样是花脸，分工很明显。例如在《群英会》中，曹操就是架子花脸，而黄盖则是铜锤；在《失街亭·空城计·斩马谡》中，马谡是架子花脸，司马懿是铜锤；在《龙凤呈祥》中，张飞是架子花脸，孙权是铜锤；在当年梅兰芳、杨小楼新排的《霸王别姬》中，霸王本来应该由架子花脸饰演，但由武生宗师杨小楼反串和梅兰芳合作，成为经典名剧，金少山铜锤、架子都能胜任，所以和梅兰芳配演霸王后就大红大紫，后来长期为梅兰芳配演霸王的刘连荣，就是架子花脸，不演铜锤。袁世海演霸王得心应手，因为架子花脸正是他的本行。

以上其实不是闲话，而是为袁世海定位。他曾长期在马连良的"扶风社"中担任要角，马连良常常演出许多三国戏，例如《三顾茅庐》《火烧博望坡》等，袁世海扮演张飞，豪迈妩媚，深受观众喜爱。说到张飞，令人想起在名角大会串时的常演剧目全部《龙凤呈祥》中，马连良在《甘露寺》中饰乔玄，在《回荆州》中饰鲁肃，但这出戏最后一折《芦花荡》是张飞的戏，不论饰演孙尚香、刘备和赵云的是什么显赫名角，袁世海饰演的张飞总是大出风头。他在剧中的短打起霸、身手步法无一不佳，跑圆场身形如飞，在提到周瑜时，念白中有"还念你有小小的功劳"之句，他伸出两只小指头，同时做出一个美妙的身段，真是精彩绝伦；其后在向孙尚香见礼时，在念"参见新嫂嫂"时的语气和身段，又是观众必定喝彩的"节骨眼儿"。这出戏我看过许多次，每次都十分满意。

相信老戏迷们都会同意，就是在袁世海的全盛时代，《芦花荡》的张飞，不作第二人想了，其他像《长坂坡》《古城会》（带《训弟》）中的张飞，演来都有声有色，堪称"活张飞"。此外，袁世海也有"活曹操"和"活花和尚"的称号，可说兼有郝寿臣和侯喜瑞两位前辈的荣誉。

袁世海之所以善于塑造人物，是因为他曾多次在上海演出，有机会观摩麒麟童的艺术而受到了熏陶。麒麟童是"麒派"鼻祖，老生、红生无不绝佳，他的唱做既细腻传神又火爆到位，在上海和他同台演出的京剧演员，不论是哪一个行当都受他的影响而在演技方面有所突破，某些不同行当的好演员，甚至有"麒派"旦角、"麒派"武生、"麒派"花脸之称，袁世海和他的师兄裘盛戎就都曾有"麒派"花脸的雅号。后来袁世海在中国京剧院曾和李少春合作多年，直到"文化大革命"，李少春被打倒，他却因为演出现代戏而仍旧活跃于舞台。"文化大革命"后，他又以老大哥姿态继续演出传统剧目，不但丰采依旧，而且愈加老辣，是京剧界极少数的不倒翁。

　　我最后一次看袁世海是在香港的新光戏院，记得那天是八月中秋，他和粤剧名伶新马师曾合演了京剧《华容道》。我那时正好在香港，得以在时隔三十多年后重新看到他，真是感慨良多。现在袁世海和新马师曾都墓木已拱，再要看那样的南北名伶合作，真是难乎其难了！

德高望重
萧长华

在生、旦、净、丑四个行当中，丑虽然排在最后，但是在戏班中的地位却最高，这倒不是说丑角经常挂头牌，而是后台的许多规矩都尊重丑角。譬如说，演员们在后台扮戏（化装），必须让丑角先开脸，即要等丑角演员往鼻子上涂白色油彩、开始扮戏时，别的角色才可以根据上演的先后进行化装。又如任何人在后台不能随便乱坐，唯有丑角例外。以前的戏院后台不像今天那样有各种房间和设备，连椅子和凳子也极少，演员们在休息时都坐在摆放于后台的衣箱上。那些衣箱是用来储藏戏服的，分为大衣箱、二衣箱、三衣箱、盔箱等，按照规定，旦角只能坐在大衣箱上，生行演员坐二衣箱，武行坐三衣箱，净行坐盔箱，但是丑行却可以随便坐。为什么丑行受到特别尊重呢？据说是因为唐朝的皇帝李隆基（即著名的唐明皇）喜欢演戏，而他演的就是丑角，试想：在皇帝老子没有动手化装之前，哪一个敢僭越？皇上要坐，还有谁敢规定他必须坐在哪里？

提起丑角，必须先谈谈一代丑角大师萧长华 (1878—1967)。他年逾古稀还在演出，在后台大家对他尊敬，倒不是因为他德高望重，而是因为他是和唐明皇一样的丑角演员。

我不记得是什么时候第一次看萧长华，因为那时候年纪还小，最崇拜的是梅兰芳、马连良等京朝大角儿，盖叫天、王虎辰等武生以及年龄略长的童伶郭玉昆、厉慧良等，因此即使曾看过萧长华，也有眼不识泰山。后来比较懂戏了，我便知道萧长华长期在富连成科班任教，几乎是所有名角的老师，但是抗战期间他一直在北方，所以对他只是慕名而已。

对这位丑角翘楚留下深刻印象是在1945年抗战胜利之后梅兰芳复出登台时，他已经年近古稀，应邀到上海加入梅剧团，但是并不天天登台。和许多戏迷一样，我觉得他在剧团中享有特殊的地位，是由于梅兰芳敬老。举例来说，梅兰芳第一天打泡戏必定是《女起解》，合演者就是萧长华，报纸广告和戏单上在《女起解》戏名之上，总是横排梅兰芳三个大字，下面横排的是萧长华三个略为小一号的字。按京剧的排名规矩，最大的角儿才能享有姓名被以三个字横排的荣誉，原因是这样排名占最多的位置。就我的记忆，即使先后为梅兰芳跨刀（即挂二牌）的奚啸伯、王琴生和杨宝森，他们的名字和梅兰芳的名字同时出现在一出戏中时，大都呈并排的"品"字形，即各占两个位置，很少有各占三个位置的。虽然在《女起解》中萧长华的名字排在下面，但他仍是梅剧团中除了梅兰芳之外唯一享有单独一人的名字三个字横排这项殊荣的人。

《女起解》这出戏，基本上只有旦角扮演的苏三和丑角扮演的崇公道两个角色。上半部主要是苏三于起解前在监狱的狱神庙中唱大段反二黄，下半部是苏三离开洪洞县、在由解差崇公道解往太原的途中自叹身世，苏三每唱一句，都由崇公道以白口（即念白）加以安慰。这里崇公道虽然有固定的台词，但是丑角往往可以临时加插一些应时的白口，于是萧长华就乘机说一些梅兰芳抗战期间拒绝登台、忠贞爱国的经过，但又不过分而恰到好处，曾传为一时佳话。

当然，早在抗战之前，萧长华就是梅兰芳剧团的主要丑角，在梅兰芳息影期间，他在北平仍搭班演唱，不过并不经常演出。因为在这个时期中他曾在北平的戏院门前卖烤白薯，于是有人说他生活十分潦倒，其实那时他在富连成科班任教，生活还过得去，卖白薯是为筹款义卖，并不是真的落魄至此。说实在的，在那个年月，许多艺人的生活都很清苦，而萧长华在困难的环境中仍旧孜孜不倦地为培养京剧接班人而努力，这是他受推崇的主要原因。

从丑角谈到《审头刺汤》和《群英会》

丑角这个行当主要分为文丑和武丑，他们的一个重要作用是在剧中插科打诨，制造气氛。武丑又叫开口跳，顾名思义是在舞台上张开口就跳上跳下，因此从事这个行当的必须擅长武功，而扮演的则是鸡鸣狗盗、诙谐侠士等角色；文丑扮演的大都是小人物，多为社会地位底下但心地善良的人，包括店家酒保、贩夫走卒，还有就是奸猾的小人，如贪官污吏以及为虎作伥的无耻之徒。萧长华扮演的主要是文丑。

丑角给人的印象，一般来说比较卑下，但是武丑扮演的却有许多正面人物，例如《三盗九龙杯》中的杨香武、《铜网阵》中的蒋平等。同时文丑扮演的也不限于市井小民，还包括有学问的角色。例如《群英会》中自以为盗得机密书信，反而中了周瑜反间计的曹操的谋士蒋干；又如《乌龙院》中宋江的学生张文远，他和宋江的妾侍阎惜姣私通，在阎惜姣丧生后被她的鬼魂活捉而死；还有《一捧雪》中的汤勤，他是文人中的败类，为了讨好奸臣严嵩而陷害拥有价值连城、名为"一捧雪"的玉杯的莫怀古，还要霸占他的姬妾雪艳。这一类丑角称为方巾丑或袍带丑，虽然涂了白鼻子，但却不失文人身份。一般丑角演员往往滑稽有之，但书卷气不足，甚至有太多的俗气，演这类角色时就不能令观众信服了。这其中尤以汤勤一角被认为最难演，因为他表面斯文、满腹经纶，但是却内藏奸诈、居心叵测，他在全部《一捧雪》中《审头》和《刺汤》两折中都是主要的配角，除了唱、做之外，被刺时还要表演跌扑和水发功夫。萧长华演方巾丑堪称一时无两，他演的汤勤和蒋干都深获内外行的推崇。

《审头》和《刺汤》两折的女主角是青衣扮演的雪艳，《审头》一折中的男主角是须生扮演的陆炳，他的任务是判断呈堂的证物（一颗人头）是莫怀古的还是别人的。《一捧雪》的剧情相当复杂，简单地说是奸臣严嵩由于汤勤搬弄是非，想获得莫怀古的传家之宝，一只叫"一捧雪"的玉杯，于是对之横加罪名，不但抄他的家，还把他问斩。但是莫怀古带了玉杯逃走了，由义仆莫成冒充主人而替死。后来严嵩起疑，要辨别人头真假，由陆炳主审，严嵩派汤勤去听审，主要的证人是莫怀古的妾侍雪艳。要是在《审头》时人头被断定不是莫怀古的，那就不堪设想了，雪艳当然说人头是真的，但汤勤却一会儿说人头是假的，一会儿又说人头是真的。陆炳在审案时看透了汤勤的面貌，洞悉他是想获得雪艳以饱其私欲的卑劣，于是就以雪艳换取汤勤的合作，判定人头是真的，并暗示雪艳在洞房之夜刺杀汤勤。陆炳这个角色有大段念白，是马连良的拿手；而雪艳一角则唱做并重，在《审头》中的散板和做表，以及在《刺汤》中由二黄倒板到慢板、原板，都是对旦角的考验。汤勤一角素来被一般丑角演员视为畏途，因为不容易演得恰如其分。

丑角在许多戏中都是主要的配角，须生的唱功戏《奇冤报》就是其中之一。它的故事说商人刘世昌在归家途中因避雨而投宿赵大家，被赵大夫妇谋财害命，并将尸体剁碎、混入泥土，在窑中烧成乌盆出卖。三年后老者张别古向赵大讨债，赵大以乌盆偿债，于是附在乌盆上的刘世昌鬼魂就向张别古诉说冤情，并央求他带乌盆到包公处申冤，所以此剧又名《乌盆计》。丑角扮演的张别古在剧中有许多念白，对丑角的嘴上功夫是一个考验。

最能代表萧长华的应该是《群英会》，因为他不但善于演蒋干，整个剧本就是由他整理编写，供富连成科班演出的。这出戏角色众多，先后使马连良、谭富英（两人都演鲁肃）、叶盛兰（演周瑜）、裘盛戎（演黄盖）、袁世海（演曹操）等声名大振。我们很幸运，因为萧长华和这些名角们的艺术都在京剧舞台纪录片《群英会》中被保留了下来。有兴趣的不妨设法找这部电影的 DVD 来观摩一下这位丑角老前辈的艺术。

从萧长华谈
到丑角名剧

写了两篇有关萧长华的短文，只触及了这位名角和丑角戏的极小部分，颇感意犹未尽，谨就个人所知，补白如下。

萧长华擅长的不仅是方巾丑，而是无所不能。在他数十年的演戏生涯中，大概除了武丑之外，对任何类型的丑角演来都胜任愉快。其实丑角不但是每一出戏中的配角，担任主角的也不少。以前演戏，并不像现在那样只演三四个小时，而是起码六七个小时，在名角上场之前，上演的是一些俗称开锣戏的较短的戏，而这些开锣戏中就有许多由花旦和丑角演出，或小生和丑角合演，或者单独由丑角主演的戏，大多数是玩笑戏。我从小就最爱看这种戏。

由丑角一人主演的戏最常见的是《拾黄金》，剧情是说一个乞丐拾得一块金子，欣喜不尽，于是唱了许多戏，高兴地离去。这出戏可长可短，常常用来作为"垫戏"，即在下一出戏的角儿误场时（即还没有到或者到了还没有化好装），就由丑角以《拾黄金》来拖延时间，所以丑角要有在台上临时编戏词的本领，一直唱到后台向他打一个暗号，表示可以下场了，他就马上结束。另一出常见的垫场戏是《瞎子逛灯》，由丑角扮演瞎子。

我小时候常常看到这出戏，还记得瞎子的唱词是"未曾下雨先起云，未曾起云先刮风，未曾刮风先……"，后来他在逛灯时可以唱很多灯的名字，也可以随时逛完灯而回家。以前的观众都很内行，一见瞎子上场，就知道某某角儿今晚误场了。有时候观众不满意，便会发出嘘声或者喝倒彩，以求把丑角轰下台去，却不体谅他其实身不由己，是在为误场的角儿挨骂，可见丑角这碗饭也不好吃。

那些误场的角儿并不是挂头牌的，一般是唱倒第三的。他们为了生活或者由于玩意儿受欢迎，并不只是搭一个班子，于是碰到两个班子同在一天演出，或者被达官贵人邀请去唱堂会时，就要赶场子了。在以前的北平，如果两家戏院都在前门外，那就问题不大，可是要是这个演员先在东城吉祥戏院演，完了要赶到前门外珠市口的开明戏院，人力车跑得不够快的话，误场就难免了。

丑角和小生合演的戏当以《连升店》为最著名。剧情是讲一个小生扮演的穷考生到丑角开设的店铺投宿，店主人看不起他，把他放在最糟的房间，又要考他的学问，把四书五经中的句子胡乱解释一番，弄得那个穷考生啼笑皆非。后来那个穷小子居然中了进士，店主人马上拍马奉承，变成新贵大老爷的亲信了。这是一出娱乐性很强的讽刺戏剧，萧长华演来真是入木三分，而那些通常要到将近午夜时分名角上场时才施施然进场的观众，为了看他这出戏，往往提早入场，可见萧长华的吸引力之大了。这出戏有萧长华和姜妙香的"音配像"，虽然看不到老人家的风采，但他精彩的念白还是保存下来了。

在开锣戏中，花旦和丑角合演的戏最多，它们都又好看又好笑。例如《背板凳》，说的是一个怕老婆的男人，遇到另一个也是怕老婆的朋友，居然和他赌赛，说自己不怕老婆。他回家央求老婆在朋友到来时，假装对丈夫千依百顺，以便赢得赌赛。朋友来了，果然看到那个老婆对丈夫十分恭敬，只好认输。但是朋友走后，老婆大发威风，罚丈夫背板凳。那个朋友回到家中想摆威风，也被老婆罚背板凳。最后是两个丈夫双双背了板凳见面，各叹苦经。这两个丈夫当然都由丑角扮演，全剧处处令人发笑，是一个极受欢迎的剧目。

又如上文在谈李玉茹时提到的《打杠子》，这是小丑和花旦两个人的戏，它的内容这里不再重复了。简单来说，花旦李玉茹固然可爱，而小丑叶盛章演得真是出神入化。大家都知道叶盛章是武丑奇才，但是在这出玩笑戏中却使出了文丑的浑身解数，那种欺善怕恶、装腔作势的表情，真是精彩绝伦。这出戏在某些地方一度被禁，但听说1949年后台湾还曾演出过，不过"净化"了许多，或许就不那么精彩了。

以丑角为主演的戏一时说不完，萧长华当然每一出都能演。但是，他不但是丑角的老大哥、老前辈，而且在富连成科班中教了不计其数的学生，行当包括生、旦、净、丑，梅兰芳、马连良等都是他的学生。他还整理了许多传统剧目，像《群英会》等就出自他的手笔。富连成出了不少著名的丑角，包括他的哲嗣萧盛萱，但是最出名的有两个，一个是马富禄（1900—1969），另一个是叶盛章。前者长期是马连良剧团的当家丑角，其嗓子之冲，同行中鲜有出其右者，文武皆能，可惜较为俗气；后者是京剧史上唯一挂头牌的武丑，他的表演艺术称得上空前绝后。接下来我将谈谈这两位名丑。

萧长华太长寿了，以致惨遭"文化大革命"之浩劫。

马　全
富　能
禄　名
　　丑

　　　上文从萧长华提到了两位著名的丑角演员马富禄和叶盛章，我在 20
世纪 30 年代和 40 年代经常看他们的演出，那也是他们的黄金时代，50
年代之后他们还享了几年盛誉，因此凡是 60 年代初已经是京剧观众的人，
应该对他们不会陌生。可惜再年轻一些的戏迷们就未能目睹这两位艺人的
风采了，希望本文能为新生一代的京剧爱好者填补这个空缺。

　　本文先谈生于 1900 年、较叶盛章大十二岁的马富禄。

　　马富禄长期和马连良合作，我从小就看了许多马连良的戏，所以对马
富禄这位名丑有很深的印象。丑角扮演的以小人物居多，出场之前常常会
在幕后说一声"来了"或者"啊哈"，马富禄有一副响遏行云的嗓子，所
以还没有出场，就先声夺人，一句"啊哈"，就可以得一个满堂彩。他的
大段念白字字清脆，唱几句可以让戏院中每一个观众听得清清楚楚，所以
每当他一出场，总可以令人精神为之一振。这种先天条件，在我个人有限
的看戏经验中，除了最著名的净角金少山，大概就得数他了。

　　马富禄几乎无戏不能，和马连良配演任何戏都可收牡丹绿叶之妙。例
如他演《群英会》中的蒋干，虽然和马连良饰演的鲁肃没有对手戏，但是

他的表演和叶盛兰演的周瑜铢两悉称，使全剧生色不少。又如《审头》中的汤勤在得意时的忘形以及在被马连良饰演的陆炳申斥时的谦卑，把人物的个性恰当地表演了出来。至于《法门寺》中贾桂的读状，不但字句铿锵、快而不乱，而且能做到一气呵成，后辈中还无人能出其右。

丑角往往要兼演老旦，马富禄反串老旦最著名的剧目是《清风亭》，故事说一对膝下无后的穷困夫妻，认领了一个螟蛉子张继保，长大后却被亲娘领回，且张继保中了状元后又不认他们，于是双双被气死。马富禄和马连良分饰这对不幸的老头子和老太婆，二人做功精彩，自始至终配合极佳，演出感人肺腑。在《甘露寺》中他反串吴国太，唱几句可以使专业老旦失色。还有他演彩旦也十分称职，例如在《四进士》中扮演宋士杰的妻子万氏，谑而不虐，戏虽不多，却是马连良此剧中不可或缺的搭档。他另一个拿手的彩旦角色是以花旦为主角的《铁弓缘》中的陈母，这是一个正派角色，但是却要有丑角的诙谐，我曾看过他和"四大名旦"之一的荀慧生合作此剧，也极为精彩。说起他和荀慧生的合作，还有一出花旦和彩旦的小戏是《探亲相骂》，两亲家先是客客气气，后来一个批评媳妇，一个偏帮女儿，吵吵闹闹，不可开交，台上虽然只有两个人，但是他们浑身是戏，令我至今难忘。

马富禄武功也很好，那是因为他出身富连成科班，受过严格训练的缘故。他早年也演武丑戏，例如在《连环套》中饰演朱光祖，在《盗钩》时表演武丑的基本功，难度很高，但是中年以后身体发胖，武丑戏就少演了，然而幼功尚在。记得他四十多岁时参与马连良剧团时，我曾看过他和著名花旦筱翠花合演的《小放牛》，全剧载歌载舞，他扮演的牧童不但要有好嗓子，还要腰腿灵活，和花旦二人各有繁重的身段、满台飞舞，筱翠花的跷功固然独步艺坛，但马富禄虽然胖，也不示弱，翻身、矮步等毫不含糊，

筱翠花、马富禄《小放牛》

一出戏下来，仍旧声若洪钟，并未气喘如牛，堪称难得。

老戏迷们会说和马富禄同科的丑角茹富惠（1903—1949）的造诣更高，尤其是马富禄发胖以后，外貌相当俗气，演滑稽和反派的角色比较合适，演蒋干、汤勤等有书卷气的角色则不及茹富惠儒雅了，这一点我很同意。但是茹富惠艺术生命较短，从对后辈的影响这一个角度看，马富禄的地位就较为重要了。

马富禄逝世于"文革"期间，卒年六十九岁，大概是善终。下文要谈的另一丑角演员叶盛章，名气比马富禄响亮，艺术造诣更高，对后世的影响也更大，但结局十分悲惨！

在京剧丑角这个行当中，我认为最突出的一位是叶盛章。他的武功十分了得，被戏迷们公认为一代武丑之王。如果把他的成就称为空前绝后，大概也并不过分。

叶盛章是富连成科班的老板叶龙章的儿子，他继承了前辈王长林和张黑的艺术（王长林是文武全才，是谭鑫培的左右手；张黑则是那个时代的第一武丑，余生也晚，只听前辈说起，却无缘亲睹），由于刻苦用功，练就一身绝技，超过了前人；在科班毕业后，以嗓子好、功夫冲、动作快如风、跟斗落地无声而为内外行称颂。他除了演戏，还在父亲去世后挑起了继续富连成科班的重担，为培养京剧人才出了许多力，是京剧界一个杰出的人才。

他的弟弟叶盛兰和他同科，是 20 世纪 30 年代以来京剧舞台上最著名的小生，也是唯一以小生挂头牌而多年来最受观众欢迎的大角儿。另一个弟弟叶世长是老生演员，比两位哥哥小一科（即低一班），所以是"世"字辈，后来改名叶盛长，似乎不合富连成各科的学生们排班次的传统（富连成本名喜连成，最早的毕业生是"喜"字科，著名的有雷喜福、侯喜瑞、陈喜星等，第二科有马连良、于连泉即筱翠花、刘连荣等，第三科有谭富英、茹富惠、马富禄等，三科后改为以"盛世元韵"为序排班次，"韵"字辈还未毕业，科班就因为财政问题于 1943 年停办了），不过叶世长演戏也相当出色，尤其是文武老生颇为擅长，他还是谭富英的妹夫，所以大家也就接受了他改"世"为"盛"这件事了。

可以这样说，叶氏家族通过富连成科班，对中国文化做出了很大的贡献，因为这个老式的戏剧学校培养了大量京剧艺术各个层面的人才，其中有些于 1949 年之后去台湾播下了京剧的种子，有些在海外兴起了京剧的热潮，而更多的则在历经十年浩劫之后负起了使京剧艺术得以延续的历史重任。而且，叶龙章的儿子个个都是好演员，他们的艺术生命在早年十分灿烂，中年以后虽然遭到各种政治运动的无情冲击，叶盛章甚至惨遭横死，但是他们卓越的成就却永远活在广大人民的心中。

叶盛章成名很早，在 30 年代后期就率领剧团在各地演出，以武丑挂头牌，其名气之大，据我所知，以前没有，以后也无人能及。当年我最喜欢看他的《蒋平捞印》《铜网阵》《打瓜园》《黄一刀》等戏，因为功夫实在好得惊人。例如他演许多戏都要表演"上栏杆"的绝技，上海戏迷称之为"爬铁杠"。那是在戏台的天花板上吊下一个倒 T 字形的铁架子，而演员则在上面做出种种难度很高的动作，以象征剧中角色在屋顶上向室内窥看。由于这样的演出方式危险性很大，所以在那个时代已经都以在两张桌子上加一把椅子，而由演员在椅背上表演来取代了，但是叶盛章却还是按照老路子，一方面展示他的刻苦学来的功夫，另一方面也使同辈和晚辈们有观摩学习的机会。

他还有难度更高的绝技，就是在半空吊下一个像马戏班空中飞人那样的秋千，在上面做"爬铁杠"的动作，还要来几个"大风车"式的翻身，再突然好像要摔下来似的全身向下滑，在紧要关头以一双脚背钩住秋千的两条链子，倒着身子兜"大风车"，再跳下地面。我就曾看他在《酒丐》和《智化盗冠》中做出这样的表演。我也听说，他在舞台上做出难度高的表演曾经出过意外，受过重伤。说这是为生活卖命也可以，更确切的应该说是为了忠于艺术。

叶盛章声名最盛的时代是 40 年代初期，那时他在上海和盖叫天合演《三岔口》而轰动剧坛。记得当时抗战尚未胜利，上海处于敌伪时期，也就是张爱玲的小说《色·戒》的背景时期，位于上海爱多亚路西藏路口大世界游乐场隔壁的黄金大戏院是经常有京朝名角演出的所在。这一年先是叶盛章和吴素秋合作挂并牌，二人各有拿手戏，而他们合演的一出《酒丐》则更加风靡沪上。此外，当时吴素秋最卖座的戏是《蝴蝶梦·大劈棺》加《纺棉花》，这使吴素秋被称为"劈纺名旦"，但是这两出戏有以黄色来吸引观众之嫌，而每逢她演双出，叶盛章的戏码便排在倒第二，不能展其所长。于是在演了一期之后，戏院请来盖叫天挂特别头牌（在戏院门外，盖叫天三个大字横排，在吴、叶二人品字形的牌子之上），推出的剧目倒第二是吴素秋的"劈、纺"戏，最后则是盖叫天和叶盛章的《三岔口》以及三人合演的全部《武松》。《三岔口》《武松》这两出戏都是盖叫天的拿手杰作，他因而每次演出必定在戏台的左右挂出一副嵌入了他的名字和拿手杰作的对联，上联是"英名盖世三岔口"，下联是"杰作惊天十字坡"（《十字坡》是《武松》中的一折，盖叫天原名为张英杰）。这次得了全国第一武丑叶盛章的配搭，《三岔口》的演员阵容成为自从有京剧以来的最佳组合，而《武松》则由吴素秋饰演潘金莲、叶盛章饰演武大郎，两出戏相得益彰。

舞台成就辉煌
结局惨绝人寰

上文说到叶盛章 20 世纪 40 年代初在上海和盖叫天、吴素秋合作的戏码，现在先谈《三岔口》。

这是武生和武丑并重的戏，盖叫天演任堂惠，奉杨延昭元帅之命，暗中保护犯罪发配的焦赞，来到三岔路口，投宿一家客店。原来这是由叶盛章饰演的刘利华开设的黑店，投宿的旅客到此，往往被谋财害命。当夜任堂惠十分机警，而刘利华果然黑夜偷入他房间想谋杀他，于是二人在黑暗中格斗起来。此时戏台上虽然灯光通明，但从他们二人的"摸黑"动作中，观众明白，除了偶然四目相遇时对方明亮的眼珠，两人什么都看不见，只听到刀锋破空的嘶嘶声。盖叫天和叶盛章在"摸黑"的过程中有惊险的打斗，由地上而桌上，由桌上到桌下，一切都在无声无息中进行，而刀来拳头往则严丝密缝、丝毫不差，尤其是盖叫天的准、狠、稳以及叶盛章身轻如燕的跌扑翻腾，叫观众透不过气来。

后来刘利华的妻子也出来助战，这个角色由武旦饰演，不但要跌扑，还要展示许多武旦独有的各种功夫。此时也在店中投宿的焦赞闻声而起，他和任堂惠合力杀死刘氏夫妻，脱险而去。

剧中刘利华因为是坏人，所以演员勾歪脸，形象很丑恶。1949年后，《三岔口》的剧情做了一些修改，刘利华不是开黑店的坏蛋，而是一位侠士，他也要保护好人焦赞，而他和任堂惠的打斗，则是一场误会。这个改编很高明，刘利华只在鼻子上有一条细细的白色油彩以表示他是武丑，外形变得可爱了，剧本也经过整理，但是却保存了他和任堂惠二人的精彩摸黑打斗，这就是今天大家看到的版本。记得在以前演出的武打中，有刘利华在地上扳起一块砖头想打任堂惠，却被对方夺去并反手"啪"的一声打在他脑门上，砖头当场碎成数块的火爆场面。据我所知，武丑演员要在演出前数天亲自准备这块砖头，把它浸在醋中，使之酥化，在演戏时取出，才可以打在头上虽成碎片而不致受伤。这件事不能让别人代劳，因为如果砖头处理不当，打在脑门上不但要头破血流，还有性命之虞呢！

《三岔口》经盖叫天和叶盛章的合作而成为短打武生和武丑的经典名剧，后辈的武生和武丑，经常演出此剧。例如后来李少春和叶盛章同台演出，他们合演此剧也深得观众欢迎。这出戏后来成为叶盛章的徒弟张椿华和武生张云溪的代表作，更成为走出国门的名剧，在全世界都广受欢迎，但这是后话了。

叶盛章另一出和盖叫天合作的名剧是《武松》，他饰武大郎。这个角色是一个被称为"三寸丁"的矮子，所以从头到尾要走"矮步"，就是蹲着走路。大家都知道，这样走路很累，需要有一定的幼功。有一场戏中，武大郎被西门庆踢了一脚，要翻一个跟斗，但是双腿却始终不可以伸直，不论翻跟斗和起身的时候始终是一个矮子。这还不算什么，在武大郎死后，弟弟武松回家，看到哥哥的灵堂，十分悲痛，便在灵堂守夜。半夜三更武大郎的灵魂出现，向弟弟说明自己被害，此时戏台上由两张桌子搭成一个灵位，桌子上加了一顶帐子，桌上摆了香炉和一对燃着的蜡烛，整个空间大概只有二尺见方。叶盛章演的武大郎在灵位后面就从这个小小的空隙中以一个空心跟斗穿出来，在灵堂中悄无声落地，仍旧是一个矮子，而灵台上的帐子、香炉和蜡烛都纹丝不动，蜡烛还在燃着。叶盛章的这个表演，观众必定报以满堂彩。我看了他许多次演这出戏，从未有一点差池，可见他功夫之到家了。

　　这样一位杰出的艺术家，却在"文化大革命"一开始就被红卫兵加以惨无人道的折磨，据说，叶盛章被红卫兵折磨了四天四夜之后，浮尸建国门外通惠河上，被人捞起时，发现尸体头盖骨上竟凿有一个大窟窿。真是惨绝人寰！

刘斌昆和二百五

　　谈丑角艺术，少不了刘斌昆，他虽然长期在上海演出，但是却誉满全国，因为他文武全才、昆乱不挡，是难得的伶界翘楚。

　　上海的老戏迷们都知道刘斌昆是《蝴蝶梦·大劈棺》中二百五的缔造者，因这件事发生在20世纪30年代末，当时著名花旦筱翠花在上海演出这出戏，就由他饰演二百五，初次演毕，二百五的名气就不胫而走，连筱翠花的风头也被他所掩盖。到40年代初，不论是吴素秋、童芷苓或其他著名花旦，凡是演出《蝴蝶梦·大劈棺》，二百五这个角色非刘斌昆莫属。二百五是怎么一个角色呢？那得先从当年风靡一时的这出名剧说起。

　　《蝴蝶梦·大劈棺》的故事是说庄周看到一个寡妇在新坟前用扇子扇坟，觉得很奇怪，便上前问一个究竟。寡妇回答说，死去的丈夫曾说过，等坟上的泥土干了，她就可以再嫁，所以她不停地扇坟，希望泥土早一些干。庄周听了，便帮助她把坟一下子就扇干了，那个寡妇感激不尽，欢天喜地而去。庄周回家把此事告知妻子田氏，田氏声言如果庄周亡故，她一定守节不嫁。庄周为了试妻，假装死去，又化身楚王孙前来祭吊而勾引田氏，田氏果然禁不起诱惑而当夜和他结婚。然而，楚王孙忽然心疼病发作，声言要亲人的脑髓才可救治，田氏想起亲人就是新故的庄周，便到灵堂劈开棺木，想取亡夫的脑髓来救新欢。不料庄周从棺木中一跃而起，责备田氏不遵守诺言，田氏羞愧自刎而死，庄周则蝴蝶梦醒，成道去也。

剧中的庄周假死之后，棺木停放在家中所设的灵堂，这一场戏开始时，一双纸扎的童男童女由人抱出来放置在灵堂两边的椅子上，他们当然都是由演员扮的，那个童女只是站着不动，不必演戏；那个童男就是二百五，他的戏却多得很。

在吊客还未来临之前，庄周来看自己的灵堂，看到童男，就把他点化：用扇子扇一下，他的头就会动；扇几下，手臂和脚都会动了；抓一只鸟儿，把它的舌头放在二百五口中，他就会学说话；庄周叫他走路，他就从椅子上跳下来，两腿僵硬地一步一步走路；叫他作揖，他就双手抱拳作揖。此时庄周乐了，观众也乐了。

当庄周听到人声时，就让二百五回到椅子上站立，自己则飘然而去。

刘斌昆的二百五，脸上和手上都涂得雪白，还穿了一身特制的衣服，活像一个纸人。他被点化时的动作和庄周手中的扇子配合得天衣无缝，而走路时则直着两条腿，活像一个纸扎的人慢慢地在学步。此后，这个二百五居然担任了仆人的角色，来往主人和客人之间传话，刘斌昆每做一个动作，台下必定哄然。他还有一个精彩的表演，就是扑蝴蝶：庄周化为蝴蝶，在灵堂中上下飞舞，二百五拿了一把扇子，追逐蝴蝶，每次以为扇子扑到蝴蝶了，但是当他慢慢打开扇子时，蝴蝶却飞走了，于是二百五脸上就露出木然的表情。这个扑蝴蝶的演出轰动剧坛，在当时的上海，几乎没有人不知道刘斌昆和二百五的。

刘斌昆的表演艺术当然不限于二百五，只是他把这个角色演得出神入化，因此被其他丑角争相模仿。其实他演任何丑角都有独到之处，不但演汤勤和蒋干都富有书卷气，演《法门寺》中的贾桂，读状一段的念白，堪称江南之冠，而演玩笑戏和彩旦也能恰如其分。他和吴素秋同台演出时，先是合演《蝴蝶梦·大劈棺》，继而在《纺棉花》中饰张三，以查理·卓别林的扮相出现，外形已经令人捧腹，而他在剧中串演生旦净丑、唱出南腔北调，又成为剧坛一绝。那个时代涌现出了不少"劈纺名旦"，她们都倚刘斌昆为左右手。

附带提一笔，老一辈的著名京剧演员，大都以"昆乱不挡"为号召，昆是昆曲，乱是乱弹，自从戏曲分为雅部和花部之后，雅部是昆山腔，其他京腔、秦腔、弋杨腔、梆子、二黄等，都是花部，统称乱弹。昆乱不挡，就是雅部和花部样样精通的意思，因为他们不但有昆曲基础，许多还是梆子班出身。今天的京剧演员们已经少有这等了得的能耐了。

独步剧坛

《活捉三郎》

刘斌昆也擅长昆曲，而他糅合京昆艺术的绝活是《活捉》。这出戏出自《水浒》，讲的是被宋江杀死后的阎惜姣的鬼魂，把生前的情郎张文远活捉到阴间的事，是旦角和丑角两个人的戏。刘斌昆常常和著名旦角芙蓉草（原名赵桐珊，1901—1966）合演这出戏，两人被誉为最佳搭配。他也曾和另一位较年长的旦角王兰芳（他和芙蓉草都是男性）合演《活捉》。他和这两个人的戏我都看过，实在不相伯仲。不过王兰芳饰的阎惜姣更为内行所称颂，因为他在跑圆场时身躯纹丝不动，就像鬼魂在阴风中飘荡，和刘斌昆合作此剧更曾传颂一时。目前国内也常常演出此剧，正宗昆剧还可以一看，但是某些京剧演出就不敢恭维了，一来是阎惜姣鬼魂的扮相不对（她死后是鬼，所以脸色苍白，一身素服，项上挂着一串长长的纸钱，哪有像目前舞台上所见的那样华装艳服、珠光宝气，根本不符剧情的打扮？），二来是整出戏缺乏那种阴沉气氛，旦角的唱腔更令人不忍卒听，整出戏被弄得非驴非马，这种《活捉》，和刘斌昆、芙蓉草或王兰芳的演出相比，真有云泥之别了。

闲话休提，且说刘斌昆演此剧，唱腔优雅、举手投足都合准绳，还夹以苏白，而圆场及腰腿功夫之佳也不作第二人想，所以他的《活捉》驰誉剧坛，实非偶然。在此剧中他还有两个绝活，其一是张文远在被鬼吓之后，低头用在桌子后安排好的毛巾一抹脸，马上通脸漆黑，只剩下两只发光的眼睛；其二是当张文远被阎惜姣的鬼魂勒死后，倒在台上，剧终时由两个人一个捧住头、一个抓住双脚，把他的尸体抬入后台的下场方式。此时他使出铁板桥功夫，全身作水平式挺直，表示尸体僵硬，台下必定报以彩声。刘斌昆之后，上昆的刘异龙亦能此，但我还未看到其他以这个方式下场的丑角演员。

和其他名丑一样，刘斌昆也反串老旦，除了《龙凤呈祥》中的吴国太之外，最著名的是和麒麟童合演《清风亭》中的一对老夫妻，麒麟童饰张元秀，他饰妻子贺氏，二人演来珠联璧合，尤其是刘斌昆把那个贫病的老太婆的心态刻画入微，惹人热泪。大家都知道"南麒北马"都擅长做功戏，《清风亭》是马连良、马富禄的拿手杰作，但麒麟童、刘斌昆这出戏也是精彩纷呈，堪称南北辉映。不过与马富禄的肥胖相比，刘斌昆占了身形较瘦的优势，所以他扮演穷困的老妇更能引起观众的共鸣。

由于艺术精湛，刘斌昆有很长的舞台生涯，晚年还参与拍摄了不少京剧电影，可惜我都没有看到。我只听说他珍藏了数百个京剧剧本，却大部分在"文化大革命"中被红卫兵烧了，个人的遭遇如何，则非我所知了。

京剧名丑当然不止萧长华、马富禄、叶盛章、刘斌昆等几位，一时不及细说。北方的富连成培养了不少丑角，其中艾世菊文能演《法门寺》中的贾桂，武能演《三岔口》中的刘利华，是相当突出的一位。以南方来说，上海戏剧学校在20世纪40年代就出了一个孙正阳。记得那时顾正秋才十来岁，已经是该校的台柱，非常走红。她演全部《玉堂春》，到《三堂会审》时，王金龙病发，请来医生治病，那个老医生就由孙正阳饰演。那时他最多七八岁，个子很小，为王金龙把脉时，因为椅子太高，爬上去之后，两只脚还沾不到地。在全部《王宝钏》的《赶三关》中，他演穆老将，身高不过三尺，却背插四面靠旗，挂了一副白胡须，演得十分精彩，令人印象深刻，现在他也已经年逾古稀了！

初看京剧
最爱武戏

　　本书谈的是以京剧为主的戏曲，所以先从京剧舞台上的主要行当开始，现在算是约略谈了几位著名的生、旦、净、丑演员，这些演员大都活跃于近代京剧的黄金时代（20 世纪 20 年代至 60 年代中期），我这一代人幸运地看到了，但是今天的中年人就没有能够赶上。我为什么先写死去的人呢？温故知新是一个原因，更主要的是，京剧对观众有一定的要求，就是他们需要一些基本常识才能够增加欣赏的乐趣，这和喝茶要略为能够分辨茶叶的好坏，吃菜总得知道一些粤菜、京菜和川菜的特色，看书法要对颜、柳、欧、苏有一些认识是一样的。譬如说，京剧观众至少要知道，唱的时候拉长腔不一定就该鼓掌，念道白的时候像演话剧那样逼真未必合适，做的时候吹须瞪眼算不算好还要看剧情，打的时候十分拼命未必代表功夫过硬，因此，了解一下老一辈的（甚至已经作古的）名角们的表演，尤其是他们所达至的艺术水平，对欣赏当前舞台上的表演有极大的帮助。前辈们树立了表演的典范，也为后人厘定了表演的准则。

　　所以，在以后的日子里，我还会谈到许多自己亲眼见到的名角们的表演，在此之前，我想先谈一下京剧的特色之一（也是中国戏曲的特色），就是武戏。

初看京剧的人往往先被武打场面所吸引，我也不例外。记得我从小看了戏回家，就在家中学着武戏里的动作而手舞足蹈，甚至把桌子上的花瓶也打破而受到母亲的责骂，但是，我每次看了武戏回家后还是要疯癫一番。其实，武戏真的太有吸引力了，小孩子爱看，大人也爱看，甚至外国人也爱看，因为台上的演员们舞枪弄棒、翻滚跌扑，都有相当高的难度，他们的本领人所共见，于是从前在戏院中就引来戏迷的高声喝彩，如今则引来观众一齐鼓掌。京剧中有许多剧目以武打场面为主，它们统称为武戏。这种表演方式在别的国家的戏剧中可说绝无仅有，而在中国的剧种中，以我有限的见闻，觉得京剧在这方面的成就最为全面和突出。

生行演员中有老生、小生、红生和武生。武生就是专门演武戏的。但是武戏也有由武旦、武净或武丑担任主角的，总之是生、旦、净、丑都有他们的武戏剧目，而较为大型的武戏则是这四个主要行当一起演出，更加热闹甚至火炽。京剧舞台上有许多有名的武戏演员，大家都知道杨小楼是武生一代宗师，在南方盖叫天也是无人不知，此外还有许多各个行当的名角，暂且按下不表。

除了主要演员，参与武戏演出的配角统称"武行"，他们虽然连次要角色也谈不上，有些甚至扮演的人物无名无姓，但却是武戏中不可缺少的绿叶。没有了他们，谁来翻跟斗？谁来捉对儿厮杀？谁来围住主角满台走动？更重要的是，在武旦打出手的时候，我们看到那位女主角一会儿用手，一会儿用脚，把十多杆长枪又扔又踢地耍得满台飞舞，要不是有许多"下手"配合，她一个人能如此表演吗？所以以前的戏院在演武戏的时候，戏单上除了主要演员和剧目的名称之外，必定有"全武行"这三个字，表示全体武行都参加演出。有时候在戏单的最下面会以小字刊出许多人的名字，他们就是"武行"。他们个个能翻跟斗，还能表演一定的武打套子。京剧中的武打场面都有一定的程序，它们叫作"套子"，名目繁多，武行们都要对他们熟悉才可以吃这碗饭，而这一行是最苦的，所谓"苦哈哈"就包括他们在内。在从前，不乏白天拉洋车（广东叫手车，上海叫黄包车）、晚上到戏院翻跟斗讨生活的人，他们有时候摔死在台上，也没有人知道死者的姓名。

武行中有许多无名英雄，也出了不少人才。譬如现在的大明星成龙和他的师兄弟们，即以前的"七小福"，他们的师父于占元（1905—1997）就是以前上海共舞台的武行头。他的女儿于素秋（1930— ）是共舞台的刀马旦、武旦，来香港后弃戏从影，拍了许多粤语武侠片，后来嫁给粤剧名伶麦炳荣。又如袁小田（1912—1980）的名字以前也曾出现在戏单的武行中，抗战初期来香港帮薛觉先（1904—1956）传授粤剧演员北派武功，后来成为香港电影史上第一个武术指导。

武戏虽然以武打为主，但还是有唱有念白的。但是有一出武戏却没有一句唱词，也没有一句念白，它就是可能专门为出国演出而编的《雁荡山》，内容说孟海公率领军队攻打雁荡山，战胜守将贺天龙。这个虚构的故事纯粹为了表演京剧中的种种武戏程序而编写，因此二人对打，敌对双方将官捉对儿厮杀，兵士们集体大战，加上翻山越岭要翻跟斗，过河涉水又要翻不同的跟斗，于是从开头打到结尾，简直是武功大表演。这出戏曾被拍成舞台纪录片，50年代后期曾在香港上演，很是卖座，相信不少人看过。

武戏分为长靠和短打两大类，《雁荡山》中兼有长靠（两个主角）和短打（其他将官和众兵丁），所以颇有可观。至于什么是长靠，什么是短打，它们的代表剧目和代表演员有哪些人，后面将一一道来。

武生起霸
最考功力

今天我们看京剧，不论报纸上的广告或者戏院门口的海报，都只是相当简单地列出演员的姓名和戏码，但是以前却要在演员的名字之前加上四字一句的形容词，例如旦角常常是"花容月貌""倾国倾城""铁嗓钢喉""全能花衫"，老生不外是"谭派正宗""享誉全国""昆乱不挡""文武全才"，而武生则以"杨派嫡传""名满京津""长靠短打""勇猛武生"为标榜。换一句话说，旦角必定被宣传为青衣、花旦都能演，老生则几乎无所不能，而武生必须是长靠和短打都擅长。其实旦角不一定要青衣、花旦都能演，例如"四小名旦"李世芳以梅派青衣见长，毛世来的戏以花旦为主但武功也很扎实，宋德珠是刀马旦和武旦，而张君秋（1920—1997）的唱功虽好，由于武功非其所长，曾被人挖苦为"刀枪不入"。某些并非科班出身的老生也未必真是文武全才，但是武生却必须一定要长靠、短打都拿得起，否则就很难有出头之日了。事实上在杨小楼之后，武生虽然多如牛毛，但长靠、短打都臻一流的仅凤毛麟角而已。

顾名思义，长靠武生就是演穿长靠的角色的武生。所谓长靠，是中国戏曲的特有服饰，古代战士打仗时穿的盔甲的材质是金属和皮革，在舞台上经过艺术加工而美化为以绸缎加刺绣制成。它分为前后两片，前面的部分在肚子部位特别大，而且是硬的，后面则分成几块，腰部两侧还有两块靠腿，而全副的靠还在背后插上四面三角形的靠旗，使整个人显得又高又大，尤其是出场亮相时双手把靠腿在左右张开，确有大将军八面威风的气派。演员穿了全副长靠，称为扎靠，因为它各部分（尤其是靠旗）是用绳子扎在身上的。一个演员扎了靠，必定要穿厚底靴，头上还要有一个大大的头盔，才显得威武。此外，主要角色的大将们，有时候在全副靠衣里面还要在腰间垂下长及脚背的围裙或小飘带，以增美观。这么一身打扮，少说也有十来斤，而且由于扎得紧，没有基本功夫的人不要说演戏，连气都透不过来。但是，长靠武生扎了靠，还要起霸、载歌载舞、和对方捉对儿厮杀，甚至还要从高处翻跟斗跳下。这还不算，在做一切难度动作时，要做到靠旗不乱、裙带整齐，面不红、气不喘。你说这碗饭难吃不难吃！

考验长靠武生功力的准则之一是"起霸"。所谓起霸是一系列象征武将在上阵前整顿盔甲的种种动作，据说明代传奇《千金记》中有《起霸》一折，描述霸王披挂上阵前的威武，后来就把武将准备出战前的舞蹈程序叫起霸。一个主要角色出场要起"全霸"，如果有许多武将陆续出场，则主要的起全霸，次要的两个人分左右同时出场，叫作"双起霸"，但每人只起"半霸"，而一般文武老生也往往只起半霸。少数十分重要的角色出场，要起"双霸"，即在舞台两面以正、反两种方式起霸，好像蝴蝶展翅一般，所以又称"蝴蝶霸"。

起霸的难度很高，因为一出场就要有大将军威风八面的气势，正面亮相的同时，整齐的靠旗在身后展开，双手则把左右两片靠腿分开；接着是"亮靴底"，先抬高左腿，膝盖不可弯曲，让台下观众看到靴子的底部，接着向前迈步，右腿再做对称的动作，其后的动作包括错步、放下靠、云

毛世来《大英节烈》中的起霸：头戴雉尾，脖围狐尾，双手持左右靠腿亮相

手、踢腿（足尖要高及脑门）、转身、后退、跨腿、紧甲、扎带、整冠等等，每一个动作要做到气宇轩昂，转身时不但靠旗不乱，而且还要整齐地随动作唰唰摆动，长及脚背的裙或带随身形转动而在立定时纹丝不动。有时候武将起霸时还在腰部挂着一口宝剑，剑把上有又长又粗的丝制的穗子，头盔上还有两根雉尾。如果是演绿林好汉或者番邦大将，还要在头盔下加上一条"狐尾"，那是五尺多长的毛茸茸的装饰物，一直从颈部盘到肩部，从背后垂到腰部，例如《九龙山》中的杨再兴，就是这样打扮而起双霸，花旦在《大英节烈》（也叫《铁弓缘》）中要女扮男装，也是这样打扮而起霸。

看了长靠武生出场的起霸，观众就可以知道他的功力，但是演员却不能过分卖力，因为大将不能像江湖卖艺的；不过如果起霸时不能招招到位，也就不成大将了。总之，作为长靠武生，不能过火，又不能太瘟，既要功力沉着，又要形象鲜明，真是不易啊！

长靠武生看家戏
《长坂坡》

起霸不但是考验长靠武生功力的试金石，而且是树立剧中人物英勇形象的特定程序，因此在许多剧目中，长靠武生的第一场戏就是起霸，某些剧目中的武生甚至除了起霸之外就没有什么戏了。例如马连良、谭富英、叶盛兰、裘盛戎、袁世海等主演的京剧纪录片《群英会·借东风》，其中赵云一角由当时北京最好的武生孙毓堃（1905—1970）饰演，目的就是让观众欣赏他的起霸艺术。至于武生的重头戏如《挑滑车》《铁笼山》等，往往看一场起霸已经值回票价。

不过，并不是所有的长靠武生都要起霸，例如《长坂坡》中的赵云就没有起霸，甚至他的出场也毫不起眼，只是于刘备在幕内唱了一句导板后，夹在四个兵士、糜芳、糜竺、简雍、甘夫人、糜夫人等人中规规矩矩地出场，大家站在两边等待刘备出场，接唱原板，其后还有张飞出场和下场，刘备和两位夫人坐待天明的唱等，这一场戏相当长，但赵云只有几句道白，最后以和曹操的将官交战而下场。

既然这一场的戏并不多，那演员岂非很轻松吗？事实上《长坂坡》中赵云这个主角的出场居然如此平淡而不够威风，对演员来说却是一个莫大的考验，因为他如果脸上和身上没有戏，就不像赵云，但是赵云是刘备的下属，不能喧宾夺主。所以，这出没有起霸的长靠武生戏，比起一出场就以起霸树立形象的戏，要难演得多了。

何况《长坂坡》此后的戏，以赵云出场最多，而且一场比一场紧。试想当时刘备弃新野走樊城，带了许多百姓，在曹操大军的追赶之下连糜夫人都难逃一死，败得十分狼狈，要不是赵云几番冲杀，救出后来做了三十六年蜀汉皇帝的刘阿斗，真是不堪设想。因此演赵云的武生除了武功根基要扎实之外，塑造赵云这个角色还需要高度的艺术修养。他在整出戏中不但唱做繁重，而且每一个武打场面各不相同。对这出戏熟悉的观众都知道，赵云有七次下场，不但神情各异，每次的身段步法以及耍的枪花都绝不雷同。难怪《长坂坡》对长靠武生来说，是最大的挑战了。

我从小到大看了许多南北名武生演的《长坂坡》，就是没有赶上看杨小楼演的。在1949年之前，印象比较深的包括孙毓堃、杨盛春（1913—1958）、高盛麟（1915—1989）等。他们都演得极好，但孙、杨二人逝世后，杨派武生是以高盛麟为第一了，而他的《长坂坡》已成典范，据说有录像，可惜我买不到，但是他在舞台上的形象，我至今仍历历在目。

在南方成名的演员中有一个我在抗战前就常常看的厉慧良（1923—1994），他的《长坂坡》也有独到之处。20世纪30年代他是著名童伶，以演老生为主，年龄比我大一些，所以是我的偶像，后来因倒嗓而以演武生为主，名气很大。他于晚年曾来香港演出，《长坂坡》是他的杰作之一，他的嗓音不及高盛麟，演出的路子也和高盛麟不尽相同，但也深获内外行推崇。

此外还有一个30年代在上海红极一时的高雪樵（1912—1978），他来自北方，初到上海时我还很小，记得他演短打戏《三本铁公鸡》中的张嘉祥，露出半边肩膀和胳膊，皮肤雪白，肌肉丰满，真刀真枪打得十分火爆，而且独创以一个凌空跟斗翻过城墙，轰动沪上。他的长靠也是一流，演《长坂坡》麋夫人投井一场，他演的赵云追上椅子，旦角麋夫人已经从桌子上跃下（代表跳下井去），而赵云只抓到她的一件衣服（这个动作叫"抓帔"），赵云此时双足站在椅子上，突然全身向后拔起，手中抓了那件衣服，翻了一个"直提"（京剧术语叫"拉拉提"），即凌空向后倒翻一个跟斗，双腿落地，接着就跪下唱散板、推墙、掩井、接唱，和曹操的大将张郃开打，下场，一气呵成，令我这个小孩子看得目瞪口呆！

看京剧获知识
观长靠辨人物

《长坂坡》不但是长靠武生的名剧，也是武戏中最能使观众增长知识的一出戏。此话怎讲呢？不妨以我自己的经历说起。

我小时候正值京剧的全盛时代，北方不必说，即使在南方，包括京剧在内的戏曲是人民大众最普遍的日常娱乐，因为那时离电视的发明还有二十来年，而收音机是舶来品，一般家庭未必负担得起。与此同时，我们的课外读物不外中国历史故事，稍为年长一些就会看《三国演义》《水浒传》《隋唐演义》《精忠岳传》等小说。我们为什么对这些小说和京剧都产生爱好呢？因为今天在书中看到的故事和人物，过几天看戏时就会出现在舞台上。譬如看了《三国演义》中关云长过五关斩六将的故事，在舞台上就经常会看到《千里走单骑》这出戏，关公、曹操等人物和小说中的情节都被活生生地展现在眼前。又如看了《水浒传》，就可以和从书中、舞台上看到的武松、林冲等人的形象和经历互相印证。于是，京剧激发了看小说的兴趣，而看了小说则更加渴望在舞台上看到小说中的人物，渐渐对历史故事熟悉了，对京剧的欣赏能力也提高了。

如今时代不同了，旧小说读者少了，京剧舞台上的人物也就没有那么吸引人了。大家说要提倡京剧，必须先教育观众，但谈何容易啊！

闲话休提。《长坂坡》之所以最能把历史和京剧的知识结合在一起，不但是因为赵子龙在曹操大军的包围中杀了一个七进七出，单骑救出刘阿斗这个家喻户晓的故事，而且这出戏中曹操的大将几乎都登场了，他们都穿长靠，所以称为曹营的八大靠将。由于每人的扮相不同，穿的大靠颜色也有规定，使人在看了几次之后，便对他们的长相和打扮都熟悉了，于是以后看三国戏的时候，曹操手下的将官一出场就能知道他是谁；同时在看《三国演义》的时候，这些人物也会跃然纸上。

京剧有一句行话"宁穿破，不穿错"，因为每一个角色穿的服装的颜色都要配合他们的身份和脸谱，不可有错，因此戏班衣箱中所准备的服装的式样和颜色都有规定，有所谓"十蟒十靠"的说法。所谓十蟒，就是十种不同身份的角色穿的服装，它们有不同的颜色，红、绿、白、黑、黄或橙称为"上五色"，紫、蓝、粉、湖、赭（也称古铜）称为"下五色"；所谓十靠，是红、橙、绿、紫、蓝、赭各一，白和黑各二。在《长坂坡》中，赵云俊脸、穿白靠，张飞黑脸、穿黑靠；曹操在升帐时，曹营的将官一对一对从舞台左右以双起霸登场，据我的记忆，他们依次是张郃（紫脸紫靠）、文聘（粉红脸绿靠），许褚（黑脸黑靠）、张辽（俊脸白靠），曹洪（红脸红靠）、夏侯惇（蓝脸蓝靠），李典（俊脸橙靠）、于禁（白脸赭靠），十靠都齐了，而且颜色配搭得非常美观。还要注意一点，就是曹操手下的将官，头盔上都带雉尾，肩膀及身后都有狐尾，这是京剧对曹操持贬义，因为他挟天子以令诸侯，不是正统而等同贼寇的缘故。《长坂坡》将官的脸谱和长靠的颜色是如此规定，别的戏如果有许多靠将，服装和脸谱也都有规定，让观众一看就知道这些角色是何等样人。如果舞台上角色的服装穿错，那观众就会被误导，不明白这些角色是谁，或者以为是在演另外一

出戏了。

目前传统京剧的服装愈来愈讲究，头上戴的、身上穿的，莫不五光十色，但是像《长坂坡》那样的经典名剧，在八个靠将的服装方面总得有个谱儿，可惜情况并不如此。上图是一幅由著名剧团演出《长坂坡》的剧照，八个靠将的服装都很讲究，但是颜色却违反了"宁穿破，不穿错"的原则（最左面的于禁应该是赭靠，但演员穿的颜色不对），而且居然只有四个将官有雉尾和狐尾，这怎么可以呢？我觉得职业剧团绝不能因为一般观众不一定知道角色的服装应该遵守什么准则而以穿错来蒙混过关。传统名剧尚且如此，新编的戏就更不必说了。

以往看戏，台下的观众可以学到不少知识，所以很具教育性，同时观众也可以对演出者起监督作用，使专业的戏班不敢不守规矩。我们常常说要避免京剧式微，就需要教育观众，培养大众对京剧的欣赏能力；但是，京剧演出者本身也需要好好受教育，不能在创新的幌子下胡作乱为，更不能容许引进一些外行的所谓艺术和技术人员来破坏宝贵的民族遗产和文化传统。这些无知的行为浪费公帑尚在其次，挂着推陈出新的招牌而卖摧残艺术的狗肉就罪无可恕了！

武生翻滚跌扑
观众心惊肉跳

长靠武生的戏不胜枚举，《长坂坡》只是其中之一，此外最考验演员功力的还有许多经典名剧，以历史时代排列，包括《伐子都》（故事出自《左传》）、《割须弃袍》《两将军》《赚历城》《冀州城》（都以三国时的马超为主角）、《金雁桥》（刘备进攻四川，刘璋的大将张任在金雁桥被擒的故事）、《铁笼山》（蜀汉大将军姜维伐魏败绩的故事，这本来是武净戏，但已经被武生"据为己有"了）、《四平山》（唐朝李元霸的故事，也是被武生"拿过来"的武净戏）、《界牌关》（隋唐时罗通盘肠大战）《挑滑车》（宋朝大将高宠在对抗金兀术时挑毁多辆铁滑车，最后被滑车压死）和《小商河》（另一个宋朝大将杨再兴在与金兵作战时为国捐躯的故事）等。比较年轻的观众对它们的特色或许知之不详，这里不妨略作介绍。

《伐子都》的故事发生在公元前八世纪郑庄公时，主角公孙阏（即子都）为了争功，在战场上用暗箭把同僚颍考叔射死。当他凯旋而回时，颍考叔鬼魂出现，令他心神不定，在庆功宴上他终于被鬼魂索命而死，所以剧名叫《伐子都》。20世纪50年代后破除迷信，剧情被改为子都杀死颍考叔后疑神疑鬼，上马时从马上摔下来，回朝后又癫狂而死。子都是美男子，又是反派，所以在全副长靠之外，头盔上还有两条雉尾，在戏中为了表示惊慌失措，他要表演鹞子翻身、劈叉、翻虎跳、倒扎虎等许多难度极高的动作，最后仍旧穿厚底靴从四张桌子上翻一个台漫（也叫台蛮，即向下翻一个跟斗，落地时昂然不动），所以一般武生视之为畏途。

记得我小时候初次看这出戏，看到主角站在四张高桌子上，几乎碰到舞台上空的帐幔，从这么高的地方一个跟斗翻下来，把我吓了一跳，以后看到武生这样翻，都不敢看。或许我看的那个武生是当时红极一时的王虎辰（1906—1936），我还看过他许多戏，长靠短打都好，《冀州城》《两将军》《周瑜归天》尤其有名，可惜三十岁时就因为救人而溺水身亡了。此后我看到的《伐子都》以富连成科班出身的李盛斌（1911—1990）为最出名。他于40年代曾多次到上海，每次贴演《伐子都》，戏码虽然在倒第三，很早就上场了，但是识货的戏迷们从不放过。我也看了许多次，对他的功夫非常佩服，但是总觉得这出戏对演员的要求太高了，穿了全副长靠又翻又摔，最后还要翻四张桌子，未免让我看了心有不忍。

长靠武生的戏许多都有高难度的动作。例如《冀州城》，讲的是马超被曹操打败，回到冀州城下，不料下属反叛，将他的家属在城楼上一个一个当场杀死还把人头扔下来，马超悲愤交集，而追兵又来了，只好大败而逃。为了表示马超的悲痛和震惊，他在接到人头时既要向后摔硬僵尸，又要向前摔拧身僵尸（即直挺挺向前倒下，在快着地时突然拧转身，变为背脊着地），还要连唱带做，真是吃力得不得了。又如《界牌关》，罗通的腹部受伤，连肚肠都流出来了，还要盘肠大战，当然又是翻跟斗、摔僵尸、甩水发，样样俱全，演员的武功当然是好极了，但观众却看得心惊肉跳。还有《小商河》，杨再兴连人带马陷入积雪的河中，几番挣扎都跳不出来，终于被金兵射死，长靠武生要表演许多功夫，以表示身陷绝境而死。对于这些戏，我觉得剧中人和扮演者都太可怜了，尤其是演员，一定摔得浑身疼痛，年纪大了肯定十分痛楚。无可否认，这些硬功夫极为难能可贵，但是从美学的角度看，什么才是把这一部分传统技术加以保存的最佳方式，或许是一个值得商酌的课题。

因此，我最喜欢的以武生为主角的长靠戏中除了《长坂坡》之外，是《挑滑车》《两将军》《铁笼山》《金雁桥》《四平山》。此外以长靠武生为主要配角的群戏很多，例如《战宛城》中的典韦（这也是武净的戏，但常常由当家武生扮演）、许多三国戏（如《龙凤呈祥》《阳平关》《连营寨》等）中的赵云、《嘉兴府》中的总兵（这个角色只打不开口，但难度很高，最后还要走抢背）等。总之，我们在看武戏时，看到扎了长靠的角色出场，他们的功力一定是经过长年累月苦练出来的，即使是不开口的配角，也值得我们对他们致以十二分的敬意。

前文谈及，起霸考验了长靠武生的功力，但那只是一出戏的开始，像《挑滑车》《铁笼山》等，演员必须唱、念、做、打件件精通，功夫要到位，嗓子要冲，人物性格更要突出，那真是长靠武生戏中的精彩剧目呢！

武生畏途《挑滑车》
剧坛典范高盛麟

　　著名的富连成科班出了不少好武生，如茹富兰（1902—1973）、杨盛春、高盛麟、李盛斌等，此外中华戏曲学校则有傅德威（1916—1988）和王金璐（1919—2016）。茹富兰是最好的武小生，我只看过他的一出《石秀探庄》，虽然他患深度近视，但眼神、台风仍属一流，身手矫捷，唱做细腻，堪称剧坛典范，小生叶盛兰也以此戏拿手，就是茹富兰教的。此外盛字辈武生都曾经受他熏陶，高盛麟后来名气很大，但仍待他如老师，可见他的功力非比一般。

　　上文已经谈到李盛斌和他的代表作《伐子都》，但我没有看过上面提到的几位武生演这出戏，因为各人都有自己擅长的剧目，然而，他们都演《挑滑车》，这是武生的必备剧目。我从小就听说"文怕《击鼓骂曹》，武怕《挑滑车》"，老生和武生虽然视这两出戏为畏途，但不能不把它们演好，如果有一个武生居然不能演《挑滑车》，这碗戏饭就难吃了。

　　"武怕《挑滑车》"是因为武生饰演的高宠每一场戏都非常吃重。上场起霸固不必说，除了要显出大将风度之外，还要表现出这个人物的艺高人胆大和忠勇好胜的性格，但是又不能令人觉得他只是年少气盛甚至嚣张跋扈。某些血气方刚的年轻演员，自凭功夫扎实，起霸时好比卖艺，开打时只求火爆，就不是那么一回事了。高盛麟以此戏为他的代表作之一，看他出场起霸，威武中显稳重，转身亮相时靠旗整齐地左右摆动、唰唰作响，足见身上的劲道之大，但神定气闲，所以每一个节骨眼上内行的观众都会齐声短短地叫好。等到岳飞升帐，调遣众将，单单不派高宠出马，于是他当帐请令，结果只令他看守大纛，无奈冷笑下场。这时高宠虽然很不高兴，但他还是竭力忍耐。

在金兀术带兵过场后，高宠出场了。他看到番营兵将如潮、马嘶人喧、金鼓齐鸣，但自己无份杀敌，心情更为抑郁。这里他一面唱昆曲曲牌《石榴花》，一面满台飞舞，在非常繁重的身段中，要把曲牌中的唱词一字一句都送入观众耳朵，如果没有高亢的嗓音而只靠武功表演，那就不知所云了。武生怕《挑滑车》，这一场"戏肉"是原因之一。我看过许多武生演这出戏，年轻的唱得声嘶力竭，中年的许多地方只做不唱，唯有一个高盛麟，不但字字唱得清楚，而且身上既帅，劲头又足，载歌载舞时所显出的功夫尤其叫人吃惊，包括三次下腰转身，以手击脚尖靴头，靠旗随身体连转三圈、唰唰作声，但他不但气不喘、面不红，而且靠旗不乱，靠旗上的飘带笔直地随旗旋转，靠裙和飘带整齐如故，最后一句"俺只待威风抖擞灭尔曹"喷口而出，一个转身亮相，台下哪能不爆发出如雷一般的彩声！

但高宠的唱还不止此，下一场他在山头观战，看见岳飞败下，先要唱一段曲牌《黄龙滚》，因为是登上山瞭望双方交锋，因此演员处于舞台后部，那时没有麦克风，要句句送到台下，没有好嗓子怎么行？高盛麟唱来又是令人满意。

高盛麟《挑滑车》的唱和做是如此，至于他的打，则更是不得了，其中最紧凑的是打金邦押解滑车的大将黑风利的一场。黑风利是武净，使双锤，像一道旋风那样几番冲杀，都被高宠打倒在地，那速度之快，在长靠戏中实属罕见。打败黑风利后，高宠要耍下场枪花，前面的打既然如此火爆，此时怎么能慢下来？哗！这一段枪花，又是满堂彩！

后面高宠挑滑车时因胯下的马已经不胜压力，所以居中有好几个劈叉，高盛麟的劈叉蹦得高，下地后立刻又蹦起，一连数次，看得观众无不热血沸腾，记得我喝彩时不由得声泪俱下。我看过许多著名武生的这出戏，但是以看高盛麟的演出令我最为感动。所以，演武戏不单单看演员的功夫，而是要演得"入戏"。我觉得，其他武生在这方面就有所不如了。

我并不认识高盛麟，却一直在关心他的动静。他晚年拍了几部纪录片，保存了他的部分艺术，可惜似乎没有《挑滑车》和《铁笼山》。1989年听到他逝世的消息，当时我不禁想，这位剧坛典范一去，许多长靠戏恐怕将成绝响了！

探营唱唢呐
起霸用大铙
——谈最难的武戏
《铁笼山》

前文曾经提到，长靠武生的著名剧目中的《铁笼山》原来是武净的戏，因为主角姜维是三块瓦的红脸，在额上有一个黑白的太极，表示他得到了诸葛亮的道法真传。但是，它很早就被武生"拿过来"，老一辈的杨小楼、尚和玉都以这出戏闻名，他们学的都是俞菊笙（1838—1914，他是目前在武生行当中已经是前辈的俞大陆的曾祖父）。他们之后，在我看到的武生中，就要数杨盛春、高盛麟、孙毓堃和傅德威了，杨、高、孙学的是杨小楼，傅则学尚和玉，可说各有千秋。

这出戏对演员的要求十分高，第一场"探营观星"，姜维要唱大段用唢呐伴奏的二黄，由于唢呐的调门高，没有好嗓子就不能唱。记得我看杨盛春的时候，他正值倒嗓，所以只能看他的身手；孙毓堃由于身材高大、嗓音洪亮，整个演出很精彩，但是他也未必能字字唱全；只有高盛麟打起精神的时候可以做到。但是，《铁笼山》不只是要唱，更重要的是念、做和打，譬如在报名时念"姓姜名维字伯约"，那"维"和"约"两个字就要有龙虎之威、千钧之力。至于做，必须大书特书的是姜维在戏中要起全霸，在锣鼓中加入大铙（比普通铙钹大很多的乐器，发出低沉的"扑扑"声），造成了特殊的舞台气氛，而他的各种动作，比《挑滑车》的起霸还要复杂，原因之一是姜维腰间还挂了一把宝剑，在转身、翻身时剑穗要随着转动但不能乱，没有深厚的功力，就演不好这一场戏了。听说以前的名角在起霸完毕时，必定背转身子，向舞台顶部横挂着的帷幕猛力运气，吐出一口痰（没有痰也得吐一大口唾沫），直喷幕上，台下识货的观众便雷轰似的叫好，方才算是功夫到家。如今禁止吐痰，这个绝技也就绝迹了。

《铁笼山》是一出大戏，所以角色繁多，蜀汉姜维那边还有大将马岱和夏侯霸以及羌王迷当的军队，加上众多女羌兵；魏国那边是司马师、郭淮和其他将官，所以武打场面很多。以姜维的身份，不能像《挑滑车》中的高宠那样年轻气盛，也不像《伐子都》中的主角那样彪悍。他必须举止不凡，保持大将风度。例如传令时要气度轩昂，传令完毕下场时抢剑穗、转身、亮相，不能火爆，而要恰到好处；后来被魏兵打败时，姜维有一个勒马的身段，他手中的大枪的枪头和枪尾不断颤动，以表示人困马乏，但却不能狼狈。这些都是考验演员的地方。

看高盛麟的《铁笼山》是20世纪40年代中，当时他在麒麟童的鼓励下，在上海黄金大戏院挂头牌演出，天天双出，先演文戏，后演武戏，场场爆满，唯有《铁笼山》因为太繁重，所以不演双出，但更是满座，连走廊里都加满了凳子。记得他表演时自始至终精神饱满，看得观众如醉如痴，而他的形象也始终留在我的脑海中。我还记得他的水发特别长，一直拖到腰下，但在开打时却丝毫不乱。有人说这个水发是杨小楼的遗物，是否属实就不得而知了。

善演《铁笼山》的还有一个"南麒北马关外唐"中的唐韵笙。他是文武全才的老生，却能演大武戏。他于40年代到上海演出时，十分轰动，尤其是这出《铁笼山》，还出动了当时著名旦角扮演女羌兵，成为剧坛佳话。

可惜我错过了，不能把他的演出和杨盛春、孙毓堃、高盛麟等的比较。不过，我此生算是看到了当代最好的演员演出这出长靠武戏中最难演的《铁笼山》，也可以无憾了！

《四平山》和《两将军》

谈了几出长靠武生戏的经典名剧，还有两出戏不可不提，其一是《四平山》，另一是《两将军》。

《四平山》是勾脸戏，本来是由武净演的，也被武生拿过来了。故事是说隋朝时李渊的小儿子李元霸武艺高强、素无敌手，他被隋炀帝派遣去和瓦岗寨造反的人们交手，母亲关照他那里的秦琼是救命恩人，凡是他的朋友都不可伤害。此后双方还暗通消息，李元霸叫秦琼和他的朋友都在背上插一面小黄旗，见旗便不会伤害他们。瓦岗寨便人人背插黄旗去应战，唯有年轻的大将裴元庆自恃武艺高强，不肯插黄旗。当两军交锋时，李元霸果然看到凡有黄旗的都自动回避，但是转来转去都是插黄旗的，正在纳闷，遇见了没有插黄旗的裴元庆，便和他厮杀。他们二人都以双锤为武器，裴元庆招架了李元霸三锤，虎口震裂，不支败下。李元霸见他是一条好汉，也不加伤害。于是双方各自收兵。（李元霸是隋唐第一条好汉，裴元庆是第三条好汉，后者当然不是对手，这在我童年时是普通常识，因为人人都看过《说唐》和《隋唐演义》，从第一条好汉一直排列下去，大家都能如数家珍，不过许多现代人可能缺乏这方面的常识，请赶快恶补中国古代小

215

说吧！）

《四平山》是一出角色众多的大武戏，李元霸在没有上阵之前不穿靠，唱昆曲，在上阵会见瓦岗寨英雄看到黄旗时，总是不战而退，每一次都有不同身段，都要不同的锤花亮相下场。其中一次是双锤并举向上抛，自己做三百六十度转身，正好伸手接住空中下坠的双锤，接着亮相。台下必然彩声雷动。当年别的武生演到此处，因为难度极高，要举起双锤准备良久才抛锤转身，唯有一个张翼鹏（1912—1956，盖叫天的大儿子），就这么快如闪电、毫不犹豫地抛锤转身，接锤亮相，于30年代轰动上海。长靠武生出手是很少见的（他还有别的拿手绝活，以后有机会再谈），而且张翼鹏还演全部《李元霸》，前饰李渊，演《临潼山》（这出戏马连良也整理演出过，以前我曾提到，讲的是秦琼救驾），后饰李元霸，而这《四平山》就成了他的绝唱。后来北京的傅德威于40年代到上海，也演《四平山》。他是尚和玉派，以稳重的工架见长，可惜因为上海观众看惯了张翼鹏，觉得他不过如此。后来京朝武生到上海，都较少唱《四平山》了。

《两将军》，也叫《夜战马超》，是武生和武净两个角色都很吃重的戏。故事出自《三国演义》，说的是马超攻打葭萌关，和张飞大战，由白天打到晚上，二人挑灯夜战。刘备恐二虎相争必有一伤，到阵前劝马超暂时收兵，而戏也结束了。马张二人大战，先是各穿全副长靠，打快枪，双下场；后来夜战时换了短打，穿薄底靴，二人从在马上打到在地上步战，又赤手空拳对打，变成短打戏了，所以两个演员都要有很扎实的功夫。我从小就非常喜欢看这出戏，最崇拜饰演马超和张飞的李万春（1911—1985）和蓝月春二人，那是30年代，二人都很年轻，每演必满。由于我的父亲是李万春的拥趸，所以我常常有机会看他们演《两将军》，不论长靠短打都打得严丝合缝，真是做到了快、稳、准、狠，以后再看别人，和李、蓝二人比较，都觉得有所不及了。

　　《两将军》这出戏，说明了武生必须长靠短打都精通。长靠戏的难度很高，但短打戏的难度也不相上下，何况短打戏又可分为好几个类别，各有各的特色，下文将一一道来。

短打武生三大类
唱念做打都要精

　　介绍了几出长靠武生的剧目和擅演这些名剧的著名演员，一时也讲不完，现在先来谈谈短打武生吧。

　　短打武生的戏非常之多，例如《三岔口》就世界闻名，而武松的名字也无人不晓，于是《武松打虎》《武松杀嫂》《武松打店》（又名《十字坡》）等戏也就成为观众喜爱的剧目。武松是《水浒传》中著名的英雄，这部小说中还有许多由短打武生扮演的人物，包括《林冲夜奔》中的林冲、《翠屏山》中的石秀等。这些角色有一个共同点，就是他们的服装是短的，脚上穿的大多是薄底靴，而头上戴的帽子则不像长靠武生那样是又重又大的头盔，而是被称为软罗帽的轻巧的帽子。凡是这样打扮的武生，都被归入短打武生行当中"软罗帽武生"的类别。他们必须身手快捷轻巧、善于翻跟斗，有时候也需要一副好嗓子，不然怎么能够应付《林冲夜奔》中大段载歌载舞的昆腔呢？

　　既然有软罗帽武生，当然还有戴硬罗帽的武生。这一类武生头上戴的是一顶又大又重、又高又圆，还有许多绒球的被称为硬罗帽的帽子，脚底下穿的是厚底靴，身上在平时穿袍式样的褶子，在武打场面中则脱去外面的褶子，只穿里面的箭衣或者紧身的被称为快衣快裤的短打，多数还换穿薄底靴，但也有仍旧穿厚底靴的。这些戴硬罗帽的武生必须允文允武，在穿褶子的时候要唱、念、做俱佳，在穿箭衣或快衣快裤时则既要打得威严勇猛，又要身手矫捷。他们扮演的人物中包括黄天霸，他在《连环套》中以唱、念、做为主，在《恶虎村》中则前半部注重念和做，后半部才显出武打的功夫。《恶虎村》这出戏特别难演，是因为后半部黄天霸要表演走边，这是表示剧中人于夜静更深时或在荒郊或在深山或在小巷迅速行走，既要注意周围的环境以免被人觉察，又要表演出夜行时在曲折的道路和高低不平的小径上步步留神但又勇往直前的情况，所以要用许多特定的武功程序例如踢腿、飞脚、鹞子翻身、旋子、亮相等来表演，而伴奏的打击乐器则以小铙钹为主，它以急促的节奏和高亢的音调营造出紧张的气氛。这个走边程序需要很高的技巧，即使只是戴软罗帽、穿薄底靴，也已经非常吃力，但是黄天霸戴的是硬罗帽，要表演走边就更不简单了。一般武生演《恶虎村》，到走边一场就不再穿厚底靴而改穿薄底靴甚至还换上较为小一些的硬罗帽，以方便表演，但这是不对的。因为一代宗师盖叫天在六十岁以后，还是戴硬罗帽、穿厚底靴表演到底。有关盖叫天的艺术，这里限于篇幅，下文再谈。

还有一种武生扮演的角色，头上戴的是扎巾，如《一箭仇》（也名《英雄义》）中的史文恭、《独木关》中的薛仁贵、《艳阳楼》（也名《拿高登》）中的高登以及《状元印》中的常遇春等，他们在平时穿褶子和厚底靴，开打时脱掉褶子而穿箭衣，脚下仍旧是厚底靴。这些角色不但唱、做、念并重，武打场面更是花式繁多。例如《一箭仇》，史文恭和卢俊义的打主要是长靠武生的路子，但是接着和武松与燕青的对打就是短打，而最后被阮氏兄弟在水中擒住的一场，不但要从桌子上翻一个台漫下来，还有许多繁

左上：盖叫天《武松打虎》

左下：杨盛春《恶虎村》

右下：高盛麟《拿高登》

重的水中对打和甩水发的功夫。至于《艳阳楼》中高登和各个对手打的套子非常复杂，而《状元印》也是一出没有深厚的武功就难以对付的大武戏。可以这样说，扎巾武生戏是熔长靠和短打于一炉的武戏，非常不容易演。

综上所述，要成为一个好的短打武生演员，实在并不容易，因为演员必须唱、念、做、打样样精通，盖叫天以后，像高盛麟、杨盛春、李万春等都具有相当的功力，但是今天活跃在剧坛上的武生们，是否有人能望其项背，就很难说了！

前页的三幅剧照，分别展示上述短打武生的三大类别，它们是盖叫天的《武松打虎》、杨盛春的《恶虎村》和高盛麟的《拿高登》。

短打宗师盖叫天
盖世绝唱《恶虎村》

上文在提到短打武生戴硬罗帽、穿厚底靴演出的名剧《恶虎村》时，说一般武生在后半部开打时会换穿薄底靴，有些甚至头上换一顶比较轻和小的硬罗帽。演员这种演出方式是为求省力，有欺骗观众之嫌，同时还暴露了他们的功夫不到家，不过，如果观众不大内行，就会让他们蒙混过关了。

《恶虎村》是一代武生宗师盖叫天的拿手好戏。盖叫天原名张英杰，艺名盖叫天的意思，是盖过谭叫天。谭叫天就是谭鑫培，乃是伶界大王。他要盖过谭大王，可见年轻时雄心之大。不过京剧界对谭鑫培十分尊敬，因此据说对起这个艺名的青年武生颇为不满。盖叫天年轻时在北方虽然有一些名气，但只不过唱唱开锣戏，于是他决定到南方发展，经过不断努力，终于成为南北驰名的一代武生宗师。

盖叫天艺宗李春来（1855—1924），后者是清末京剧最盛时期的武生名家，尤其以短打武生独步剧坛。盖叫天继承了李春来的艺术，并且在其基础上有所提高而成为短打武生中最突出的一位。他每次演出，第一晚"打泡戏"必定是《恶虎村》，届时所有内行都会前去观摩学习，而他的精彩表演总是赢得满堂彩声。个中原因，就是他在这出戏中，不但通过道白、眼神、身段等表现出了主角黄天霸的复杂心情，并且在走边和武打场面中更展示了他不但扎实而且惊人的武功造诣。而他一直为人称道的就是戴硬罗帽和穿厚底靴表演到底，而且在走边的一场中结合了武术招数，不但圆场、云手、踢鸾带、起飞脚等动作干净利落，而且每一个身段、每一个亮相都漂亮到极点，在音节铿锵的高音铙钹严丝合缝的伴奏之下，不但把观众情绪带上一个又一个的高峰，其台风之飘逸、身段之边式，简直就是一场连绵不断的艺术舞蹈！

可是，盖叫天在《恶虎村》中展现的功夫，还不止穿厚底靴戴硬罗帽走边，而是在后面开打时的稳、准和狠，其表演可说是到了炉火纯青的境界。这还不算，他在和濮天雕对打的紧要关头，对方一脚踢去，他还要翻一个硬抢背，即斜身跃起，翻滚，背脊落地，随即翻身蹦起，双足落地，亮相，不说别的，单单在摔抢背时要顾到头上那顶十分沉重的硬罗帽，已经极显功夫，何况还要穿着厚底靴，而背脊落地后又马上要整个人蹦起来，精神饱满地亮相！这种功夫，直到40年代末期已经六十多岁高龄，他还是如此一丝不苟地演出！

可惜的是，《恶虎村》这出戏在1949年之后，因为黄天霸身为汉人而替清朝统治者的官府服务，于是被"定位"为"清廷鹰犬"，思想不正确而禁止演出（不但这一出，许多类似的戏，包括武戏中著名的"八大拿"都被禁了），即使在拍摄《盖叫天舞台艺术》电影纪录片时也为其所不容，而以其他戏的走边替代。三十年后，《恶虎村》和许多类似题材的戏都开禁而重现舞台了，只是盖叫天早已在"文化大革命"中受尽折磨而死，他的这项绝活也早已永被湮没了！

然而，《恶虎村》只不过是盖叫天的绝活之一而已，他的硬、软罗帽戏以及扎巾戏都独步艺坛。这从他头三天的打泡戏码可以看出来。因为在第一晚的《恶虎村》之后，第二晚他必演《一箭仇》，这是《水浒传》中梁山好汉们兴兵捉拿在曾头市放箭射死晁盖的祝家庄教头史文恭的故事。主角史文恭是戴扎巾的（这出戏尚和玉也极为拿手，不过路子和盖叫天略有不同）。接着第三晚他必定演《白水滩》，其中主角十一郎莫遇奇戴草帽圈（那是没有顶的阔边圆帽，内藏水发，去掉帽子，即露出水发），也是属于软罗帽武生的角色。换一句话说，他头三天的戏，就把短打武生三大类别的绝活都展示出来了。在演了这三出戏之后，他才把其他拿手好戏一一贴演，其中就包括他的武松戏和《三岔口》等。

　　盖叫天晚年演戏，往往在舞台两侧挂出一副对联，上联是"英名盖世三岔口"，下联是"杰作惊天十字坡"，嵌入了"英""杰"（盖叫天原名张英杰）和"盖""天"四个字，以及他的两出戴软罗帽的拿手好戏。而他的硬罗帽戏《恶虎村》和扎巾戏《一箭仇》也是盖世无双的，短打武生的王座，除了他还有谁能坐？今天中国京剧界虽然新人辈出，但是还没有人能够超出盖叫天的艺术水平。

《十字坡》出绝招
《三岔口》显功夫

有关盖叫天的资料很多，谈他的艺术的书籍和文章也不少，但是武生的艺术很难用文字来形容，而必须要借助多媒体，所以这里介绍两张VCD，是从电影翻制的，以供参考。它们是盖叫天在20世纪50年代拍摄的两部舞台艺术纪录片，一部是《武松》，从《打虎》起到《鸳鸯楼》；另一部包括《白水滩》的舞棍、《茂州庙》（即《拿谢虎》）及《七雄聚义》的走边（前文中提及替代《恶虎村》走边的，应为以上二剧）、《劈山救母》的片段和《英雄义》（即《一箭仇》）的大部分等。前者是彩色的，搭了布景，限制了演员的舞台程序表演，而且由于运用电影手法，在紧要关头往往是盖叫天的面部特写，看不到他美妙的身段，而且在表演时较多中景，缺乏全身镜头，没有能够尽量展示盖叫天的功夫；后者的片段以舞台纪录片形式拍摄，《一箭仇》的配角阵容也很好，虽然纪录片中的几场走边不能和《恶虎村》相比，因为《七雄聚义》是软罗帽戏，而《茂州庙》中穿的是薄底靴，但盖叫天能留下这么两出戏的影像，堪称万幸，虽然据说他自己看了电影并不满意，甚至有"一世英名、付诸流水"之叹。

我从稚龄就开始看盖叫天演戏，那时他还没有摔断腿，当然正值黄金时代，但是印象已经模糊，只记得他演武松时两只眼睛睁得大大的，十分威猛，此外还记得他饰《大舞乾坤圈》中的哪吒，把那个大藤圈耍得出神入化，令我十分入迷，回家就把一个小藤环抛来抛去而险些打碎了桌子上的杯碟。后来再看他的戏已是40年代了，那时我比较懂得看戏了，所以知道盖叫天好在哪里，每次喝彩都喝在节骨眼上，因而深获长辈们的赞许。

盖叫天的绝技说不完。举例来说，《武松》中的《十字坡》是他的杰作之一，剧中武松和孙二娘的对打，和《三岔口》的摸黑异曲同工，二人打到紧要关头时，盖叫天必然使出一招惊险的绝技，就是当他把孙二娘打倒而对方在他身旁向地下跌扑时，武松两眼向前直望（表示在黑暗中什么都看不见），却把手中的匕首顺着孙二娘落地的声音快如闪电地掷下，当孙二娘的身子合扑落地时，那把匕首正同时插在她的颈边，"扑"的一声，还不断抖动，每次都是如此，分毫不差，观众无不看得目瞪口呆，内行们更是佩服得五体投地。当年配演孙二娘的是老搭档祁彩芬（这位老伶人50年代曾在香港多年，当时的童星萧芳芳就曾向他学艺）。后来在40年代我看盖叫天的《武松》，《十字坡》中的孙二娘由年轻的武旦李金鸿（1923—2010）扮演，据说他虽然知道盖叫天有此绝技，但想不到在演出时那把匕首在落地插入台板时差不多贴着自己的脖子，吓了一大跳。后来盖叫天安慰他不必害怕，因为自己手下极有分寸，此后他们合作时盖叫天掷匕首就离开脖子稍微远了那么一点点，但还是令台下的观众为李金鸿捏一把汗！

《三岔口》这出戏是盖叫天唱红的。当年吴素秋和叶盛章在上海黄金大戏院演出，吴素秋有"劈纺名旦"之称（演《蝴蝶梦·大劈棺》和《纺棉花》双出），因此十分卖座，但是演久了就有些后劲不继，于是戏院请出盖叫天来挂头牌，排出全部《武松》，这是盖叫天的拿手，配以吴素秋的潘金莲和叶盛章的武大郎，真是珠联璧合，轰动了整个上海滩。吴素秋在《挑帘裁衣》《戏叔》《杀嫂》等几场中的演出十分精彩，叶盛章全剧走矮步，而他在《灵堂》一场一个跟斗蹿出灵台更显出非凡的武功，这一点我在谈叶盛章时已经提及了。至于盖叫天演的武松，当然令观众都疯狂了。这样天天演《武松》，演了许久，许多观众都一看再看；此后又由盖叫天、叶盛章合演《三岔口》，吴素秋在倒第二演《蝴蝶梦·大劈棺》，当然又是天天满座。当时盖、叶二人是第一次合作这出戏，开打之紧凑、套子之纯熟，为舞台上所罕见。二人的摸黑足足演了三刻钟，而盖叫天在剧中打的一套拳更是艺惊四座。从此以后，武生和武丑都以演《三岔口》为号召，后来李少春和叶盛章合作，也以这出戏最卖座，而短打武生戏以《三岔口》压台，盖叫天是鼻祖。

舞台两侧的对联"英名盖世三岔口，杰作惊天十字坡"，盖叫天真是当之无愧！

难得一演赵子龙

艺惊四座史文恭

　　盖叫天的艺术生涯长达半个世纪，我虽然在 20 世纪 30 年代就看他的戏，但那时我年龄尚幼，只记得他已是成名的大角，所以不再演年轻时享有盛誉的以真刀真枪为号召的《三本铁公鸡》等勇猛和火爆的剧目，而改为以深厚的武功和对人物的刻画取胜。印象较深的是《白水滩》，主角莫遇奇出场时唱两句西皮摇板"豪杰生来运不通，蛟龙困在浅水中"，我一学就会，看完戏回家，就背了一根木棍在家里学着唱；此外就是《武松》，而其中最令人难忘的就是《十字坡》中的掷匕首。还有两出戏是他的独门戏，一出是《乌江恨》，另一出是《七擒孟获》。前者讲楚霸王项羽的故事，他演霸王，不勾脸，唱做和开打并重；后者他演孟获，身上佩戴了弓箭和蛮刀，转身都很困难，但他还要开打。这两出戏都别具一格，后来从来没有看他再演。当时同台的演员包括著名旦角小杨月楼（1900—1947），他在《七擒孟获》中扮成蛮女模样，令我母亲吃了一惊，以后她就不再看京剧了。

　　真正看盖叫天的戏是 1942 年到 1949 年，他差不多每年都在上海演出一次，虽不是每场必看，但我也看了十之八九。《恶虎村》《一箭仇》《白水滩》不必说，《武松》和《三岔口》也不知道看了多少次，还有《劈山救母》《大舞乾坤圈》《茂州庙》等也是常演的剧目。

提起《白水滩》，其中主要的配角是武净扮演的"青面虎"徐世英，他被官兵押解去充军，于白水滩遇到他妹妹和友人来援救，官兵不敌而逃，莫遇奇不明就里，帮助官兵去打徐世英，徐世英他们不敌莫遇奇，但却赞他是一条好汉。戏中的徐世英被莫遇奇连连打倒，要摔好几个"元宝髁子"（这个"髁"字音 Ke，不知道是不是这样写，这是一个难度很高也很危险的摔跌动作，演员要凭空跃起，双手双腿向上，以像元宝那样的姿势背脊落地，以前演这个角色，还要赤膊，以表示真功。《金钱豹》中的孙行者接钢叉时也要这样摔好几次。50 年代以后，由于危险度高，而且摔的时候一定很痛，这个动作好像废除了，今天在舞台上做这个动作时，演员大都在落地时双手伸向背后在地上先托一下，虽然双腿还是笔直向上而以背脊着地，但因为有双手的帮助，就不至于因为摔得不平稳而受伤）。那时盖叫天的搭档是应宝莲，由于这位演员的跌扑功夫是真正第一流的，所以《白水滩》的开打令人惊心动魄，盖叫天这出名剧，实在得力于这位绿叶不少！（应宝莲还有一出拿手戏是《目连救母》，他演目莲僧的母亲刘青提，在被鬼捉拿时要表演许多跌扑功夫，包括摔髁子和从桌子上翻下来摔硬僵尸，他的武功，当时的内外行没有一个不佩服的。）

《白水滩》和《恶虎村》是盖叫天一人挂头牌时的打泡戏，《一箭仇》不但是他的打泡戏，也是当时名伶大会演时的压台好戏。最值得一记的是，有一次演出义务戏全部《大名府》，这出戏取材于《水浒传》，讲的是卢俊义如何上梁山的故事。前面大部分是卢俊义的戏，由麒麟童担纲，剧中梁山英雄倾巢出动，在元宵节大闹大名府，搭救卢俊义，所以几乎出动了上海所有的名角，除麒麟童外，包括曹慧麟演的卢妻、高百岁演的索超、赵如泉演的时迁等，到卢俊义被梁山救出，就接演盖叫天主演的《一箭仇》压台，由卢俊义率领林冲、武松、燕青等去拜会史文恭。麒麟童在此剧中一人从头到尾演卢俊义，和盖叫天对枪，打得难分难解，传为一时佳话。至于盖叫天演的史文恭，不论是一举手、一投足，台下总是不断地有人叫好，而云集戏院座位两侧、后面，以及来到后台观摩的行家们，更是聚精会神，一点也不放过，因为他的演出实在太精彩了，哪能不受到全场一致的惊叹啊！

　　盖叫天艺术精湛，在京剧界人人敬仰，他久居上海，但京朝派武生都以后辈自居而对他极为尊重。记得 1945 年抗战胜利后不久，上海演出一场义务戏，压台戏是梅兰芳主演的《龙凤呈祥》，他在其中只得一个武生角色赵云，前半部只是次要的配角，后半部要扎靠、起霸，在最后《回荆州》一折中较为重要，要和孙尚香及刘备三人一起跑三叉花式样的圆场，由于三人的圆场好比一个横的"8"字，所以也叫"编辫子"。赵云是长靠武生应工的角色，但是梅兰芳主张请盖叫天配演。那时绝大部分京剧观众从来没有看过盖叫天的起霸，看了他在《龙凤呈祥》中赵云的起霸，都佩服得不得了，而后面的"编辫子"更显出功力。全剧演毕，从不谢幕的盖叫天也破例陪同梅兰芳和孙均卿(上海名票友，孙岳之父，演刘备)出来谢幕！

盖叫天提携后进
高盛麟誉满春申

在20世纪40年代的上海，盖叫天只是偶一演出，因为武生挂头牌毕竟不多，所以通常戏院大都是邀请京朝名角来挂头牌和二牌，有时也邀请北方的武生南下，否则就用长期在上海的京朝派武生高盛麟挂三牌，在倒第三演一出武戏。由于高盛麟功底深厚，嗓子又好，虽然也有没精打采的日子，但在振作起来的时候，的确有杨（小楼）派传人的风范，因此捧场的观众相当多。有一年夏天，黄金大戏院没有邀请京朝名角南下，在麒麟童和同行们的鼓励下，院方决定由高盛麟挂头牌，以比较便宜的票价以及演一文一武的双出为号召，广告一出来，果然引起了轰动，而高盛麟就此大红大紫！

记得那时候我随父亲排夕往观高盛麟，由于上演的戏极多，不能尽记，印象较深的文戏有《打棍出箱》《秦琼卖马》《打渔杀家》《捉放曹》等，文武老生的靠把戏则有《战太平》《定军山》《战长沙》等，武生戏当然包括《长坂坡》《挑滑车》《铁笼山》《一箭仇》《艳阳楼》等，此外似乎还有《武家坡》和《桑园会》等以唱功为主的老生戏，以及又唱又做又打的《翠屏山》（此戏的主角石秀前半部《吵家》中的西皮原板需要好嗓

231

子，后半部的《杀山》要舞一套六合刀，是谭鑫培的拿手）。大凡唱文戏，高盛麟总是在后面加演一出武戏压台，而在演《战太平》《铁笼山》等重头戏时则不再在前面加演文戏。记得那时上海的戏迷看高盛麟，简直看得发了疯似的，戏院差不多天天爆满，据说连谭富英和李少春演《战太平》，观众的反应也没有高盛麟演出时那么热烈。当时有人提出，高盛麟既是高庆奎的儿子，应当要演出他父亲的名剧《逍遥津》《辕门斩子》《斩黄袍》等戏，但是高盛麟却明智地推却了，因为他自知嗓子虽然好，但老生不是自己的本工，尤其唱不了这些以高调门为主的父亲的拿手戏。后来有人说他曾演出《逍遥津》，那是讹传而已。

高盛麟大红之后，恰巧许多名武生都云集上海，老一辈的有盖叫天，久在上海而享有一定声誉的有李仲林、高雪樵等，而北方的李万春和叶盛章也来到了上海，此外长在上海的武戏演员有武丑艾世菊、武旦班世超、武净萧德寅等，称得上是名角如林。于是戏院老板就开动脑筋，邀请盖叫天领衔各位武生，于 1948 年来一个武生大会串，推出极为精彩的戏码，成为京剧剧坛上的一件大事。

记得盖叫天演出他的拿手《一箭仇》时，演员的阵容是高盛麟饰卢俊义，高雪樵饰林冲，李万春饰武松，李仲林饰燕青，叶盛章和艾世菊分饰阮小五和阮小七，他们每人都有和盖叫天饰演的史文恭对打的场子，譬如与卢俊义的对枪，那是长靠的开打，与林冲的对枪又是另一个套子，与武松的对刀和对拳是短打的路子，而与使棍子的燕青又是一个打法，最后阮氏兄弟水擒史文恭一场是水中大战，两个武丑和盖叫天各显本领。总之，这次演出可说是有史以来最精彩的《一箭仇》了。

但是好戏还不止于此。盖叫天演《茂州庙》（即《拿谢虎》），由高盛麟演黄天霸。这是"八大拿"之一，黄天霸是正角，谢虎这个采花大盗是反角，通常由武净扮演，他的脸谱是在脑门上画一只桃子，因为谢虎的绰号叫"一枝桃"。但是盖叫天演的谢虎并不勾脸，并且还要表演他的走边绝活，变成戏份和黄天霸并重。他们还演出许多群戏，例如《虮蜡庙》，其中的老英雄褚彪和黄天霸都是主要角色，盖叫天演黄天霸，高盛麟演褚彪；又如《大溪皇庄》，其中的贾亮是武丑，由叶盛章饰演，高盛麟演褚彪，而盖叫天则演绰号"采花蜂"的尹亮：这些都是可遇而不可求的理想搭配。

不过最为人乐道的是《艳阳楼》，即《拿高登》。其中主角高登这个角色本来由武净担当，但是被杨小楼拿了过来，变成杨派武生的看家好戏，当然也是高盛麟的拿手。盖叫天在此戏中担任配角花逢春，这个角色本来是短打武生应工，在盖叫天还没有成名的时候，他曾经扮演这个角色，为当时的名武生杨瑞亭（1892—1948，他晚年久居上海，不大得意，但仍受同行尊重，我看过他不少戏，典范犹存）扮演的高登配戏，现在他在晚年重新扮演这个角色，目的是捧晚辈高盛麟。此外的角色有叶盛章饰的"抓地虎"秦仁、高雪樵饰的呼延豹等，盖叫天在戏中的走边一场，当然赢得满堂彩声，但是最令观众看得过瘾的是高盛麟饰的高登。他出场时敞开褶子，把大折扇"唰"的一声打开的一个亮相，已经是满堂彩，念引子又是彩，四句定场诗念到最后一句"最爱美艳女娇娘"，又是彩声如雷。最精彩的是这一场的趟马，先唱四句摇板，到第三句"人来带马会场上"，"人来"两字之后一个架子，"带马"以炸音念白方式出之，有雷霆万钧之势，最后斩钉截铁地唱出"会场上"，台下的彩声就如雷鸣一般；接着上马，穿着比一般演员更厚的靴子满场飞舞地趟马，那由褶子、髯口、鸾带、鞭子相配合的一个一个身段，简直把人看呆了！

大家都知道《艳阳楼》是一出大武戏，只要高登这个角色演得好，观众已经十分满意，但是如此强大的演员阵容演出这出戏，却是从来没有过的，而且后来也没有了。记得那是武生大会串的最后一天，观众看完这出戏，久久舍不得离开戏院，我也兴奋得不得了，时隔六十年，一切还是历历在目，永难忘记！

顾曲集

厉慧良《长坂坡》

杨盛春《长坂坡》

《两将军》

傅德威《四平山》

高盛麟《四平山》

高盛麟《翠屏山》

高盛麟《一箭仇》

尚和玉《一箭仇》

杨盛春《恶虎村》

李少春、叶盛章《三岔口》

张翼鹏《雅观楼》扮相二

上文谈到的武生大会串，虽然由盖叫天领衔，但是无疑最出风头的是高盛麟，他的名气不但震动上海，甚至北平（那时还没有改回旧名北京）和天津都知道长期在上海的高盛麟已经大红大紫。但是，他却未能衣锦还乡，因为时局已经发生了急剧的变化。

在轰动一时的武生大会串演毕之后的 1949 年初，国共内战已经接近尾声，上海的金融十分混乱，人心惶惶，大家都知道国民党已经穷途末路。上海在晚上十点要戒严，戏院不演夜场而改为下午四时开锣，演到八时便散场，而人们也无心看戏。但是戏院老板却利用高盛麟的名气来挽回票房的颓势。恰巧此时李万春也在上海而无从北返，于是戏院来一个两大武生双头牌，即使是每天只能在下午演出，但仍旧有不错的上座率。

李万春比高盛麟大四岁，成名在先，而且二人的戏路相仿，同台演出应该是有冲突的，但他们惺惺相惜，今天我为你配戏，明天你为我配戏，合作得非常好。我印象最深刻的是他们二人合演的《连环套》，高盛麟演黄天霸的一天，由李万春反串花脸演窦尔墩；次日李万春演黄天霸，由高盛麟反串窦尔墩。他们演黄天霸都是本行，自然得心应手，但是反串窦尔墩却也是头头是道。在《拜山》的那一场，他们两个人虽然天天对调角色，但演得紧凑极了，而台下的观众也乐极了。我的印象是他们二人都演得很开心，因为的确是棋逢敌手、将遇良才，铢两悉称、相得益彰！

我曾经提到李万春的拿手戏是《两将军》，但是自从他和从小的搭档蓝月春分道扬镳后，他演这出戏就因为扮演张飞的演员难求而显得逊色了。《两将军》也是高盛麟的拿手，但是他不常演。如果我没有记错的话，此次二人合作，还演出了这出戏，轮流扮演马超和张飞，又激起了观众的热情，不过我没有看到这出戏，因为上海已经可以听到远处的炮声了，我也无心观赏京剧了。

关于李万春，以前我已经略为提过。他的戏路极广，长靠的《长坂坡》《挑滑车》等都极好，短打则拿手《恶虎村》《林冲夜奔》《十字坡》等，而演《林冲夜奔》还要接演《火并王伦》，可说不论硬罗帽戏、软罗帽戏或扎巾戏都很擅长。他的猴戏也很精彩，如《水帘洞》《大闹天宫》《十八罗汉斗悟空》等都比别的武生强。他还能演红生，《古城会》《华容道》等关羽戏宗法三麻子的传人李洪春。据我父亲说，李万春小时候曾唱老生，所以他也能演老生戏，而且他是马连良的干儿子，所以还有些马派的味儿。抗战以前我看过他的许多戏，包括新编的《田七郎》，他又从《十八罗汉斗悟空》中取材，演出《十八罗汉收大鹏》，使之成为一出非常热闹的大型武戏。但这样一个全才演员，却在第一次"反右运动"中被划成"右派"，被逐出北京，到内蒙古去演戏。幸亏他命长，总算得到平反，在晚年复出，可惜我没有机会看到。

高盛麟1949年后长期在武汉演出，担任武汉京剧团团长，1952年才初次到北京，受到盛大欢迎，后来又到上海，演出时万人空巷。"文化大革命"中他被关入牛棚，后来得以复出，还拍了好几部纪录片，总算保存了他的部分艺术，在同辈的武生中，算是相当幸运的一个。

　　顺便一提，李万春和高盛麟都有副好嗓子，因此都曾经在主演《长坂坡》的赵云之后，接着在《汉津口》中演关羽，是为武生在这两出戏中赶演两个角色的滥觞。其实如此一人赶演二角并无必要，因为《长坂坡》是一出完整的大戏，不一定要连演《汉津口》，只有在名角会演的时候才由红生演员扮演关羽而接演《汉津口》。而且由于演员要赶着卸装和再化装，《长坂坡》中后面赵云救了阿斗回来的重要场次只得删去而变成有头无尾，甚至还要增加曹操等的垫场去让演员改装，实在不足为法。前不久看到中央电视台几个京剧界人物谈论关羽戏，居然说《长坂坡》中演赵云的演员向来兼演《汉津口》中的关羽，想来是他们年资不足，见识浅陋，所以才信口开河，乱讲一通！

盖
派
传
人
张
翼
鹏

一
鸣
惊
人
《
雅
观
楼
》

　　从盖叫天和武生大会串，岔到了高盛麟和李万春，现在还是回到盖叫天。

　　盖叫天拥有一身本事，但是一般演员即使经过多年苦学，还是难以达到他的高难度和精湛的艺术水平，因此传人不多。大家公认最能得他真传的是他的大儿子张翼鹏（1912—1956），二儿子张二鹏也很好，但是较少演出，此外有一个徒弟叫王桂卿。张翼鹏和张二鹏的儿子似乎没有继承盖派艺术，而王桂卿却有一个儿子叫小王桂卿，还有小二王桂卿和小三王桂卿等后代，我在 40 年代曾看过他们和张翼鹏同台演出。现在小王桂卿已经老了，成为麒派老生；张翼鹏不幸早死；盖叫天的小儿子、张翼鹏的异母弟弟小盖叫天的戏我没有看过，自从盖叫天死后我就没有听说他曾演出；其他像李少春和张云溪等名武生虽在后来算是拜盖叫天为师，大概不过是挂名而已，而且早已作古。因此如果说盖叫天的艺术已经失传，大概不会偏离事实吧。

　　张翼鹏的艺术，凡是久居上海的戏迷几乎无人不知。他以扮演《西游记》中的孙悟空驰名，30 年代在上海大舞台一连排了三十多本《西游记》，每一本都极受观众欢迎。例如头本以《水帘洞》为高潮，在龙宫试兵器时，他表演各种兵器的使法，包括出神入化的双鞭，以及同时舞弄三件不同的兵器，实在是舞台上所罕见，当然最精彩的是大舞金箍棒。二本的戏肉则是《大闹天宫》，在传统名剧《安天会》的基础上加上新奇出手和武打套子，为《西游记》的成功奠定了基础。三本以《五百年后孙悟空》为主，开始加入唐僧这个角色。此后每一本都以传统的猴戏为根据而加以发挥，包括《猪八戒招亲》《盘丝洞》《三盗芭蕉扇》《三打白骨精》《真假美猴王》（此时张二鹏已加入，弟兄二人分饰真假孙悟空）等等。那时的配角阵容也很强大，由陈鹤峰（麒麟童的徒弟）饰唐僧，李瑞来饰猪八戒等（李瑞来是文武全才，许多《西游记》是他参与编写的）；旦角有云艳霞（后来嫁给陈鹤峰）。此外，主要演员还有张翼鹏的堂兄弟张国斌（文武老生，盖叫天和张翼鹏演《一箭仇》，第二主角卢俊义多由他配演）、张质彬（《四平山》中的裴元庆必定由他配演）等。师弟王桂卿较后才加入，当时的旦角台柱是曹慧麟，她是青衣、花旦的全才，所以阵容可说十分强大。

在《西游记》之前，张翼鹏年纪很轻时因替代摔断腿的父亲演出《武松》而开始出名。据我的记忆，我小时候随父母去看他演出的《雅观楼》，见到这个还不过是一个大孩子的角色居然如此有本事，就觉得张翼鹏非常了不起，而事实上他的确是以这出戏而崭露头角的。《雅观楼》是说李克用手下的小太保李存孝活擒孟觉海的故事。李存孝使用的兵器很特别，叫作挝（音"抓"），其实是两件兵器，其一是一把六角形的锤，它的柄大约三尺多长，正式的名称是金钱槊；另外一件是在长棍子的顶端有一只手，掌中横握着一支笔，俗称笔捻，正式的名称是劈天槊。在开打的时候双手将两件兵器换来换去，招数很难。此外李存孝还要耍令旗，不但姿态美观，难度也很高。这出戏是武小生应工，但唱的人极少，张翼鹏是由父亲亲授的，演来艺惊四座，就此一炮而红。我在看了他的《雅观楼》之后，又看了他演出《八大锤》，他扮演双枪陆文龙，勇不可当，岳飞手下的四员使锤的大将和他车轮大战。这是武小生的戏，但是已被武生拿了去而成为考验武功的试金石。张翼鹏不但基本功深厚，在双手持枪、左右两腿分别使出朝天蹬的同时，能以另一腿下蹲三上三下；而在开打时把双枪同时耍得好像两个风车，为别人所不能，于是声誉鹊起！此外，我也曾提到他的《四平山》也是一绝，至少许多观众都认为他演的李元霸独步剧坛，无人可及！

但是，盖叫天对张翼鹏据说并不完全满意，批评他"伸出手来像花旦"，意思是劲道还不够。这个批评也不无道理。因为盖叫天年轻时以勇猛见长，《三本铁公鸡》中的张嘉祥不但以真刀真枪开打，而且还半赤膊而露出半边肩膀，使用三节棍，打得十分火爆。张翼鹏成名后，大凡他父亲的拿手戏如《武松》《三岔口》《一箭仇》等都一一搬演，得到内外行一致称道，却迟迟不演《三本铁公鸡》。后来经观众要求，他也演了，然而不赤膊，虽然也打三节棍，然而不够火爆。这出戏我只看他演过一次，以后似乎没有再演了。这是因为张翼鹏的武戏以手脚干净、身段边式取胜，而《三本铁公鸡》一类的戏非其所长的缘故。当然，他以猴戏驰名，他所扮演的孙悟空以轻巧灵活、动作快捷而极具特色，与他同时代的武生也有擅演猴戏的，但是在观众的心目中，张翼鹏才是真正的美猴王！

文武昆乱
浑身绝技
——再谈张翼鹏

张翼鹏长期在上海演出《西游记》，那时上海人几乎个个都知道"看不杀的张翼鹏、唱不坍的《西游记》"这句流行语，可见他受欢迎的程度。20 世纪 30 年代和 40 年代的上海戏院，除了邀请京朝名角来演出的几家之外，二马路的大舞台和爱多亚路的共舞台以演连台本戏为主。张翼鹏的《西游记》就在大舞台演出，共舞台则是赵如泉（1881—1961）的地盘，演出《济公活佛》《怪侠欧阳德》等。这两家戏院都有坚强的基本演员阵容，并且经常聘请京朝名角南来助阵，可以称得上名角如林。既然有许多好演员，只演连台本戏岂不浪费人才，于是他们在星期天白天演出传统老戏，差不多必定满座。现在先谈谈大舞台张翼鹏星期天所推出的某些传统剧目。

《武松》是盖叫天的看家好戏，张翼鹏当然常演。一般的演出是从《打虎》起，包括《挑帘》《裁衣》直到《杀嫂》和《狮子楼》打死西门庆止，但是张翼鹏还要连演《十字坡》《飞云浦》《鸳鸯楼》，甚至加上《蜈蚣岭》，因此必然卖满座。这样演法，不要说演员，就是看戏的人也看得累极了，但张翼鹏演来始终一丝不苟。我记得看他演完《鸳鸯楼》已经很累了，而且这是日场，晚上还要演《西游记》，才明白这碗饭真是不容易吃！

　　全部《林冲》也是张翼鹏的拿手好戏。其实它的内容和杨小楼、郝寿臣的名剧《野猪林》差不多，也和后来李少春和袁世海合作的名剧《野猪林》大同小异。不过张翼鹏的演出有其独特的地方，最主要的分别是林冲不是武生打扮的光下巴，而是戴了黑髯口的，而且从头到尾穿的是厚底靴，这种扮相很符合年龄二十八岁、八十万禁军教头的身份。他在最后一折《夜奔》中戴长长的髯口、腰佩宝剑和足穿厚底靴演出，其难度当然比一般武生不戴髯口、穿薄底靴演出要高出许多。因此当他贴演这出戏的时候，必然有许多内行前去欣赏。《林冲》取材自昆曲《宝剑记》，据说张翼鹏对昆曲十分爱好，所以他这出戏昆曲的味道特别浓。由于我不但以前没有看见过《夜奔》的林冲有像他那样的打扮，后来也没有见到别人这样演出，所以曾经求教过一位昆曲前辈，才知道的确有这么一个版本。不过，目前恐怕已经失传了！

　　张翼鹏对昆曲的钻研，使他成为极少数能演《宁武关》的人。这出戏包括《对刀步战·别母乱箭》，出自昆剧《铁冠图》，讲的是明朝末年李自成造反，代州守将周遇吉败退宁武关，母亲命他必须以死卫国，结果周遇吉自己尽忠、母亲尽义、妻子尽节、儿子尽孝，一门忠烈的事迹。梅兰芳常演的《刺虎》，也是《铁冠图》中的一折。这出戏以前是余叔岩的拿手，以后很少有人演，因为周遇吉是要扎靠的文武老生，有激烈的开打，要像在《战太平》中那样翻"拨浪鼓子"，甚至还要摔僵尸，又有许多唱功，所以演员都视之为畏途。张翼鹏武功扎实，又擅昆曲，因此他这出《宁武关》堪称独步剧坛。我只看过他演出一次，其表情之细腻、武功之卓越，不作第二人想，因此印象极为深刻。去年遇见昆曲艺人侯少奎，知道他也能演此剧，是学自他的父亲侯永奎的，据说曾在香港演出，并且还有录像，可惜我错过了演出，又没有看到录像。

张翼鹏演《一箭仇》的造诣直追他的父亲盖叫天，可能已后无来者。他由全部《大名府》开始，叙述安分守己的卢俊义员外如何因为妻子和管家李固有染而被诬为私通梁山大盗并被判死刑，大多是文戏，张翼鹏演的卢俊义唱做已经相当繁重了，尤其《法场》的一场，卢俊义双手被反绑，背插一块写着"死囚卢俊义"的牌子，唱出蒙冤被诬的经过，他几次抬头，都把水发垂直地甩上头后的牌子，再徐徐落下，真是绝技。全部《大名府》因石秀跳楼、一人劫法场营救卢俊义而阻延了行刑而令剧情突变，此后是梁山好汉全体出动、到大名府大闹元宵佳节，大战一场之后，把卢俊义救上梁山，以杀死李固及卢妻而结束。接下来就是《一箭仇》，由卢俊义率领梁山好汉去捉拿史文恭，为晁盖报仇。张翼鹏在这里饰演史文恭，等于把在大会演中麒麟童和盖叫天的两个拿手角色一人演全。而《一箭仇》之精彩，不让其父，最令人折服的是，他在被阮氏兄弟推下水之后，和二人在水中搏斗，那时他的水发又有一个绝招，就是甩水发不是一般的如同风车般转动，而是向上一左一右做波浪式抖动，正如在水中挣扎一般。这项绝技，别人都不会，是他在体会剧情之后创造出来的。可以这样说，他的这出戏，是不论内行和外行都竖起大拇指赞不绝口的。

　　以前京剧名演员都以"文武昆乱不挡"为号召，张翼鹏虽然只是南方一个武生，演出又局限于江南一带，但他却真正是当之无愧的"文武昆乱不挡"！

《九龙山》出类拔萃
《石十回》技艺惊人
——三谈张翼鹏

　　张翼鹏虽然以演《西游记》而被称为美猴王，但是他的武生戏长靠、短打俱佳，武小生戏也出类拔萃。武生戏在《三岔口》《十字坡》《一箭仇》等盖派名剧之外，还有他父亲不演的《四平山》《连营寨》（饰赵云）等；武小生戏的造诣尤其高超，除了已经提到的《雅观楼》和《八大锤》之外，还有至少两出戏可说是独步江南，堪与任何京朝派的名角分庭抗礼，其一是《九龙山》，另一是《石秀探庄》。

　　《九龙山》的故事是说岳飞在潭州遇到在九龙山落草为寇的杨再兴，知道他是忠臣杨继业之后，有意劝他为朝廷效力，但是杨再兴武艺高强，岳飞不能取胜。那天他们二人进行决战，交锋之前，说明不可有人助战，不料岳飞的儿子岳云押解粮草回营，看到父亲不敌，不知道双方不许助战的承诺，奋力上前助战，杨再兴见状立时停手，讥笑岳飞言而无信、军令不严，收兵回山。岳飞羞惭万分，回营后要斩岳云，经众将求情，改为责打四十军棍，并令岳云到杨再兴营中请罪，使杨为之感动。当晚杨继业到宋营向岳飞托梦，授以收服杨再兴的枪法，次日二人再战，岳飞使出杨老令公所授枪法，杨再兴乃降。这出戏以武小生为主角时剧名是《九龙山》，如果剧团中以老生挂头牌，剧名就叫《镇潭州》。50年代以后，为了破除迷信，托梦的情节大概被删去了，不知道是怎样演法。不久前在一个电视节目中（大概是中央电视台的戏曲频道）看到一出《九龙山》，被窜改得体无完肤，只见杨再兴和岳飞二人交战，《九龙山》中武小生的表演以及《镇潭州》中岳飞的唱功都荡然无存，令人扼腕！

张翼鹏在剧中扮演杨再兴，扎全靠、披狐尾、戴翎子、佩宝剑，出场起双霸，一举一动都必然博得满堂彩声，所以单看他这一场，已经值回票价。其后和岳飞开打，精彩固然不在话下；当岳云助阵时，杨再兴架开对方双锤，连声冷笑，头上两支翎子直立抖动，这份功力更是罕见，目前可能已经没有人能如此了。可惜今天的观众，如果对京剧艺术没有应有的了解的话，即使看到了这项绝技，可能还不知道它好在哪里呢！

他的《石秀探庄》也是一绝。这出戏是叶盛兰的拿手，他得益于师兄茹富兰，但张翼鹏不知道是跟谁学的，我的印象是他所演的和叶盛兰的路子相同，不过叶的唱和念白用小生的假嗓，而张则用武生的本嗓；叶的武功底子深厚，所以眼神、表情、身段、腰腿无一不佳，而张翼鹏与之相比，可说是铢两悉称，只是面部表情不及叶之可爱，这是先天条件关系，并非张的造诣不如叶也。

但是，张翼鹏演《石秀探庄》，却在前面加演《翠屏山》和《时迁偷鸡》，并且在《时迁偷鸡》中反串武丑而饰演时迁，这就非别人所能了。《翠屏山》包括石秀的许多事迹，所以也称《石十回》（就如讲宋江故事的戏也称《宋十回》），讲的是《水浒传》中杨雄、石秀结拜，石秀看破杨妻潘巧云私通海和尚，但潘巧云反诬石秀调戏自己，于是石秀杀死海和尚，证明他和潘的奸情，杨雄方才知道真相，便听从石秀，把潘巧云诳至翠屏山并亲手将她杀死。这是一出武生、花旦和老生并重的戏，前面《吵家》一场，演石秀的武生要有好嗓子，《酒楼》一场则讲石秀被诬后到酒楼喝酒，决定要置潘巧云于死地，于是乘酒兴而舞刀。这一套刀法叫"六合刀"，据说当年谭鑫培演石秀时耍的就是这套"六合刀"，所有此后演石秀必定要会这套刀法。叶盛兰以小生唱《翠屏山》是这么耍，张翼鹏以武生演石秀据说也是这么耍。二人的演出我都看过，但是记不起他们的刀法是否一样，据说张翼鹏的那套刀法是盖叫天亲授，我曾看到正式的武术师傅的表演，的确是这样的。究竟哪一个正宗，就非我所知了。

张翼鹏与众不同的是在《翠屏山》和《石秀探庄》这两出以石秀为主角的戏的中间，夹演武丑应工的《时迁偷鸡》。在这出戏中，为了展示时迁"鼓上蚤"的身手，他不但在翻滚跌扑时落地无声，而且还要在翻跟斗时便把地上的衣服穿上而偷走。此外时迁在偷了鸡之后，便用火烤着吃。在剧中他用刀把纸制的鸡每切一块，便点着火往嘴里吞，嚼了一口再把火喷出来，就如此一块一块地把一只鸡吃完。这出戏本来是叶盛章的拿手，张翼鹏演来居然头头是道，可说是难能可贵了。更难得的是他在一台戏中一人演出叶氏兄弟二人的拿手戏，而且技艺惊人，在剧坛上可能还没有第二个吧！

张翼鹏的昆曲瘾很大，除了《林冲夜奔》《别母乱箭》等剧目外，还演过《蝴蝶梦》中的庄周，在最后的《大劈棺》中又显示武功，从桌子上的棺材中一个台漫翻出来而落在台口。有关此戏，我曾在一篇题为《看昆剧〈蝴蝶梦〉忆旧》中提及，不再重复了。

郭玉昆『出手大王』

盖派传人、江南武生翘楚张翼鹏在上海大舞台排演《西游记》、连演连满，不但使张翼鹏出了名，连带还使不少武生崭露头角，其中令我印象极深的是郭玉昆（1919—2010）。

当年我这个小戏迷看到了一个十几岁的武生郭玉昆，真是十分向往。虽然知道他比自己大，但是因为他也算是童伶，所以不禁就把他作为偶像。郭玉昆最拿手的戏是《杀四门》，大凡每星期日白天必定会贴演这出戏，戏码在中轴，而我总是随父亲在开锣就到场的，所以一度差不多每星期都看一次郭玉昆的《杀四门》。散场后回家，我就学着郭玉昆一面舞动长枪（因为父亲爱唱戏，所以家中京剧的兵器样样齐备）、一面唱起来，使我母亲十分头痛。当她发现我是在学一个童伶郭玉昆后，出于好奇，居然也去看了一次星期日的日场，看到他的《杀四门》后也赞不绝口，此后也就由着我在家中狭小的地方舞弄长枪、学郭玉昆唱《杀四门》了。

在我的记忆中，郭玉昆的成名作就是《杀四门》。这是怎样一出戏呢？它的主角是秦琼的儿子秦怀玉，剧情就是他身戴重孝，在越虎城外和辽兵大战，单枪匹马杀遍东南西北四个城门的经过。他为什么要这样杀来杀去

郭玉昆

呢？因为元帅尉迟恭和他有仇，要他杀尽敌人才放他进城，其实是想置他于死地。幸亏秦怀玉武艺高强，不但杀了一门又一门，而且每一次都把对方打败。在这个过程中，扮演秦怀玉的郭玉昆除了和辽国大将盖苏文大战之外，还要在每一次大战之后连唱带做，舞动长枪，要求在城楼上观战的尉迟恭放他进城，但是由净角扮演的尉迟恭却每次都加以推搪，说这个门不能开，叫他转到另一个城门去，而秦怀玉无奈之下只得杀到另一个门去。当时的郭玉昆个子不大，一身白衣服，额上缠了白布，不戴头盔而拖着水发，双眼微微突出，一边唱一边把那杆枪舞动得风车一般，还几次抛上去半空再接住，看得我真是着了迷。戏的结尾是秦怀玉杀得筋疲力尽，幸亏来了救兵，尉迟恭才不得不开城门让救兵和秦怀玉一同入城。

尉迟恭是和秦琼齐名的唐朝的大功臣，为什么要和秦琼的儿子过不去呢？这就要从另一出唱功非常吃重、舞台上已经不大有人演出的老戏《取帅印》说起了。那是说唐朝的元帅秦琼病重，临终前向来探望他的唐太宗李世民表示，希望儿子秦怀玉能继承自己的职位、挂帅领兵，但是唐太宗因为怀玉年纪太轻，只答应把女儿银屏公主嫁给他，却把帅印让尉迟恭取去。秦怀玉少不更事，受程咬金挑拨，把尉迟恭打了一顿，于是二人不睦。秦琼去世后，尉迟恭和唐太宗被辽东的盖苏文围困在越虎城，身戴重孝的秦怀玉奉命前来解围，不料尉迟恭公报私仇，不让他进城，于是便发生了秦怀玉一人力杀四门的故事。姑不论是否真有这样的事，这却使《杀四门》成为一出武生的好戏。我对郭玉昆的演出十分佩服，很希望将来自己的本领和他一样大。我没有学戏，这个希望也就成为泡影了。

郭玉昆被称为"出手大王"，是后来他在《西游记》中担任重要的配角，为了使开打生色而发展出来的。其后我离开上海，就没有再看过他的戏了，因此我对他的印象仍停留在一个擅演秦怀玉的十来岁的童伶的阶段。不过，通过朋友们转告，郭玉昆的猴戏也很出名，常年在武汉和高盛麟等人一起演出，盛名始终不衰！

无巧不成书，十多年前认识了一位和我同年、久居美国的朋友，他完全不懂京剧，知道我是戏迷，便问我可知道郭玉昆的名字，我说当然知道，并且还对他说郭是我小时候的偶像，还提到郭玉昆的妻子杨菊苹是名伶小杨月楼的女儿。朋友听了非常兴奋，说他母亲是小杨月楼的近亲，因此他和杨菊苹是同辈的亲戚，与郭玉昆也是一家人了，虽然已经半个多世纪没有见面，但双方的家人还有联系。后来这位朋友特地带信给我，说他不久将回国去旅游，已经联络好了在武汉和郭玉昆、杨菊苹夫妇见面。他还说，郭玉昆已经九十高龄，好像是武汉京剧团的团长，届时他会告诉他们，他认识一个从小仰慕郭玉昆的朋友，想来老人家听了也会高兴吧。

无所不能林树森
哪个不知『活关公』

麒麟童的弟子很多，除了已经提及的高百岁和陈鹤峰之外，还有钱麟童、徐鸿培、李如春等，目前中年以上的麒派演员也不少，他们有些是麒麟童晚年的徒弟，有些是再传弟子，多数一开口就有麒派的味道，也大都能演关公戏。还有虽非他的弟子，但由于同时在上海演出而受到他的影响的，可说不计其数，生、旦、净、丑各个行当都有，在京剧历史上可说是极为少有的。

但是，南方的著名演员却不止麒麟童一个，还有许多堪与他相提并论的人的成就也为京剧艺术做出了不可磨灭的贡献，其中之一是林树森。

提起林树森，戏迷们的脑海中就会浮起关公的形象，因为他的关公戏得到三麻子的亲授，而且因为身形高大、嗓子高亢，为三麻子其他的传人所不及，所以他的关公戏更为出色。譬如说，北方观众心目中的关公是李洪春（1898—1990），李洪春的确很好，但是身材和嗓子都不及林树森。另一个小三麻子也是三麻子嫡传，长期在上海演出，但是牌子不高，戏码总是在倒第四或更前面，因此演出的戏码限于较短的折子戏，只有识货的戏迷才会提早入座去欣赏他的艺术，有人认为他的关公戏比林树森的更好，但是他受鸦片嗜好的影响，毕生不得志。麒麟童和麒派弟子都能演关公戏，但并不以关公戏为主力。能把所有的关公戏从《困土山》《白马坡》《千里走单骑》《古城会》《战长沙》《单刀会》《水淹七军》到《走麦城》等一一搬演而始终不衰的，却只有一个林树森。

林树森经常在上海挂头牌演出，也演连台本戏，但是一旦卖座下降了，他就贴出关公戏，上座率马上回升。他演关公戏有两个好搭档，一个是王筱芳饰的马夫，一个是王少芳饰的关平，合作得十分有默契。他们两兄弟都是独当一面的武生，也是林树森的表弟，即林的舅父王益芳的儿子。王益芳是一个哑巴，但是武功卓越，林树森从小跟他学艺，登台时艺名就叫小益芳。后来林树森和麒麟童一样在北京喜连成科班学艺，武戏能演《金钱豹》，文戏能唱《全部伍子胥》，诸凡唱功、做功、靠把、衰派老生无一不能。此外他还能演老旦和净角。我在40年代曾看过他一场演三出戏：第一出是《盗御马》，他演窦尔敦，不论唱功和功架，较之任何专业净角并无逊色；第二出是《辕门斩子》，这是高庆奎的拿手，剧中的杨延昭唱功极其繁重，调门又高，如果没有极为高亢动听的嗓子是不能应付的，而林树森天赋好嗓，愈唱愈精彩，听得观众个个瞠目结舌；最后一出是《古城会》，当然是他的看家关公戏，鲜有人能出其右。

在京剧舞台上，演员如果一场演两出戏，海报或广告上就会大书特书"特烦双出"，而演三出是不大会有的。林树森如此卖力，一方面足证他的艺术到家，但其实是为了生活而卖命。他后来五十多岁时在汉口公演，因为演戏劳累，突发心脏病而逝世，就是因为这样长期搏杀的缘故。

闲话休提，林树森还有一出当时独步剧坛的"一赶三"名剧是《群英会·借东风·华容道》，他先在《群英会》中饰鲁肃，以做功取胜；中部在《借东风》中饰诸葛亮，则是大段唱功；最后在《华容道》中饰关公，那是他的"招牌戏",运腔吐字声震屋宇,功架姿势威风八面,令观众个个满意而归。大家都知道,《群英会》是"南麒北马"二人的拿手,但是林树森的演出和二人并非雷同;《借东风》几乎是马连良的专利,林树森不唱马派,却句句照样获得彩声;再加上他是著名的"活关公",哪能不令人赞赏呢?

招牌老店天晓得
海派基地共舞台

　　林树森常在上海位于二马路的大舞台演出，我很小的时候，上海鑫记大舞台已经是知名的新型戏院。顺便提一下，大舞台对面有一家卖食品的老字号店铺，名字叫"天晓得"，由于名气大，有人在它的斜对面开了一家售卖同样食品的店铺，店名也是"天晓得"。于是原来的"天晓得"就在门口画了一只大乌龟，指向对门，意思是冒牌者乃乌龟，而当时上海就发展出一句歇后语"大舞台对过"，意思就是"天晓得"。

　　言归正传，且说大舞台的舞台前方做成大弧形向前伸出，在当时很新式，座位也相当好，但是和其他戏院一样，并没有真正的公开售票或对号入座的制度，去看戏的观众要经过案目购票。所谓案目，就好比是经纪，他们徘徊在戏院大堂，有观众来到就上前招揽生意。好的座位几乎都掌握在几个大案目手中，达官贵人们看戏，到了戏院门口自有相熟的案目上前殷勤招呼，把他们带领到最好的座位，奉上热毛巾、水果香茗、瓜子小吃等。他们绝不当场收钱，而是一年三节（端午、中秋、春节）前登门拜访，向账房领取一节的花费，账房先生还会适当地给些赏钱，那么在往后的日子中，案目就会继续为尊贵的客户保留好座位。一般老观众都有熟悉的案目，座位的好坏和客户的身价成正比。于是我们这些普通观众即使付出最高票价，也只能坐在第十排之后或者旁边，有时为了免于受气，干脆以最低票价购买三层楼的座位，虽然舞台小如豆腐干，唱腔念白仍旧可以听得一清二楚，而喝彩时也可以放浪形骸。

案目的陋习很早就说要废除，但是提前公开售票、对号入座是40年代才正式实行，然而，案目虽然废除，公开售票还是有名无实。记得那时我经常在假期时一早就去戏院排队，往往能买到很好的座位。记得有一次我排在第一个，但是当进去买票时，却发现最好的位子已经被划掉，于是我和售票员争吵起来，引起了排队者的支持和鼓噪，还惊动戏院经理出来排解。可惜小百姓斗不过有门路的大人物，最好的座位还是买不到，只得忍气吞声地回家。

麒麟童和林树森都久在上海，他们对改善售票方式都出过一份力，而在表演风格上都被认为是海派的代表人物。什么是海派，还有一段渊源。原来上海的京剧被称为海派，是相对北方的京朝派而言。海派在民国初年及更早已经形成，据父执辈所言，著名的演员夏月润（1878—1931）和他的哥哥夏月珊可说是海派的鼻祖。夏月润是谭鑫培的女婿，文武俱能，关公戏尤其拿手，来到上海以后大红大紫。他更擅编新戏，还以时装戏反映时代、鼓吹革命，由于他虽然师承岳父，但却作风不同，于是成为"海派"，自此之后，南方演员和他们排演的新戏都被称为海派。

与麒麟童、林树森同时，上海还有一个海派名角赵如泉，他长期在法租界爱多亚路（今延安东路）大世界隔壁的共舞台演出，并担任后台经理。他不但文武全才，而且极为能干，能邀请到好角色，也致力提拔后进，所以上海滩几乎无人不知"赵老板"。赵如泉早在半个世纪以前去世，最近我去上海，发现共舞台已经拆掉改建，不禁有沧桑之感。

在我这一代戏迷的心目中，海派的大本营或者基地就是共舞台。这家戏院非常有名，许多来自北方的名角都曾在此演出，不少演员在此成名，连台本戏在此苗壮成长，机关布景在此被发扬光大。不但一般上海人经常到共舞台看戏，外来的观众和演员也要到共舞台去"取经"。在那里演出而红极一时的演员，最著名的是坤角文武老生露兰春（1898—1936），我虽然没有赶上，但是从小听她的许多唱片，传统剧目如《薛礼叹月》《落马湖》等都十分精彩，尤其是新戏《阎瑞生》中一段《托梦》更是风靡上海甚至全国，让我从小就学会了几句。此外大家熟悉的名字还有于素秋（她在香港拍过许多粤语武侠片，她的父亲于占元就是成龙、洪金宝等"七小福"的师父）、关肃霜（原名关鹔鹴，1928—1992，她以《蜀山剑侠传》名震上海，后来是云南京剧团的团长，曾来香港演出）等。至于赵如泉的《济公活佛》《怪侠欧阳德》、连台本戏《火烧红莲寺》《宏碧缘》《狸猫换太子》等，更是上海滩上无人不晓的剧目。他们还首创在"四击头"锣鼓声中熄灭所有灯光，在不到十秒钟的时间内更换布景，等锣鼓打到第四下大锣时，全场大放光明，全台已经换了布景，观众不由得咄咄称奇！

老当益壮

赵如泉

上文谈到共舞台，它有很长一段时期和赵如泉的名字分不开。赵如泉在共舞台的地位很特殊，他既是后台经理，又是主要演员，更是新编连台本戏集编剧、导演、布景、唱腔设计于一身的艺术总监。他虽然是主要演员，但是却由从北方聘请南下的生、旦演员挂头牌和二牌。当然，赵如泉在共舞台之前还在天蟾舞台等戏院演出，但那是 20 世纪 30 年代或更早的事，不是像我这样的后生小辈所能忆述的了。

赵如泉本来是武生，所以在五十岁以后还能演《花蝴蝶》，不但走边和开打都具规范，还能"上高"（即爬铁杠，由演员在舞台上空吊着的一个倒 T 字形铁架上做出各种高难度的动作，而且没有安全设备）。我在十多岁时看过他的这项本事，还听观众说赵老板都快六十了，还在卖命，可见唱戏这碗饭真不容易吃。他年纪大了不再以武生戏为号召，但是什么角色都能演。他的关公戏可以和林树森及麒麟童的相比，因为他也学自三麻子。我看过他无数次演《战长沙》中的关公，堪称一绝，至于他的《单刀赴会》也十分突出。不过由于他演关公总是特别卖力，曾被批评为火气太大，但是共舞台的观众喜欢赵如泉，就是因为他总是全力以赴，让三层楼上的普罗大众过足戏瘾。

撇开《济公活佛》《怪侠欧阳德》等戏中他扮演近乎滑稽的角色不谈，在传统戏方面赵如泉可说无所不能。老生戏他能演麒派的《追韩信》和《鸿门宴》；大花脸他演活了《高平关》中的老将高行周（按《高平关》又名《借人头》，讲的是赵匡胤年少时为了营救父亲，到高平关向守将高行周哭诉，借他的人头换取父亲的性命。高行周被赵匡胤感动，自刎人头），又在《狸猫换太子》中演包公；二花脸即武净的戏可多了，最著名的有《芦花荡》中的张飞、《战宛城》中的曹操以及《宏碧缘》中的鲍自安等。我还看过他在全部《大名府》中演武丑应工的时迁，当梁山好汉混入大名府时，每逢守将"急先锋"索超演捉拿奸细时，他的时迁就上前呈上腰牌，并大声说："我有腰牌"，总是引起台下哄笑。

当时共舞台有一批艺术造诣很高的老演员，除了京剧，还能演秦腔梆子，当演员们在那凄婉的琴声和响亮的梆子敲击声的伴奏下引吭高歌时，真可令人亢奋。记得他们演《龙凤呈祥》，后面的《回荆州》以梆子演出，赵如泉演赵云，《闯宫》前的起霸已经很火爆，保护刘备和孙尚香逃出东吴时，三个人交叉跑圆场的"编辫子"时，台下观众正在叫好，赵云突然一个"劈叉"（双腿一字式落地），更引起全场哄然，许多观众（包括我在内）更大吃一惊，以为赵如泉由于年迈而不慎失足跌倒了，纷纷站起来看一个究竟，却原来这是他显示武功，依照梆子老路演出。在"劈叉"后，他随即一跃而起，继续飞奔，于是台下轰然爆发出彩声，此情此景，今天还在眼前！

说起梆子，早期的京剧演员许多是梆子班出身，例如"四大名旦"之一的荀慧生早年艺名白牡丹，就是梆子花旦。那时京戏还有所谓"两下锅"，就是梆子和京戏混合演出。20世纪40年代在北方还经常有梆子名角演出，而在南方则早已式微了。但共舞台有好几个擅长演梆子戏的演员，所以常常排演梆子老戏，例如《阴阳河》《红梅阁》等。此外，赵如泉常常从北方邀请著名的角色到共舞台来挂头牌，晚上主要是在连台本戏中担任演出，但星期天白天则排演骨子老戏，由于剧目精彩，必然场场满座，形成了海派京剧一个宝贵的传统。这个传统曾经在京剧界为人所津津乐道，下文再谈吧。

《红梅阁》和《阴阳河》

以前京剧的演出，北方和上海不大一样。京朝派演员大都以北平为基地，但他们并不天天登台，而是每星期在不同的戏院演出几场。一些自己挑班的名角都有固定的演出地点，例如某人在大栅栏三庆，某人在东安市场吉祥，某人在珠市口开明，某人在西城长安等，也有人城内和前门外的戏院都唱；每逢过旧历年，各人都会在自己的地盘一连演出十天半月，而且每天日夜两场，辛苦是辛苦极了，但赚的钱也不少。

上海的戏院不像北平那样有休息的日子，而是天天公演，而且星期天必定加演日场，如果戏院邀请到京朝名角来演出，事先会谈好"公事"，即一期演多少天，包银（酬劳）多少，星期日加演日场，期满时如果营业理想，可以继续再唱一期等。此外一定是"四管"，即管吃、管住、管接、管送。名角们到上海演出一次，不但可以赚到一年甚至更多的开销，往往还有钱回北平置业。

至于上海本地的演员，他们就得一年到头不停地演，所以夜场往往是新编的连台本戏，例如《西游记》《封神榜》《火烧红莲寺》《济公活佛》《文素臣》等，而端午前后则推出《白蛇传》，七巧节前后排演《天河配》

等。但是，每逢星期日，这些戏院必定演出一台骨子老戏，演员个个全力以赴，演出的水平绝不较京朝派逊色。麒麟童、林树森、张翼鹏等都是如此，而赵如泉领导下的共舞台更是个中翘楚。

上文提到的在《龙凤呈祥》中赵如泉等演出梆子路子的《回荆州》就是共舞台星期天的好戏之一。而另一出《红梅阁》原来就是梆子名剧而被京戏"拿过来"的，共舞台把它用梆子老路演出，因为剧情火爆而大受欢迎。这出戏是讲奸臣贾似道和他的妾侍李慧娘游览西湖，遇见一个姓裴的书生，贾误以为李、裴二人有私情，回家后杀死李慧娘，又把裴生引到家中，派家将于半夜去杀害他。不料李慧娘的鬼魂出现，吓死家将，救出裴生。这是一出以花旦为主角的戏，而最精彩紧张的一场就是《杀裴》，因为那个家将奉命去杀死裴生时，要一手持点着火的火把，一手持短刀，追杀裴生时李慧娘的鬼魂突然出现，他大吃一惊，顿时向后翻一个空心跟斗，接着又是一个抢背。此时李慧娘一面保护着裴生，一面驱逐已经跳起身来的家将，于是三人在梆子鼓板火炽的敲打声中满台飞奔，交叉着"编辫子"，而家将则每一次和李慧娘打一个照面时便被吓得翻一个跟斗或摔一个抢背，就这样双手拿了火把和短刀，不断翻滚，那份武功简直惊人。最后家将被吓死，李慧娘则把裴生救走了。扮演家将的是位全能演员，名叫赵松樵（一度改名赵嵩樵，40年代已经四十多岁了，90年代还健在），他本工是武净，所以武功卓越，而《红梅阁》这出戏也因为有了他而特别精彩。

这位赵松樵什么角色都能演，例如上文提到的《回荆州》，就由他演刘备，因为他会唱梆子。另外他有一出梆子好戏是《阴阳河》，故事是讲一对夫妻因为在赏月时欢好而冲撞月神，后来丈夫出外经商，却不知妻子被勾去阴间受苦。一日丈夫行到河边，看见一个妇人在挑水，原来是妻子的鬼魂，而她在阴间已经被迫嫁给鬼役。妻子挑水这一场，旦角要上跷，背上横着一条扁担，挑着两桶水，在台上走圆场时扁担上下波动，两个木桶随着摆动，而她的上身纹丝不动，脚底下走碎步，那份功夫非同小可，记得演员是一位女的，叫林砚雯。丈夫见妻子如此，非常吃惊，而阴间的丈夫看到他在追妻子，要上前杀他，于是演丈夫的赵松樵又要不断跌扑。后来妻子对阴间的丈夫说，这位男子是她的哥哥，阴间的丈夫才罢手。这出戏后来大概因为宣扬迷信而遭禁演，今天恐怕已经失传了。

赵松樵能戏极多，《拿高登》就是他的杰作之一，而他在《战长沙》中饰的魏延也是一绝。共舞台的这出《战长沙》也是出名的，由赵如泉演关公，赵松樵演魏延，演黄忠的是刘文奎（一度改名刘文魁）。这个刘文奎也是全能演员，戏路极广，而共舞台还有许多名角和好戏，下次再谈。

全能演员演名剧
失传老戏受欢迎

共舞台星期天日场演出骨子老戏，在 40 年代是上海京剧界受到广泛注意的一个传统，差不多场场客满。除了戏码扎实之外，演员的高素质也是一个主要的因素。

赵如泉自己就是共舞台首要的基本演员，他邀请到不少著名的好角色，好比是牡丹，而赵松樵、刘文奎等则是绿叶。此外，共舞台有景妍娇和景妍萍一对姐妹，前者是武旦，以打出手闻名，后者也是很好的刀马旦。她们二人合演的《金山寺》以昆曲演出，上半部唱功繁重，而且二人都上跷，大段唱功和对称的身段都显出功力；下半部开打，景妍娇的白娘娘打八杆枪出手（在当年那是了不起的事），景妍萍的青蛇也勇战天兵天将，展露了出色的功夫。此外她们每星期都演一出武旦戏。在此前，共舞台出色的武旦于素秋、关肃霜等都极有叫座力，景氏姐妹继承了这个传统，从而受到普遍赞赏。

从北京请来的名角中有一位是白家麟。他是高庆奎的徒弟，嗓音高亢，能戏极多，我看过他的许多戏，其中的《取帅印》和《龙虎斗》那时已经不大有人唱，现在恐怕已经失传了。记得演《龙虎斗》那天，前面还有《下河东》《斩黄袍》等，本来由白家麟扮演全部赵匡胤，连演《斩黄袍》和《龙虎斗》，但是他临时身体不适，于是改由刘文奎演《斩黄袍》中的赵匡胤。这出《斩黄袍》是刘鸿声著名的"三斩一探"四出名剧之一，也是他的继承人高庆奎的拿手，那天临时由刘文奎主演，居然头头是道，嗓子高亢入云，可见他的多才多艺。

最后白家麟奋力演出《龙虎斗》，这出戏是讲赵匡胤遇到在《下河东》中被冤枉杀死的呼延寿延的儿子呼延赞，后者急欲为父报仇，二人大战。赵匡胤被对方打下马，头上现出金龙，呼延赞大惊，也跌下马来。赵匡胤见到他头上现出一只黑虎，便用手搀起他。呼延赞明白了父亲冤枉死去的真相，便投降赵匡胤。在这出戏中，赵匡胤要唱大段以唢呐伴奏的二黄原板，唢呐的调门是固定的，非常之高，第一句"探马儿不住地飞来报"就字字翻高，以后高腔迭出，演员没有好嗓子就无法应付。我想，当年除了白家麟，可能已经没有人能演了。共舞台推出这样的戏码，对振兴京剧做出了相当的贡献，难怪它可以在京剧史上占一席之地了。

共舞台还有一出著名的大戏全部《打金砖》，其中的一折就是今天我们常常看到的《上天台》，30 年代被言菊朋唱红而成为言派名剧。其实它只是一出大戏《二十八宿上天台》中的一折，它的主要内容是讲汉朝的光武帝刘秀杀死忠臣铫期全家，并且滥杀功臣，最后被死去的忠臣们的鬼魂索命而死。这出戏一共死去二十八个人物，而他们原来是天上的二十八宿下凡，于是个个上了天台。由于剧中马武上殿，在地上挖起一块金砖去打皇帝，所以又名《打金砖》。这出戏在最后一场忠臣的阴魂向刘秀索命时，刘秀有许多难度较高的跌扑动作，一般老生视为畏途，所以不大演出而只演《上天台》一折。40 年代初文武全才的李少春以余叔岩亲授为号召，演出了全部，前面以唱取胜，最后则以连唱带做、翻滚跌扑而令观众叹为观止。共舞台鉴于这出戏十分卖座，于是在星期天日场推出，由陈鸿声演刘秀，赵松樵演马武，相当轰动。陈鸿声的戏路很广，他的妹妹陈桂兰则青衣、花旦都擅长，二人合作的《战宛城》也颇得好评，不过他们在上海演出的时间似乎不长，后来大概回到北方去了，人们也就把他们淡忘了。

　　共舞台的日戏后来盛极而衰，原因是发生了枪击事件。记得那天日场台上正在上演景妍娇的《八仙过海》，忽然传来枪声，台上的演员慌张地走避，顿时观众都十分紧张。原来是当时驻守上海的汪精卫政府伪军想要看"白戏"（霸王戏），但因为全院满座，戏院拉上铁门，把那些军人拒之门外而惹怒了他们，他们居然开枪要冲进来。共舞台的老板黄金荣是上海闻人，也不是好惹的，据说双方通过渠道沟通之后，先让观众从边门撤退，我也随着父亲提心吊胆地离开戏院回家。第二天报纸刊出广告，共舞台为了弥补观众损失，凡持有当天票根的观众，可于下星期日免费入场。于是我们下星期天再去看戏，但是戏码却换掉了，《八仙过海》从此没有再演。不久抗战胜利，上海的变化很大，而我们就没有再去共舞台看戏了。

上海戏剧学校
人才鼎盛

京剧演员都从小经受严格的训练，所以好的演员都是科班出身，而科班中最有名的是富连成和中华戏曲专科学校。前者培养了喜、连、富、盛、世、元、韵七科演员，现在还活着的元字辈艺人年龄已超过八十岁；后者培养了德、和、金、玉、永五科演员，最小的永字辈也已经老成凋谢，活着的也有八十岁了。此外还有斌庆社、荣春社、鸣春社等，也人才辈出。这些科班都在北方，南方的京剧中心是上海，但是上海的名角却大多数是北方科班出身，直至1939年上海戏剧学校成立后，培育出一批正字辈的学生，才有了上海本地出身而可以和京朝派科班出身的名角们相颉颃的演员。

上海戏剧学校从1939年到1945年间只有一班毕业生，其中最著名的是顾正秋（1928—2016）。记得在40年代初，上海戏剧学校的学生们在上海演出，我也是观众之一。那天的戏码是全部《王宝钏》，包括《花园赠金》《彩楼配》《三击掌》《投军别窑》《误卯三打》《母女会》《赶三关》《武家坡》《算军粮》《银空山》《大登殿》等，由于扮演王宝钏的旦角要演出其中八个折子，所以又称《王八出》。（这出戏又叫《红鬃烈马》，虽然历史上没有这个故事，但直到今天仍是京剧舞台上最受欢迎的剧目之一。）戏中主角王宝钏由十多岁的顾正秋扮演，她从头演到底，始终声容并茂，当然就此一举成名，从此成为上海戏剧学校的台柱。上海戏剧学校停办后，她挂头牌在大江南北演出，成为京剧界不可多得的人才。

她的拿手戏当然不止全部《王宝钏》，而是不论梅兰芳、尚小云、荀慧生、程砚秋各派的戏都能演。这是因为上海戏剧学校不但聘请了当时上海著名的老一辈的演员作为学生的导师，而且凡是北方有名角到上海，就礼聘他们到学校为学生授课，所以顾正秋有机会跟许多著名的艺人学戏，例如《汉明妃》就学自尚小云，所以她兼取各派之长，几乎每次演出都令观众倾倒。记得有一次看她演的《玉堂春》，即使梅兰芳也一般只演《女起解》和《三堂会审》两折，但她却从《票院》起一直演到《团圆》，又包括八个折子戏，据说曾经得到荀慧生的指导，当然又是轰动一时了。

顾正秋生于1928年，长期在台湾生活。记得她演《三击掌》时，演父亲王允的老生是程正泰（已于2000年去世），那时她个子很矮小，但是唱和做都头头是道。《赶三关》中的薛平贵是周正荣，代战公主是张正芬，他们二人后来都在台湾和顾正秋合作。而《武家坡》中的薛平贵则是该校的头牌老生关正明演的。这个关正明扮相和嗓子都好，文武皆能，不知何故后来被学校开除了，于是陈正岩就成为台柱老生。关正明离开学校后一直很有名，他的儿子关怀也是很好的老生，现在定居美国，据说已经改行了。

上海戏剧学校有一个著名的丑角叫孙正阳，他年纪较小，个子也最小。在《玉堂春》的《三堂会审》中有一场戏，是王金龙旧病复发，暂时退堂请来一位医生为他诊病，那个医生就由孙正阳扮演，他由于个子小，要爬到椅子上去，而坐在椅子上时，两只脚还碰不到地，但演戏一本正经，逗得观众都乐了。孙正阳现在是老艺人了，想来曾经看到他小时候演出的人已经不多了。

上海戏剧学校另一个老生叫汪正寰，后来改名汪正华，长大后拜杨宝森为师，颇得乃师的神韵。他在学校的时候虽然轮不到他和顾正秋唱对手戏，但是常常在前面唱一出老生戏，很能得到观众的赞美。他后来曾长期和李玉茹合作，演《梅妃》中的唐明皇很出名，现在早已退休了。

此外，该校的武生王正堃和刘正忠、花脸王正屏、小生薛正康和黄正勤、武旦张正娟（后改名张美娟，当今的武旦许多是她训练出来的）等都是一时之选。我在40年代初曾到该校去参观，看到那些舞台上已经很有名的学生都在练功，印象很深。如果说这所学校是上海对京剧艺术的一个重要贡献，相信没有人会有异议吧。

继往开来

温故知新

`

上文提到上海戏剧学校培养出来的演员中，最著名的顾正秋 1949 年后长期在台湾演出，此外她的同学张正芬和周正荣等在台湾也享有盛誉。我在台湾只看过一次京剧，那是 1969 年初次到台北时看的，只记得有徐露和周正荣的《坐宫》，别的都想不起了。当时获悉徐露在台湾是极为有名的演员，果然唱做都十分到家。后来听朋友说，有一位老生胡少安也很出名，可惜无缘看到他的演出。

上海戏剧学校的毕业生留在大陆的占了大多数，他们之中很多位都曾名重一时，经过了六十多年，已经老成凋谢了。和"四大名旦"以及"四大须生"相比，上海戏校"正"字辈都属于晚辈，他们所承袭的是京剧黄金时代的传统，在他们之后，时代发生了极大的变化，京剧艺术经历了好几个历史阶段，到了今天这个科技日新月异的世界中，京剧居然没有消失，不得不说是一个奇迹。但是这个现象能够保持多久，却有赖于许多因素。

我在 1949 年以后较少有机会看京剧，那时马连良、张君秋等在香港演出，配角有小生薛正康、黄正勤等，俞振飞亦曾加入，每周只演一次，票价十八元，我负担不起，剧团则入不敷出。后来马、张等人回了内地，只剩下俞振飞滞留，不久之后也回去了。记得他最后一次在荔园演出《罗成叫关》《太白醉写》等戏，我在台下看到大名鼎鼎的"江南俞五"竟然沦落如斯，不禁泪下。

此后我于 50 年代和 60 年代曾看到中国艺术团和北京京剧团先后来港演出，仍旧是老一辈的名角如马连良、谭富英、裘盛戎、张君秋等担纲。到了 80 年代，我在香港经常有机会看到来自内地的京剧演员，除了李万春、袁世海、厉慧良、关肃霜、童芷苓等现在都已经去世的老演员外，还看到了许多下一代的新人，这些下一代如谭元寿、梅葆玖、张学津等当时也已经七老八十了，所以在今天谈看京剧，就要从这些现代的"老一辈"以及已届中年以上的演员们谈起了。

不过，谈论还活跃在舞台上的演员们却和忆述已经去世的名家不同，因为，如果的确是好演员，也不必我来吹捧，而不客气地指出他们的缺点则会得罪人。何况我所看到的演员极为有限，所以任何言论，只能是管窥之见而已。

有一个因素使对演员艺术做较为公正的评估增加了困难，那就是现在的演员绝大部分不论是清唱或者登台演戏，都要依靠扩音器，使观众难以衡量他们在发声方面是否有真功夫。我知道有几位在台上嗓子洪亮的名角，离开了扩音器就声如蚊蚋，还有就是许多旦角演员在演唱时，由于扩音器的音量调校不当，以致声音失真，使观众的耳膜刺痛得难以忍受，因而对他们的艺术造诣也就难以做公正的评估了。不幸的是，由于扩音器被广泛使用，京剧演员刻苦锻炼嗓子的动力难免不受到负面影响，从而也影响了京剧艺术的水平。

其实海峡两岸暨香港的京剧观众的水平都相当高，只是这些观众大多年龄比较大，而大部分年轻的观众对怎样的唱、做、念、打和演出方式才是"好"却未必了了。这是因为京剧的黄金时代在海峡两岸暨香港都已经过去,加上经过"文化大革命"的洗礼,社会上已经缺乏以前那种京剧气氛,而寻求文娱活动和工余消遣的人们大都没有受过京剧的熏陶,而是受到了流行歌曲浪潮的浸淫。事实上,不要说年青的一代,即使和我在同一个时代成长的人,绝大多数也对京剧一窍不通,而我已经是"异端"了。

于是,京剧这门表演艺术的延续,就要依靠培养新的观众来支持,而他们的欣赏尺度却未必和所谓老资格的戏迷们相同,这使从事京剧表演艺术的人们面对一个两难之局。要解开这个困局,不是可以一蹴而就的。或许,可行的道路要双管齐下:一方面是表演者要努力提高自己的艺术修养,不要降低水平来迁就观众,剧团方面则不可浪费资源,要一些新花样来哗众取宠;另一方面是提高人们对京剧的认识,通过教育制度来培养下一代观众,并且帮助观众提高欣赏能力。

好了,旧的过去了,而新的正在涌现,新一辈的京剧从业人员肩负着继往开来的历史任务,实在责任重大。迄今我写的主要是有关京剧的"温故",目的是"知新",今后将把近年来的顾曲经验和大家分享。

从现场观演出到家中看录像

20 世纪中叶，还活着的老一辈的和正当盛年的著名京剧演员大部分于"文化大革命"中去世，时隔三十年，今天我们看到的大多是他们的再传弟子，但是他们也已届中年甚至步入老年了，例如"文革"之前就以《杨门女将》名满全国的杨秋玲，复出之后又和部分当年的搭档再演这出名剧。杨秋玲生于 1936 年，年纪不小了，但风采依旧；较她年轻的如尚长荣（1940—）、叶少兰（1943—）、马小曼（1947—）、李维康（1947—）等现在都已年逾花甲，对这一代的演员和观众来说，他们已经是前辈了。

现在正如日方中的演员们年龄在五十左右，他们比以前科班出身的先辈幸运得多，因为他们的家长不必签下类似卖身契甚至生死状那样的文书，学艺时生活条件比较好，学来的本事也不是鞭子底下抽出来的。然而，他们的造诣却都达到应有的水平，文化程度更比许多前辈们高。由于我没有机会像以前那样常常看戏，所以谈不上对他们的艺术有较深的认识。幸而现在除了看实际演出之外，还有不少渠道可以看到京剧，譬如中央电视台的戏曲频道不但有许多不同的剧种，京剧剧目也相当丰富，除了实况演出（或录像回放）之外，还有不少灌输京剧知识的讲座，以及《名段欣赏》《过把瘾》《跟我学》等节目，都值得一看。

　　在以前，不能到戏院中去看戏，就只能通过收音机或者在家中听唱片来学习和欣赏。40 年代中上海开始有戏院现场直播，让广大听众可以在收音机中听到梅兰芳等名角的演出，这是一个大突破。不久有了钢丝录音机，使不少人于 1947 年时把孟小冬、赵鑫培和裘盛戎在上海杜月笙六十寿辰实况演出的《搜孤救孤》从收音机中录下来，后来这些录音翻成盒带和三十三转的唱片，成为余派艺术的珍品。1950 年杨宝森到香港，全部演出的剧目差不多都有"海盗版"录音，今天都成了珍贵的历史资料。不过，这些唱片只有声而没有容，到 VCD 和 DVD 面世，大家可以安坐家中欣赏和观摩著名演员们的舞台演出，打破了时空限制，真是戏迷们之福！

　　中国京剧院于 80 年代开始规划把以前名角们留下的录音进行"音配像"，由仍旧活跃的演员们根据录音以演"双簧"的方式在舞台上演出，再把演出录影，留下就好比是实况演出一般的记录，制成 DVD 公开发行。这个于 1994 年正式开始的"音配像"工作已经完成了三百五十五出戏。这些"音配像"DVD 的特点是由"幕后"歌唱者的传承者们在"台前"模仿前辈的表演风格，例如梅兰芳的录音由梅葆玖配像，谭富英的录音由谭元寿配像，马连良的录音由张学津配像，杨宝森的录音由汪正华配像等，有些甚至由当年演出者本人配像（例如李世济），于是今天的观众可以看到不同流派的演唱和表演。从我所看到的有限的"音配像"DVD 来衡量，成绩很好，因为它们保存了著名演员们的唱和念以及著名鼓师和琴师们的表演，而大部分"配像演员"的表演也颇得前辈们的三昧。当然，美中不足之处不是没有，例如较小的舞台空间限制了演员的表演，以致某些身段和台步甚至演员们在舞台上的位置都未必可以作为实际演出的蓝本，而负责配像的演员们虽然已经是当时的首选，但凡是看过前辈们演出的老观众

右：《盖叫天的舞台艺术》VCD 封面

左：盖叫天《武松》VCD 封面

都知道，某些演员的表演水平还不能和先辈们相比。虽然如此，我仍虔诚地对爱好并且有兴趣探索京剧的朋友们推荐这个"音配像"系列。

除了"音配像"，许多著名的演员（包括已经去世的和退休的）都给我们留下了实况演出的录像或者专门摄制的 DVD。而这些年来不少演出也有现场录像，让我们发现了许多造诣相当高的新一代演员。但是，由于现场录像把好的和不怎么好的都记录下来了，也让我们看到了一些问题。有些问题可能演员自己在看了录像后已经改进了，有些问题可能依旧存在。今后在谈及这些演出的时候，我会把好的和不怎么好的都提出来探讨，目的是希望对京剧艺术的保存和发扬略尽绵力。

失传老戏《连升店》
历史珍品《樊江关》

我觉得"音配像"为我们提供了一个独特的欣赏京剧的媒介，而三百多个剧目超过五百张的 DVD 可说是一个史无前例的宝库。即使它不是十全十美，我们还是应当体会到配演者以及录音剪辑者的辛劳而加以赞赏。

欣赏"音配像"系列时有几项"买主当心"（或者可称为应当注意的地方），譬如一个有目共睹的现象是以唱为主的剧目比动作较多的剧目成绩优胜，原因很简单，配合原声带坐着或者站着唱，配像的过程自然比配合在锣鼓声中手中使枪弄棒或者二人对打容易。举例来说，老生的剧目如《杨家将》（即《李陵碑》和《清官册》）和《伍子胥》等的成绩都令人满意，但是《击鼓骂曹》就不同了，因为配演者在击鼓的一场，要把打鼓的动作配合得和声带完全吻合几乎是不可能的，所以很可能是这一段并没有用原声带，而是由配演者自己击鼓，以现场录音方式摄制的。同理，像《霸王别姬》中的舞剑和《秦琼卖马》中的耍锏都可能是以同样方式处理的，如果真是如此，其实并无不妥，因为我们看的本来就并不是原来在舞台上只为我们留下声音的演员，而是配像演员们的表演。

另外是旦角、小生和丑角都比较难配，因为他们没有髯口遮住嘴巴，所以要对口型。因此，我看萧长华和姜妙香主演的《连升店》，对两位配音者萧润华和萧润德很是佩服，能够配合得如此严丝合缝，真是难能可贵。这本来是一出玩笑戏，内容说一些上京赶考的举子住在一家客店中，其中一个穷书生受到店主人百般奚落，出了许多题目难为他，那些题目颇多出自"四书"，但是被店主人故意曲解，弄得书生十分狼狈。后来书生中了进士，店主人立刻换了一副嘴脸，对他百般奉承。全剧完全以念白取胜，尤其是丑角店主人，更是口若悬河，句句令人绝倒。二位配像者是萧长华的孙子，果然不凡。此外，如果没有这个DVD，这出《连升店》恐怕难免失传的厄运，所以我觉得音配像真可以担起使京剧艺术起死回生而且发扬光大的任务。

还有一出很精彩的戏是荀慧生（饰薛金莲）和尚小云（饰樊梨花）合演的《樊江关》（又名《姑嫂反目》或《姑嫂英雄》），录音是1956年的实况演出。荀、尚二人合作演这出戏是出了名的，当年在舞台上曾使无数观众倾倒，所以这份录音具有特殊的历史意义。这出戏念白极多，又有比剑，所以配像的难度相当高，但是马小曼和尚明珠两位配像者就像是自己在现场演出那样，表演得生动活泼，即使看不到两位前辈的演出，但看了音配像DVD却令人很是满意。

据我所知，这出戏还有两个实况录音的音配像版本，它们分别是1957年由荀慧生和筱翠花（由刘淑云和许翠配像）合演的以及1958年由言慧珠和李玉茹（由董圆圆和沈健瑾配像）合演的。值得注意的是，荀慧生在不同版本中既演樊梨花亦演薛金莲，都各擅胜场，而筱翠花的薛金莲录音尤其难得，所以这个版本虽然少了前面几个过场戏，但也弥足珍贵。至于言慧珠和李玉茹二人也是功力悉敌，而且都正当盛年，所以录音的气氛极好，不输她们的前辈。配像的两位生于60年代，还赶不上看言慧珠、李玉茹的表演，但是演来却成绩斐然，颇是难得。

　　如果没有"音配像"计划，像《连升店》以及同属历史珍品的三个《樊江关》版本录音大概早已在仓库中变成废物而被人遗忘了，如今它们和许多珍贵的录音同样获得了新生，并且是以鲜明的舞台形象再现而获得了新的生命，真是值得兴奋。即使我们不能再看到原来录音的演员们亲身演出，但新一代的演员们的造诣以及他们付出的努力都值得称颂，而所有参与这个计划的工作人员的辛勤合作，同样应该得到赞扬。

《失街亭·空城计·斩马谡》音配像比较

京剧有许多经典剧目都是观众们百看不厌的，以老生戏来说，《失街亭·空城计·斩马谡》（本篇下文简称《失空斩》）就是最为人所熟悉的。在"四大须生"中，谭富英和杨宝森都以此剧为拿手杰作。前者的嗓子在同行中鲜有能出其右者，尤其唱到最后的《斩马谡》时，快板斩钉截铁，散板响遏行云，总是令观众满意而归；后者以唱功讲究、做功不瘟不火见长，目前唱这出戏的老生，几乎都以他的演唱为蓝本，因此他的录音更受到重视。他们二人的《失空斩》都有音配像，谭富英的录音大部分由他的儿子谭元寿配像，这出戏也不例外；杨宝森的戏大部分由汪正华配像，成绩也很好，他在这出戏中扮演的诸葛亮也颇有杨宝森的气度和风范。此外，杨宝森的《空城计》一折还有一个由杨乃彭配像的版本，但是我没有看过。

如果把谭富英（谭元寿）和杨宝森（汪正华）的两个《失空斩》的音配像版本进行比较，那么在效果方面，我个人觉得后者要略胜一筹，原因有二。首先是杨宝森的实况演出中，扮演马谡的是老伶工侯喜瑞，他第一个亮相就得了一个碰头彩，在《失街亭》中几乎一举一动都是彩，这虽然有些喧宾夺主，但是让我对当时演出的气氛向往不止。还有是汪正华的形象相当好,配合了杨宝森的节奏而把诸葛亮演得很深入。我这样说并不是贬低谭氏父子的版本,因为我两个都很喜欢,而且常常把它们比较着欣赏,每次都十分过瘾。

奚啸伯的《失空斩》实况录音,由他的弟子张建国配像,成绩也相当好。不过,或许由于录音的质量稍逊,因此效果不及谭富英和杨宝森二人的版本。我在以前曾经提及,奚啸伯把唱词做了一些修改,都相当得体,但是学习奚派《失空斩》的似乎不多,不过,这个音配像还是有它的历史价值的。

最后要提一下马连良的《失空斩》。据我所知,马连良在初出科时可能唱过这出戏,而在创立马派之后,虽然在舞台上演出过无数以诸葛亮为主角的戏,却不包括《失空斩》在内。然而,他在晚年很认真地把此剧录了音,由中国唱片公司以十六转唱片发行,我当时就买回来听了(他还有一张十六转的唱片是《法门寺》)。但是十六转的唱片只是昙花一现,就被录音盒带所取代了,而我的唱机也早已报废了,所以当我发现了马连良的《失空斩》音配像时,当然先睹为快了。

据说马连良对《失空斩》的录音十分认真,因为他的确想唱这出戏,或者可能会拍摄纪录片,但是"文化大革命"来到,老戏不能演,他也丧失了性命,于是这个录音就弥足珍贵。他把念白和唱词都做了合理的修订,最显著的是把《空城计》中西皮慢板的第二句唱词由"评阴阳如反掌保定乾坤"改为"评阴阳如反掌博古通今",又把后面的"东西战南北剿博古通今"改为"东西战南北剿保定乾坤",把谭鑫培和余叔岩留下的经典唱词(却是不通的)大胆改正,真是一位名副其实的表演艺术家。仔细聆听他的这出《失空斩》,念白铿锵,唱腔苍劲,有马派的特色,更有老谭派的韵味。可惜的是绝大部分唱老生的人,对老唱词的执着已经根深蒂固,不会或是不肯舍弃余叔岩、谭富英或杨宝森而改为遵照马连良的唱法。因此这个《失空斩》的录音版本，在若干年后是否会成为主流，还是一个未知数。至于这个由张学津等配像的版本，水准相当高，非常值得观摩。

"四大须生"的前辈刘鸿声当年以"三斩一探"驰名剧坛，而他的传人高庆奎也以此闻名。高庆奎于1942年逝世后，由于他的拿手戏都需要十分高亢的嗓子，所以渐告式微，只有他的弟子李和曾（1921—2001）还能演出《斩黄袍》《辕门斩子》《逍遥津》《哭秦廷》等戏，而"三斩一探"之一的《失空斩》也称拿手。李和曾的录音，几乎都由他的弟子辛宝达（1947—）配像，《失空斩》也不例外。我没有看过高庆奎演这出戏，所以不知道李和曾的唱是否与刘鸿声的一脉相传，只觉得他的唱腔虽有独到之处，还是颇存老成典范。

今天《失空斩》几乎已成杨派天下，学习这出戏的人大多数奉杨宝森的录音为圭臬，因此马、谭、奚、李各位的录音的重要性主要是它们的历史价值。从这个角度看，以什么尺度衡量各位前辈的后代或弟子所表演的五个音配像版本的优劣其实并不重要，由于演员们都颇为努力地把这几位前辈演员的表演风格重现舞台，整体而言，它们都为后人提供了宝贵的参考和观摩模板，因此都值得珍惜。

音配像难比
实况演出

　　音配像工程有许多值得欣赏的地方，但是由于只是记录了前辈们的声音，即使配像的演员们演得很好，总还是隔一层，尤其是那些最有名的一代宗师，后辈们很难能望其项背。

　　譬如说，梅兰芳从 20 世纪 20 年代到他逝世前的四十年中，留下了许多录音，此外还有不少影片传世，所以几乎所有的京剧观众都有机会听到和看到他的演出。他的许多录音都进行了音配像，但是老戏迷们还是怀念他本人的唱片和演出的电影。例如 40 年代的京剧爱好者都曾在电影院中看到梅兰芳主演、费穆导演的彩色片《生死恨》，虽然它不是舞台纪录片而是电影化了的京剧，但它却为后世留下了最完整的梅兰芳的舞台形象。后来根据梅兰芳晚年舞台实况录音而拍摄的同一剧目的音配像作品，他的唱和念仍是完美无瑕，可惜只闻其声，所以难以和早期的电影相提并论了。

　　当然，梅兰芳晚年的舞台录音仍旧是宝贵的历史资料，因此，在梅兰芳逝世之后，他所留下的许多实况演出录音都被以音配像的形式流传下来。较早的是 1947 年杜月笙六十岁生日在上海的名伶会演中演出的《四郎探母》，较晚的有 50 年代的《穆桂英挂帅》《凤还巢》《宇宙锋》《生死恨》

《贵妃醉酒》以及和马连良、谭富英等合作的群戏如《龙凤呈祥》《御碑亭》，生旦戏如《打渔杀家》《汾河湾》，此外还有《霸王别姬》《二堂舍子》等，可说是美不胜收。但是，大部分由他的儿子梅葆玖配像演出的成绩不太令人满意，和梅兰芳本人的舞台形象相比，他的儿子还有一段颇大的距离。

在50年代，"四大名旦"都拍摄了好几部舞台艺术纪录片，那时他们都已经进入暮年，但是典范犹存，所以那是供后人观摩学习的好资料，比后来的音配像作品更为宝贵。而"四大须生"就没有这么好的运气，杨宝森甚至连一个录像都没有留下，奚啸伯的录像我也没有看到，还好马连良在香港时期拍了《借东风》《游龙戏凤》《打渔杀家》三部彩色舞台电影，在《秦香莲》中的王延龄虽然戏并不多，却令人看到了马派的神韵。此外他还和谭富英留给我们一部《群英会·借东风》，这部影片还保存了叶盛兰、裘盛戎、萧长华和袁世海等的舞台形象，所以弥足珍贵。

在"四大须生"以外还有一位余叔岩晚年的徒弟李少春，因为他是武生出身，所以虽然以余派传人为标榜，但是他的武戏却更加为一般戏迷所称道，其实他的文武老生靠把戏实在不错。可惜他并没有为我们留下他师父的杰作《战太平》，而是拍了一部京剧电影《野猪林》，令人未能看到他的余派艺术，可说是美中不足。此外他留下的音配像作品并不多，由不同的人配像，譬如配《断臂说书》的是谭元寿，而配《上天台》的则是于魁智。李少春在台上演《上天台》或称全部《打金砖》，在末场有许多高难度的翻滚跌仆，我也看过于魁智这出戏，他的功夫也不错，而言菊朋的孙子言兴朋在舞台上也演这出戏，跟斗功夫是谭元寿教授的。顺带再把以前讲过的老话提一提，当年李少春演《上天台》，在这场精彩的戏肉中，被刘秀杀死的功臣的鬼魂都在舞台上出现向他索命，令刘秀心胆俱裂，所以要连连跌仆，如今为了破除迷信，鬼魂不能上场，于是那个光武帝便一个人翻来翻去，令人有丈二金刚——摸不着头脑之感。

看音配像作品虽然令人有一定的满足感，但总是未能真正"到位"。譬如谭富英的戏大都由谭元寿配像，像《战太平》《定军山》《阳平关》《打棍出箱》等戏，环顾今日剧坛，可能已经无人能出谭元寿之右了，但是谭元寿配像的时候年龄也已经不小，所以较之其父仍有不逮。这和张学津配马连良的戏已不作第二人想一样，虽然比他的同侪略高一筹，但是大家都知道，马连良的台风还没有人能学到十足。

比较起来，我看后觉得很满意的音配像作品是赵荣琛实况演出的几出程派戏，如《春闺梦》和《荒山泪》等，它们都由张火丁配像，看了以后我还设法去找张火丁本人演出的录像来看，因为她的确演得好，而且唱得也好。从张火丁的程派，我又发现了一位唱梅派的李胜素，她不但在为梅兰芳1947年的《探母坐宫》录音配像中令人有好感，她本人演出的《穆桂英挂帅》成绩也胜过同一剧目的几个音配像版本，使我很希望有机会看到她本人的舞台演出。

总的来说，音配像工程为拯救京剧做出了一定的贡献，功不可没，但是真要坐在家中欣赏京剧，还是看实况演出的录像为佳，而在这一方面，市面上有不少VCD和DVD可供我们选择。但是，实况演出难免会不够完美，所以有时候不能把它们作为学习的榜样。

演员不到位 观众不在行

作为表演艺术，京剧需要在舞台上演出，否则公众便无从观赏，而演员也无从与观众互相感应和交流，至于通过表演对观众起潜移默化甚至启发思想的作用，倒还在其次，因为京剧观众不会因为害怕司马懿杀进空城而为诸葛亮担心，也不必关心杨贵妃喝醉酒在唱罢"去也去也"之后又是什么处境；但是，观众却会通过舞台上的表演，去一再体会几段唱腔、一个眼神、两片水袖、四面靠旗等所发出的魅力和蕴藏着的奥妙，而这些魅力和奥妙又同时构成大众化的娱乐。京剧也可以激起观众的喜怒哀乐，让人迷醉于它的艺术，提高生活情趣。这已经是相当不错的贡献了，实在不必再要它承担什么崇高的任务。

京剧演员们要做到上面提到的境界，真是谈何容易，他们必须经过长时期严格的训练，练功喊嗓不可一日或辍。以前科班出身的演员，一半是为生活所迫而不得不吃苦耐劳地学习，一半是靠师傅严厉地手把手教导加鞭子打出来的，而文化程度大多不高。他们出科以后，有的大红大紫、名成利就，有的不上不下、聊堪糊口，大部分只是龙套或下手，总算有一口苦饭吃，已经感到造化了。但是，即使是名角儿，日子也不一定容易过，

283

因为他们责任大而负担重，自己要背负一个剧团的存亡，因此要不断求进步和通过创新来在激烈竞争的社会中立足。今天的演员就幸运得多了，他们学习环境好，老师倾囊相授，除了学习专业，还学文化，毕业后基本上有工作，压力比前辈们少得多，但是艺术水平是否比以前有所提高，大致上可以说是，而缺点则各自心里明白。

当然，不是每一个演员都能成为角儿，大部分还是演宫女和跑龙套，至于那些拔尖的学员则在名利方面或者比不上那些不必那么吃苦用功就有赚大钱机会的其他职业，但他们却孜孜不倦地在岗位上工作，那是值得赞扬的。在这些有一定造诣和声誉的演员之中，优秀的人才不少，但是他们面对的环境，却未必较前辈们优胜，主要的原因是社会上已经缺少从前那种京剧气氛，而观众的欣赏能力也参差不齐。今天普遍的现象是，要博得观众的掌声（因为已经多年不喝彩了，以致许多观众甚至不懂得应该在什么节骨眼儿上喝彩，于是双方就很难通过感情交流而提高演员的劲道），唱文戏必须拉长腔或者翻高音，演武戏则要靠好几个"鹞子翻身"、连连"劈叉"或者"摔僵尸"，因为大部分观众连什么是有韵味的唱，哪样才是边式的武功都未必明白，遑论什么字唱或念"倒"了（例如"尖"字唱成"团"字，或者上声唱成平声，上口韵唱成"京音"），哪一个招式不合规矩，或者哪一场开打未臻完美了！

有时候也不能责怪观众水平不够，而是演员的基本功还未到家。且让我举一个实例。

记得1990年全国京剧名家在香港进行纪念徽班进京二百周年演出，其中剧目之一是《红鬃烈马》。当演到《银空山》一折时，代战公主有一个翻身射雁的身段，依照传统的演法，全身扎靠以及头上有两条翎子的代战公主要一手持弓，并且用手指夹住已经紧扣在弓上的箭，一手挥动马鞭，一边唱一边跑圆场到九龙口，翻身面向观众，同时把持弓的手转到背后，配合小锣"台"的一声，手指一松，把箭从四面靠旗背后凌空射向下场门内。我看了不知道多少次这出戏，都是这么个演法，但是那天扮演代战公主的演员（姑隐其名）却手持一张弓，不射箭而打弹子，到时只是正面双手拉弓，算是打了弹子。唉！这算什么《银空山》呢？是不是现在的演员都不会翻身射箭了？难道老师没有教吗？

演员在台上出错是大忌，也是专业精神不够。有一次也是著名京剧演员来香港演出，《群英会》中的黄盖一共就是和周瑜同场时那几句唱词，但是一位名门之后（已故，所以不必提他的名字了）扮演黄盖，居然唱错了，而台下观众却没有发觉（或者发觉了也心存忠厚而没有喝倒彩）。不幸的是，那次演出还留下了录像出售！还有一次也是发生在《红鬃烈马》，在最后一折的《大登殿》中，薛平贵在王宝钏下场去接母亲上殿时，有四句"流水"唱词："孤王金殿出赦条，晓谕天下皆知晓，一赦钱粮与钱钞，二赦囚犯出监牢。"但是那位名角儿却忘了词，糊里糊涂混了过去，台下观众也是并无反应。

这些大错都让演员们蒙混过关了，因为是在香港演出，所以不少老戏迷都看到了，只能摇头。我不知道他们在其他地方演出时如果发生这种情况将会如何。演员不到位，观众却懵然无知。这并不是京剧之福。所以京剧这项艺术要持续下去，要做的事实在很多。

艺术应珍惜 传统莫偏离

有鉴于京剧观众少而且欣赏水平不够，中国这些年来对推广京剧可说是不遗余力。打开电视，中央电视台的戏曲频道有许多节目，京剧占了颇大的比重，而且还有《跟我学》《名段欣赏》《打击乐器》（就是《锣鼓经》）等等许多有关节目。在《跟我学》中，常常由著名的演员教导学生如何唱和如何念，甚至还有教身段的，他们不厌其详地一遍一遍示范和传授，令人看了很高兴。但是即使这样一个好节目，也不免有瑕疵，虽然可能没有人觉察，但兹事体大，所以忍不住要提一下。

有一次一位知名演员在节目中教授三个学生唱《珠帘寨》中一段"流水"，第一句是"李克用撩袍跪席头"，这是很著名的唱段，他整体教得很认真，节奏和气口都好，但是把第一个"李"字念"倒"了。这个"李"字是上声，用上口韵读和北京音的"李"不同，所以如果用简谱写，"李克用"三个字应该是"3/321/1"或者"3/12/3"，即"李"应该唱"3"音，但是这位名演员把"李"唱成"1"下面的"5"。"倒"了！或许他的老师当初就是这么教的，于是将错就错，要是如此一代一代错下去，那就不大妙了。中国字的发音有四声，京剧要用上口韵，不同于北京话，前辈好演员们都勤于研究音韵，有许多老一辈的名演员年轻时念错了，后来知道了便改正。想来现在训练京剧演员应该很重视音韵，因此教学生的老师不应该有"倒"字出现。

还有是现在舞台上不少演出和以前不大相同，不知是以前的演出方式失传了，还是有人自作聪明地加以"改良"了？譬如说，我许多年没有接触京剧，在80年代看内地剧团来香港演《四郎探母》，杨延辉在唱"嘎调"的"叫小番"时居然面向台前，不由得吃了一惊，因为他向来是面向后台下场门唱的。此外，当杨宗保唱完"导板"出场唱"原板"时，四个龙套应该"扯四门"，即每唱一句便在台上换一个位置，表示正在行动，但是龙套们却在舞台后部一字儿排开，把京剧特有的表示地点转换的象征性破坏了，我因而十分诧愕，以为演出者不是职业团体。还有一次看到《奇冤报》最后一场时，我又十分错愕，因为包公居然带了黑满（即黑髯）！包公此时年纪还轻，我以前所见多是光下巴的，不知道什么时候把还在做七品官的包公变老了！当然，我可以被讥为抱残守缺、食古不化，但是仅仅这一点点文化遗产，为什么还不加以珍惜而要如此改变呢？

我不是胶柱鼓瑟而反对改良，因为京剧在它的发展过程中，就经过不断创新和改良，才达臻了它黄金时代的艺术境界。以"四大名旦"为例，他们都不断创新，才得以奠定他们的地位，并且保持声誉历久不衰。又如马连良和麒麟童，他们都通过发掘旧有的老戏或借鉴其他地方剧种而新编了许多受欢迎的剧目。这些前辈们的成功主要并不单单是那些新戏，而是他们刻苦钻研出来的演唱方式以及突出的表演艺术。然而，值得注意的是，这些著名演员的新戏如果以现代题材和时装登台的话，它们只是昙花一现而已。譬如梅兰芳早年也演过时装戏《一缕麻》而引起轰动，尚小云的《摩登伽女》为他争得"四大名旦"的称号，但是这些戏并没有像他们其他新编的剧目那样一直受到观众的欢迎，个中原因就是它们反映了一个特定时代的话题，当那个时代过去了，它们也就失去了光辉。

但是，为什么其他新编的戏如梅兰芳的《凤还巢》、程砚秋的《锁麟囊》、荀慧生的《钗头凤》、尚小云的《汉明妃》、马连良的《春秋笔》、麒麟童的《萧何月下追韩信》等并没有反映当时的时代，却历久不衰呢？理由很简单：它们保持了京剧的表演程序，包括脸谱、水袖、髯口、厚底靴和翎子，以及马鞭和车旗（代表车子）等传统道具。要是京剧没有了这些基本的构成元素，穿了现代服装，不走台步，那干脆演话剧好了，何必拿大家来折腾呢？

今天京剧和其他经历过"断层"的事物一样，都在差一点覆没之余被重新提倡，但是，它已经和以前的京剧有所不同了，因为尽管演员还是不断地被培养出来，但是由于社会发生了基本变化，观众却不能像训练演员那样被培养的，何况还有许多以前和京剧不大有关系的因素存在着。例如把经费花在不合京剧特色的布景和灯光上，又请根本不需要的作曲家来作曲和指挥，由外行导演来"指导"资深演员，等等，它们表面上在扶助京剧，其实却在帮倒忙。如果把这些钱花在培养演员以及教育观众上，那才是真正地提倡京剧。这种情况不单发生在京剧身上，还发生在昆曲上！

《顾曲集》已经写了不少，本来还想谈谈唱的韵味和气口，譬如许多应该一气呵成的腔在唱的时候不可以换气，但是绝大部分名演员却做不到而把那些腔割裂成好几截，以致气口全错，韵味不在。但是这些或许并非一般观众所知，所以，本书就到此为止了。

附录

余叔岩艺术妄谈

　　余叔岩这位京剧名伶真正活跃于舞台上而享有盛誉只有十年左右，而且在 1928 年（那时他才三十八岁）之后就不再公开演出，然而居然迄今仍旧被奉为老生行当中最受尊敬的人物，实在不简单。

　　但是，今天活着的人，有几个亲眼看过余叔岩的演出？即使是一百岁的老戏迷，在童年时看到余叔岩能有多少体会？所以，我们今天缅怀这位京剧大师，只能通过前辈们的文字描写和口头叙述以及余叔岩本人所灌的唱片去管中窥豹而已。我年纪太小，其实没有资格来谈余叔岩，只是从小就常常听到先父说起他学生时代在北京看许多京剧名角演戏的种种，其中包括杨小楼和余叔岩合作的《八大锤》《定军山·阳平关》等，余叔岩和尚小云、筱翠花分别合作的生旦戏如《四郎探母》《坐楼杀惜》等。当然，先父印象最深的是余叔岩的《战宛城》和《打棍出箱》，不过，当我问他余叔岩在台上究竟好到什么程度，他也说不出所以然，这是因为当时没有录影机，只看了几次，哪里能记得那么多呢？

　　先父大概是受了年轻时看余叔岩的影响，早就成了戏迷，学的是谭派老生，但是某些唱段却是余叔岩的"留学生"。我从小听他学了戏回来轻声哼着练习，又把余叔岩的唱片翻来覆去地听，在耳濡目染之余，居然也学会了几句"头戴着紫金盔……"和"我本是卧龙岗……"等的余派唱段。说起来那已经是六七十年前的事了。

现在学老生的人都知道，余叔岩留给我们的宝贵遗产是他的十八张半唱片（据说还有三段于1904年以小小余三胜艺名灌录的《碰碑》《打渔杀家》《空城计》，但我从未听过），五十多年前就由中国唱片公司发行了盒带。我怀疑其中有些唱片可能并非完璧，因为1925年百代公司出品的唱片都是十二英寸的，到了30年代都改为十英寸而被删去了最后部分（例如同时期梅兰芳和马连良的百代唱片都被删去尾段），而那些被删的部分，早已下落不明了。尽管如此，从现有的录音中，我们可以听到余叔岩的艺术中的唱以及一点点念白。大家都说，余叔岩为百代（1925年）和高亭（1926年）两家公司所灌的唱片最具代表性，因为那时他的艺术正处于顶峰，而且录音时态度认真，在觉得嗓子好的时候就马上录音，因此唱片公司不分昼夜做好准备，大部分录音都在半夜以后或凌晨进行，因为那是他抽足了大烟，精神最饱满、嗓子最好的时候。我们从录音中可以听到他的"气口"（等同于西洋声乐中的 phrasing），发音的共鸣部位、咬字吐音和感情等都十分讲究，感情尤其丰富。譬如高亭公司的《李陵碑》中，"唯恐那潘仁美……"那一句的"潘仁美"三个字唱得多么悲愤，而百代公司的《四郎探母》之《见娘》一段一气呵成的功力，岂是一般后学者所能学得到的！

但是，余叔岩固然值得尊敬，却不必盲目崇拜，也不宜一味死学。人人都说他得到谭鑫培的真传，那的确不假，但他的艺术却不囿于谭。例如他的《战樊城》和《鱼藏剑》就吸收了汪（桂芬）派，但是现在许多人都不知道什么是汪派，就以为这样唱就是余派了。又例如人人称颂余叔岩讲究音韵，但是唱戏有时候却要以字就腔，因此他并不是每一个字都唱得绝对正确。我就曾听到一位前辈说，余叔岩在《搜孤救孤》中"望求娘子舍亲生"的"望"字，应该是平声阳韵或去声漾韵，但他唱作上声，所以不足为法，而类似的例子还有不少。那么，余叔岩是否唱错了呢？其实京剧的字音非常复杂，一字两读甚至三读的比比皆是，所以余叔岩这样唱也未可厚非，何况他的音调悦耳，字虽不正但腔却极圆，而且更配合剧情，这是别人所不及的。再举一个大家熟悉的例子，那是他于 1932 年嗓子沙哑、中气不足时为长城唱片公司录音的《乌龙院》中的念白"莫不是妈儿娘……"的"妈"字后竟发"二娘"的音，而不是"儿娘"，如有人学着他这样唱，不被喝倒彩才怪，但是这个瑕疵并不影响整个唱段的艺术和历史价值。

大家都知道余叔岩有两个著名的徒弟孟小冬和李少春，但是前者虽然学得到家，却绝少演出，我只在 1947 年看过她的《搜孤救孤》，没有看过别的戏，不敢妄谈她的艺术。李少春看得多了，他每每演《失街亭·空城计·斩马谡》和《金钱豹》双出，又以演武戏为多。某些人抑李而抬孟，其实大可不必，因为一个以文为主，一个以武见长，各有所长。但是两人并没有全面学到余叔岩的艺术。

至于学余叔岩最早而最有成就的是杨宝忠，可惜他倒嗓之后便没有再唱而改为操琴，但是却把学余叔岩的心得传给堂弟杨宝森。虽然杨宝森的先天条件和余叔岩不同，但是他善于采长补短，以宽厚的嗓音和认真的演唱风格博得广大观众的喜爱。杨宝森的拿手杰作几乎都是余派戏，他虽然不是余叔岩的嫡传弟子，但是他在余叔岩的基础上把老生的艺术加以发扬，可说功不可没。

余叔岩的唱我们可以听录音，但是他的做究竟好在什么地方，今人只能从文字记载上略知一二，实情如何，只能通过比较和研究来加以揣度。

年龄比较大的戏迷都知道马连良的做功和身段十分边式，早年的拿手戏之一就是余叔岩的拿手《打棍出箱》。据说他此剧就是从台下偷学余叔岩的，而且自谦最多只学到六成，可知余叔岩的做功一定比马连良更为出色。至于余叔岩的武功又如何精湛，我们也不知道，据说余叔岩曾经向谭富英传授《定军山》的身段，而谭富英并没有学好。然而，我们却知道谭富英的《定军山》在当时无人能出其右，谭富英死后，此剧已成艺坛绝响。从这一段逸事我们可以想象余叔岩的武功一定很了不起，或许，把马连良、谭富英、杨宝森加起来，再添上孟小冬的录音和李少春的录像，可以让我们想象出余叔岩的唱、念、做、打究竟是怎样的。但是，我们不必拘泥于余叔岩的唱如何精彩百出，做又如何出神入化，甚至把他当作天神一般崇拜。窃以为最实际还是珍惜他留下的录音，把这项宝贵的文化遗产世世代代传下去，作为后学者的楷模，那才是最有意义的对余叔岩的纪念。

后记

观剧忆旧

一　叫好

我从小就是戏迷，那个时代所谓戏，就是京戏，现在叫京剧。我现在还对京剧十分喜爱，家里有不少京剧磁带、VCD 和 DVD，包括实况的和音配像形式的，并且经常收看中央电视台戏曲频道的京剧节目。不过，今天看京剧，不论是台上的演出方式或台下的观众反应，都与从前不大一样。

举例来说，我小时候看戏可不是坐在那里看或者听那么简单，作为观众，你必须懂得如何叫好（也就是喝彩）。作为戏台上的主要演员（那个时代叫角儿），最重要的是要得到"碰头好"，就是甫一出场台下立刻响起一片彩声，这个彩声可以是观众齐声叫一声"好！"，这个"好！"可不简单，因为那是观众们用尽力气大声嚷嚷所爆发出来的；除了"好！"，同时也有人大声发出短促的"哟！"或者"呃！"。这个彩一定要喝在节骨眼上，早了迟了都不行。这个"碰头好"对演员是莫大的鼓励，台上台下马上有了交流，演员精神百倍，观众也情绪高涨。现在可不同了，名角出场，台下来一些疏疏落落的掌声，以前那股子热烈的气氛就谈不上了。

鼓掌是西方习惯,京剧既是国粹,为什么不提倡有民族特色的喝彩呢?据说禁止(?)喝彩的理由之一是怪声叫好可能妨害别人欣赏京剧艺术,但真正的内行叫好简直就是京剧艺术(包括其他地方剧种)不可缺少的构成部分。我小时候就亲眼见到老戏迷们听戏(他们真的是低下了头甚至闭目静听而不是看戏)不断微微摇头晃脑,当听到台上唱到精彩之处,只是轻轻地从喉咙里哼出一个"好",不但绝对不妨碍别人以及台上的演出,甚至等于在教育坐在一旁的像我那样初入门的孩子,使我能开始略窥京剧艺术的门径。如果把这种有学问的喝彩改成鼓掌,那还成个什么样子!

看戏时高声喝彩,是极为需要艺术修养的一种学问。戏迷们在积年累月的实践之后,大多能渐渐入门而在恰当的时候叫好。看文戏是如此,看武戏的时候,在节骨眼上喝彩对演员尤其重要。试想一个人身穿大靠,背上插了四面靠旗,头上戴了重重的头盔,有时还有两根翎子,即长长的野鸡尾,再披着两条粗大的狐尾,还要手持大刀或者长枪翻身跳跃,在锣鼓"崩咚锵"中准确地单足着地而来一个"亮相"(即摆一个美观英武的姿势),那可有多难啊!如果不在"崩咚锵"的"锵"结束的当口及时大声来一个"好!",岂非辜负了那位经过至少八年苦学和毕业后天天练功的演员的辛劳以及他对艺术的忠诚?

当然,叫好不能随便乱叫,台上的演员一句还没有唱完就叫好,那等于是听名家钢琴演奏,在一曲未终的时候就鼓掌一样不成话。所以,善于叫好也可以成为专业。以日本为例,他们的国剧歌舞伎在演出时,便雇请专人在剧场内叫好。这些人都是老资格的歌舞伎迷,不但懂得什么时候该叫好,而且还懂得怎么叫,也就是懂得该用怎么样的声调、多大的音量叫以及喝彩的长度。这些叫好者往往埋伏在大剧院的战略性地点,在演员出场以及该叫好的时候大声叫好之后,立刻"转移阵地"到另一个"战略位置"，以便在下一个关键时刻叫好。他们为什么不在固定位置叫好呢？就是为了教育观众，让更多的观众学到在什么时候叫好以及用什么音量叫好。

为了提倡和普及京剧，我们该不该向日本学习（其实据说日本的叫好艺术是学自中国的），那就得留待专家们来研究了。但是这些专家却不能是京剧的门外汉，外行去研究内行的事，肯定行不通。

叫好这门艺术其实同样存在于西方，和中国不同之处是他们不是在节骨眼的半道上叫好，而是在演奏方终止时，马上由知音人士大呼"Bravo!"（意大利语"硬是要得！"的意思）。要是你在钢琴家弹到一句精彩的地方忽然来一个"Bravo!"，那当然要引起震惊了。

我就曾因为一时兴起，又于事前没有入境问俗，而有过一次颇为尴尬的经历。记得那大概是1971年左右，我到华盛顿公干，看到报纸上的广告，说有来自中国台湾的歌剧在肯尼迪中心演出。我当然知道那是京剧，和东道主提起，他十分有兴趣，便设法弄到票和我一同去欣赏。记得那晚第一个剧目是《古城会》，讲的是关羽在护送二位皇嫂过五关斩六将以及在黄河渡口刀劈秦琪之后，到古城找寻结义兄弟刘备和张飞的故事。那天扮演关羽的是李桐春（名武生李万春的胞弟），他一出场，我马上给他一个"碰头好"，啊呀不得了，几乎全场的人都站起身朝我看，坐在我旁边的美国朋友也大吃一惊，不知道我发什么神经病，连台上的关羽和马童也看了我一眼。我这才知道我可能在肯尼迪中心创下了纪录，此后就一声不发、静静看戏。当然，这出戏演毕，台下发出了掌声，我虽然也鼓了掌，但还是觉得只叫了一次好，大大的不过瘾！

在散场时，我对美国朋友说，我方才的喝彩方式是我们中国"歌剧"的特有学问，我从小就是在这种喝彩的气氛下长大的。他虽然不置可否，但知道我绝不会说谎。此时我们步出剧场，还有人在向我这个不懂规矩的中国人看，好在我的美国朋友遇到几个熟人，对他们解释说："他们在中国看戏，都是像我这位朋友那样大声喝彩的。"尽管人们听了将信将疑，但我总算过了这一关。

岂知那个年代内地也已经不流行大声喝彩了，因为1980年我初次重返上海，又因为叫好而碰了一个钉子。那一年我和两位美国学者被邀请到中国，在上海时我们被招待去看京剧。我们在晚宴后才赶到戏院，台上已经在演出，我一进入戏院就对陪同的翻译说，这出戏是头本《宏碧缘》，令他们十分惊讶，因为他们想不到来自海外的我居然懂京剧。我那时非常兴奋，因为真想不到在经过"文化大革命"洗礼后还会看到这出当年上海共舞台以机关布景为号召的连台本戏，于是在台上演到精彩之处，又情不自禁地大声叫了一个"好！"。这下子不但同去的外宾们个个差一点从座位上跳起来，就连我们的陪同们也被吓得面青唇白，前后的观众当然都向我"行注目礼"。我哪里知道，当时看戏，已经由叫好改为礼貌地鼓掌了。唉！不叫好，看连台本戏还有什么劲儿！

在香港可不同。记得80年代中期时，北角的新光戏院常常有来自内地的京剧团演出。那时我常常到香港，后来还在香港工作，于是就成了戏院的常客。香港的京剧观众大都是头发灰白的老戏迷，他们之中就有不少懂得叫好的行家，我当然加入了他们的阵营，在恰当的时候对演员们报以热烈而专业性的叫好声。虽然观众之中有不少不喝彩而只是鼓掌的人（尤其是坐在最佳座位的大人先生们，大概是领导吧），但是老戏迷们还是放声叫好，真乃看戏的一大快事也！

看京剧叫好，即使不是艺术，至少也是一门专业的学问。此话怎讲？不妨举例说明。

有一次在香港报纸上看到一篇文章，提到京剧观众喝彩或拍掌的不合理。写文章的是谁，我已经不记得了，可能是戏剧评论家，但是显然不但不懂京剧，也不懂中国文化。因为他文章的大意是说，当戏台上的剧情非常悲苦，或者演员扮演的角色正遭受危难的时候，观众居然鼓掌甚至叫好，真是令人不解：人都快死了，还有什么好呢？

读到这种怪文，怎能不令人气结？看京剧（看西方歌剧也是一样）主要是欣赏表演艺术，不是看剧情，因此演唱精彩就该喝彩，剧中人的死活和喝彩根本没有关系。譬如说，《三国演义》中诸葛亮用空城计吓退司马懿，乃是家喻户晓的故事，搬上京剧舞台，就是著名的《空城计》。去看这出戏的观众谁都知道司马懿不会杀进城去，因此没有人会替诸葛亮担心。于是当剧中的诸葛亮听到司马懿大兵即将杀到时，尽管他表现出忧虑和焦急，在唱词中表示了内心的无奈，观众却因为演员的做功细腻、唱功优美而高声喝彩以表示欣赏，又有哪个傻瓜观众会为了诸葛亮处于险境而担心以至噤若寒蝉的呢？

由此观之，要提倡京剧，不但要教育观众如何欣赏它好在哪里，更要纠正某些不懂京剧和传统艺术的所谓有学问的人们的无知和错误观点，以免他们的谬论贻害社会！

二　谢　幕

从叫好被鼓掌取代而使老戏迷们不能过瘾，我想起另一个从西方移植到京剧的东西，那就是谢幕。

谢幕是从英语 curtain call 翻译过来的，意思是在演出终了，幕闭之后，观众以鼓掌或喝彩声把演员从幕的背后"叫"（call）出来，而演员则回到舞台上表示答谢。京剧素来没有谢幕，因为以前的舞台根本没有幕，观众自然无法把演员从幕后叫出来。但是，京剧传统上却有"谢戏"，就是在演出结束后，由两位化了装的演员（通常是小生和旦角）向准备离去或正在离去的观众行礼，他们甚至还走到台下殷勤谢客。不过，余生也晚，没有亲眼见到这种场面。

取代"谢戏"的是"送客戏"，就是当名角演毕最后一出压轴戏而观众纷纷离座的时候，由其他演员合力上演一出热闹的武戏，台下的人可以驻足而观，也可以重新坐下，当然更要在精彩处高声叫好。等到这出戏演完，那就真正的曲终人散了。

"送客戏"流行于旧式戏台时代，当名角唱完拿手杰作（通常是文戏）时，台上仍是灯光通明，观众则一时散不去，于是就接着由武生台柱和其他演员合作一出热闹的武戏来送客。这出戏大都是《青石山》或《收关胜》，因为这些戏的演员众多，十分热闹：前者是讲吕洞宾请来关羽和周仓捉拿化为美女、蛊惑书生的九尾狐（那时关羽已经是天上的神祇，仍旧是红脸，但是在额上加一块金色，表示他是神），后者是梁山好汉大战朝廷派来的大将关胜（他是关羽后裔，扮相和关羽雷同，也是红脸）。这两出戏都有一个红脸的关老爷，都是全武行合演（全武行的现代语汇就是全体龙虎武师），台上刀枪并举、跟斗齐翻，而观众们则在尘土飞扬、锣鼓喧天声中高兴地离去。

但是演"送客戏"的风气，到30年代末就已式微了，尤其是出现了有幕的新式舞台后，当头牌角儿演毕戏单上载明的戏码之后，戏院即拉上大幕，锣鼓停止，观众也就满意地离去。那么，什么时候兴起了谢幕呢？据我个人的经历，第一次看到谢幕的京剧演员是梅兰芳。他到过美国，大概是美国观众在他演毕之后，习惯地以鼓掌来谢幕，于是他便入境从俗地出台谢幕，而回国后，梅兰芳就把这项谢幕经验移植到中国的京剧舞台上来了。记得1945年秋抗战刚刚胜利时，梅兰芳在不公开的私人场合演《刺虎》，这是昆剧《铁冠图》中的一折，内容是宫人费贞娥（梅兰芳饰）在洞房中刺死李自成手下大将李虎（刘连荣饰）的故事。剧终时地上卧着已死的李虎，费宫人也自杀而死。这次演出没有正式的舞台，演员就在观众之间倒在地上，于是当观众喝彩鼓掌时，梅兰芳和刘连荣双双从地毯上站起，向观众鞠躬后，才回到化装室去。事实上他们如果不鞠躬而从地上爬起身来就走，的确有些不妥，所以在这种场合，礼貌地鞠躬是很合宜的。

就在那一年，梅兰芳在战时息影多年后复出，在上海美琪大戏院演出四场昆剧，观众的反应十分热烈，于闭幕后还是叫好不绝，于是他便仍旧穿了戏装出台向观众鞠躬致谢，从而成为京剧谢幕的滥觞。此后别的名角也纷纷仿效，于是谢幕便在京剧界宛然成风了。

不过，在当时的名角中，却有一个例外，他就是武生宗师盖叫天。盖叫天不谢幕的理由是，我演完戏不但很累，而且浑身大汗，还要出去向爷儿们鞠躬，简直是对演员的侮辱。但是，他演完了戏，观众既叫好又鼓掌，不肯离去怎么办？他老人家命人在纸上写了"恕不谢幕"四个大字，拿到台口，观众们看了只好散去了。从此凡是盖叫天演出，终场闭幕后就有人拿出一块"恕不谢幕"的牌子放在台口，大家知道盖老的脾气，便不再强求了。

谢幕在西方舞台上已经愈来愈花式繁多，例如芭蕾舞终场时的谢幕甚至和正式的演出同样精彩。但是西方的谢幕，只是演员和重要工作人员在台上答谢观众的热忱，不像我们中国那样居然演员们在台上也鼓起掌来。他们干吗要鼓掌，实在令人百思不解，难道认为自己的演出十分精彩而鼓掌不成？

我倒不是反对京剧演员谢幕，而是觉得谢幕要谢得像个样儿，至于如何才像样，不妨索性全盘向西方学习。人家话剧也好，歌剧也好，芭蕾舞也好，凡是参与演出的都有机会上台接受观众的掌声，并且按照角色的主次一一鞠躬如仪。他们不但进退有序，还带着表演，再加上音乐配合。不过，京剧在向西方学习的同时，应该注意到本身的特色，把身段、表演程式和打击乐器配合起来，跑龙套的跑出一些传统的上下场阵势，武行演员们来一些趟马或跟斗，生旦净丑各自把刚才演出的剧目中的特殊身段表演一番，形成一个具有艺术性的谢幕仪式，岂不美哉！不过，演员们千万不可鼓掌，至少京剧的表演程式中并没有现代式的鼓掌！

三　检场

以往看戏和现在的不同之处，并不限于喝彩被鼓掌所取代，以及让已经累得要命的演员出来向观众鞠躬谢幕甚至还要向台下鼓掌。另一个显著的分别是没有了检场。

检场人员的职务，就是在舞台演出时搬椅子和桌子，摆道具，帮助演员更换衣服以及以特技来营造气氛。在以往旧式舞台上，演员出场下场时要进出门帘，而检场的重要职务就是不迟不早地为演员掀起门帘。这个掀门帘的动作看似简单，却非对京剧表演艺术有深切的了解不可。试想一位大名角出场亮相时，掀门帘的检场如果迟了这么一秒钟，那还成话吗？或者是早了那么半秒钟，门帘掀起，角儿还没有准备好，岂不大出洋相？如果说大角儿的名誉全掌握在检场掀门帘的一刹那，也不为过。

在30年代中至40年代初，上海开始有一些专门演出京剧的戏院改用新式舞台，没有了在左右两边各有一个门帘的上场门和下场门，于是掀门帘这一门玩意儿就渐渐从舞台上消失了。代之而起的是演员要自己掌握出场时该从哪个位置起步，在锣鼓声中要步到舞台上哪一个位置，正好面对观众而亮相。有时候根据剧情，演员还需要一个箭步从后台蹿到观众们都看得见的地方，在恰当的锣鼓点子上亮相，难度相当高，也是一种艺术。

现在人们都看惯了这种从舞台两侧空荡荡的缺口上场和下场的方式，觉得很自然，但是大家聚精会神地注视门帘一掀、角儿猛然一个亮相的那股子劲儿却一去不返了。我说此话，并不是说新不如旧，只是借此提一下以前检场人员的职务之一而已。

闲话少说。据说废除检场是非常有学问的革新，因为舞台上有不是演员的人走来走去，不但令观众莫名其妙，更大大地损害了美观。可惜这么一个革新，就把京剧演出割裂成只见两道幕不时拉拢又拉开的"全世界独一无二、具有中国特色的演出方式"！

自从古希腊出现了戏剧，舞台演出就是没有幕的。莎士比亚的剧本写明有许多幕和场景，但是当年英国的地球剧场演莎剧没有落幕、拉幕这回事（就像和莎士比亚同时代的汤显祖创作的昆剧演出时没有幕一样），而昆剧、京剧等中国传统戏剧演出的场合，都是旧式舞台，并没有幕这种设备。后来时代进步了，西方的舞台现代化了，于是各种舞台演出就有了分幕，尤其是话剧，每一幕之间还要叮叮当当地在幕后搭布景，让观众有时间上厕所或者买零食吃。

但是风水轮流转，早在数十年前，全世界绝大多数的舞台演出又没有了幕，而是在众目睽睽之下由工作人员搬动布景和摆放道具，有时甚至还帮助演员改换服装，简直和从前的京剧有检场在台上活动异曲同工。目前的情况是，可能除了西洋歌剧和芭蕾舞还在每一幕之间拉幕（甚至还拉下防火幕）之外，都是绝少拉幕的。而如果今天你到英国去观赏莎剧，还是没有幕，别的话剧也是如此。至于歌剧，不论在欧洲、美洲或是澳洲，都有检场人员在台上走来走去搬布景、摆道具甚至帮演员换衣服。你有没有看过澳大利亚悉尼歌剧院演出的意大利作曲家普契尼的著名歌剧《波希米亚人》（*La Boheme*），或者白先勇改编的昆剧《牡丹亭》？它们都曾在世界各地演出，每次都有检场人员不时在推动布景、安放道具，这不但没有妨碍剧情，而且使演出不至于因为要换布景而停顿。换一句话说，检场的贡献是免却冷场，增强了演出的效果。

再举一个例，日本的"文乐"（bunraku，即木偶剧）在演出时，每一个木偶由三个人操纵，他们都身穿黑色衣服，连头部也蒙住，表示他们并不存在，而他们的工作就是使木偶做出各种动作。如果小小的舞台上有三个木偶在演戏，那就有九个"隐形人"在台上忙得不可开交。这些"隐形人"其实也可归入检场人员，他们也是表演艺术不可分割的一部分，而著名的几位还被日本文化部科学省尊称为"国家活文化财"呢！

我举出日本"文乐"的例子，是因为那些操纵木偶的艺人们都穿了黑衣服，让观众知道他们并不存在于舞台上。我看到许多西方的戏剧，检场人员也颇多穿黑色衣服，或许也是表示他们并不存在，但主要是使观众能够区别他们不是剧中人。在40年代初，京剧的检场人员大多已经穿着制服，观众一看就知道站在诸葛亮后面的不是他手下的幕僚或卫兵而是舞台工作人员。他们不但不妨碍演出，而且对演出还做出了十分重要的贡献，岂可因噎废食一声改革就把他们赶下舞台？

何况京剧（也包括其他传统剧种）的检场人员的工作绝非单单搬椅子、摆道具那么简单，他们素来是整体的一部分。没有了检场，不但放或者搬掉一把椅子都要劳动至少两个人把幕拉拢又拉开而使演出忽然断了气，连许多京剧的特色都被一扫而空。我绝不是夸大其词，且让我举几个小小的例子来说明。

京剧道具的特色是一物数用，譬如一把椅子，可以用来坐，可以和桌子一起成为一座桥，也可以成为山坡，可以放在桌子上变成屋顶或者房内的梁。例如《桑园寄子》，主角邓伯道一家逃难，老生、青衣以及两个娃娃生上场又唱又做，表示逃难经过了不少路程，后来终于要攀登山岭。京剧的特色就是演员在台上转一个圈可以代表空间的转换，于是在演员们在台上走了一个圆场，到了舞台的左边后，检场便把一张桌子放在舞台适当的部位，并且在桌子的两端各放一把椅子，分别代表了山坡、上山和下山的道路。此时邓伯道接唱"手攀藤带娇儿忙登山界"（锣鼓"锵"），他开始踏上椅子（表示登山），并接唱"忙登山"（此时他和两个孩子，还有青衣，在锣鼓声中从椅子跨上桌子，同时做上山身段、耍髯口以表示步履艰难）；接下来他们在山上看到贼兵蜂拥而来，于是贼兵上场下场，邓伯道一家连忙下山（从桌子上踏过另一把椅子下来）逃走。这样一场戏，转换了不少空间，交代十分清楚。但是为了废除检场，舞台上先是闭幕，出现了冷场，继而开幕，台上已经摆好了山坡的道具；演员们上场表演，下场后又闭幕，一边工作人员在幕后撤去山坡的道具，再开幕……我的天！全世界哪有这样演戏的！

更糟糕的是武戏，在双方大战、打得不可开交时，由于要放一块石头或者放一座桥，不得不一再闭幕又开幕。以《长坂坡》为例，那是一出大武戏，赵云和曹操的兵马交战，杀了个七进七出。但是一忽儿闭幕放一口井，再拉开幕；一忽儿又闭幕放一座桥，再拉开幕，把什么气氛都破坏无遗了。以前碰到这种场合，只消检场把椅子一放，就代表了井，青衣演员扮演的糜夫人跳完井，武生演员赵云从椅子上翻一个倒扎虎下地，等检场把椅子搬开，就马上接着演下去；到赵云来到灞桥时，只消由检场把椅子和桌子一放，张飞上桥，赵云来到，张飞让赵云上椅子、上桌子，代表过了桥，紧张的剧情连贯而下；试想这个紧要关头忽然闭幕，过了一会儿才拉开幕，台上放了一座道具桥，演员再上场，那还成什么话！可笑的是过后又要闭幕，由检场人员在幕后把桥搬走，再行开幕，简直是开戏剧效果的玩笑。

为了摆道具而拉幕开幕，还只能说是废除检场后的小毛病，大毛病还多着呢！譬如说，以前的城墙是以可以打开、合拢的布墙来代表的，演员进了城，下一场到了大厅，只消由检场把布墙收去就行了。例如《珠帘寨》，李克用迎接程敬思进城，二人入布墙下场，接着就上场到了大厅。现在由于废除了象征城墙的布墙，这一场要搭一个城，在短短的过场后又要撤去，不得不闭幕、开幕、再闭幕、再开幕，唉！

以上这还是小焉哉。大问题出在有火烧情节的戏目。譬如《连营寨》是说陆逊把刘备的七百里连营寨烧了个精光，刘备在火中逃窜，有扑火的身段，还要在火烧到身边时跌扑翻腾。以前是由检场手持内有松香末的一叠纸，用火彩的特技在演员身旁以不同的手势喷出种种形状的火焰。演员满台奔走翻腾，检场便在他前后左右配合其动作和锣鼓放火彩，地点、时间、火焰的大小等都不容有丝毫差错，最后的高潮是由舞台的一边放一个半圆形的火焰，直飞舞台的另一边，叫作"月亮门"，而刘备此时刚好在月亮门下倒地，此时检场甚至还要把火焰放一个"满堂红"，台下也会喝检场的彩。自从废止了检场，舞台上只有一个刘备在无缘无故翻跟斗，让观众如何明白这是火烧连营啊！记得 80 年代在香港大会堂看言兴朋演的《连营寨》，不太懂京剧的朋友问我："刘备一个人在干吗？"我说："他正被火烧得焦头烂额。"朋友不禁哈哈大笑，差点把我气死！

除了《连营寨》，还有《三本铁公鸡》《火烧余洪》《火烧裴元庆》等有火烧场面的戏，没有检场放火彩，就等于没有了戏。据说禁止检场放火彩，是恐怕造成火灾或者危及演员，这不是没有道理，但是通过严格的基本功和技术训练、做好防火工作等，问题都可以克服。像这样说废就废，那是摧残艺术的官僚主义，要不得！

（本文原载上海陆灏先生主编之《无轨电车》，

蒙陆兄同意收入本书，特此致谢。）